清涼國師華嚴經疏鈔

청량국사화엄경소초

27

광명각품

청량징관 찬술 · 관허 수진 현토역주

운주사

천이백 년 침묵의 역사를 깨고

오늘도 나는 여전히 거제만을 바라본다.

겹겹이 조종하는 산들

산자락 사이 실가닥 저잣길을 지나 낙동강의 시린 눈빛

그 너머 미동도 없는 평온의 물결 저 거제만을 바라본다.

십오 년 전 그날 아침을 그리며 말이다.

나는 2006년 1월 10일 은해사 운부암을 다녀왔다.

그리고 그날 밤 열한 시 대적광전에서 평소에 꿈꾸어 왔던 『청량국사 화엄경소초』 완역의 무장무애를 지심으로 발원하고 번역에 착수하였다.

나의 가냘픈 지혜와 미약한 지견으로 부처님의 비단과도 같은 화장 세계에 청량국사의 화려하게 수놓은 소초의 꽃을 피워내는 긴 여정을 시작한 것이다.

화엄은 바다였고 수미산이었다.

그 바다에는 부처님의 용이 살고 있었고

그 산에는 부처님의 코끼리가 노닐고 있었다.

예쁘게 단장한 청량국사 소초의 꽃잎에는 부처님의 생명이 태동하고 있었고,

겹외의 연꽃 밭에는 영원히 지지 않는 일승의 꽃이 향기를 뿜어내고

있었다.

그 바다 그 산 그리고 그 꽃밭에서 10년 7개월(구체적으로는 2006년 1월 10일부터 2016년 8월 1일까지) 동안 자유롭게 노닐었다.

때로는 산 넘고 강 건너 협곡을 지나고

때로는 은하수 별빛 따라 오작교도 다니었다.

삼경 오경의 그 영롱한 밤

숨쉬기조차 미안한 고요의 숭고함

그 시공은 영원한 나의 역경의 놀이터였다.

애시당초 이 작업은 세계 인문학의 자존심

내가 살아 숨쉬는 이 나라 대한민국 그리고 불교의 자존심에 기인한 것이다.

일찍이 그 누가 이 청량국사의 『화엄경소초』를 완역하였다면 나는 이 작업을 하지 않았을 것이다.

지금도 여전히 완역자는 없다.

더욱이 이 『청량국사화엄경소초』의 유일한 안내자 인악스님의 『잡화기』와 연담스님의 『유망기』도 그 누가 번역한 사실이 없다.

그러나 내 손안에 있는 두 분의 『사기』는 모두 다 번역하여 주석으로 정리하였다.

이 청량국사 화엄경의 소는 초를 판독하지 않으면 알 수가 없다.

그래서 그 이름을 구체적으로 대방광불화엄경수소연의초大方廣佛華嚴經隨疏演義鈔라 한 것이다.

즉 대방광불화엄경의 소문을 따라 그 뜻을 강연한 초안의 글이라는
것이다.

청량국사는 『화엄경』의 소문을 4년(혹은 5년) 쓰시되 2년차부터는
소문과 초문을 함께 써서 완성하시고 5년차부터 8년 동안 초문을
쓰셨다.

따라서 그 소문의 양은 초문에 비하면 겨우 삼분의 일에 지나지
않는다 할 것이다.

나는 1976년 해인사 강원에서 처음 『청량국사화엄경소초 현담』
여덟 권을 독파하였고,

1981년부터 3년간 금산사 화엄학림에서 『청량국사화엄경소초』를
독파하였다.

그때 이미 현토와 역주까지 최초 번역의 도면을 완성하였고,

당시에 아쉽게 독파하지 못한 십정품에서 입법계품까지의 소초는
1984년 이후 수선 안거시절 해제 때마다 독파하여 모두 정리하였다.

그러나 번역의 기연이 맞지 않아 미루다가 해인사 강주시절 잠시
번역에 착수하였으나 역시 기연이 맞지 않아 미루었다.

그리고 드디어 2006년 1월 10일 번역에 착수하여 2016년 8월 1일
십만 매 원고로 완역 탈고하고, 2020년 봄날 시공을 초월한 사상
초유 『청량국사화엄경소초』가 1,200년 침묵의 역사를 깨고 이 세상
에 처음 눈을 뜨게 된 것이다.

8

번역의 순서는 먼저 입법계품의 소초, 다음에는 세주묘엄품 소초에서 이세간품 소초까지, 마지막으로 소초 현담을 번역하였다.

번역의 형식은 직역으로 한 글자도 빠뜨리지 않고 번역하였다. 따라서 어색하게 느껴지는 곳도 있을 것이다.

예를 들면 소所 자를 "바"라 하고, 지之 자를 지시대명사로 "이것, 저것"이라 하고, 이而 자를 "그러나"로 번역한 등이 그렇다.

판본은 징광사로부터 태동한 영각사본을 뿌리로 하였고, 대만에서 나온 본과 인악스님의 『잡화기』와 연담스님의 『유망기』와 또 다른 사기 『잡화부』(잡화부는 검자권부터 광자권까지 8권만 있다)를 대조하여 번역하였다.

앞에서 이미 말한 것처럼, 그 누가 청량국사의 『화엄경소초』를 완역한 적이 있었다면 나는 이 번역에 착수하지 않았을 것이다. 지금까지 이 황금보옥黃金寶玉의 『청량국사화엄경소초』가 번역되지 아니한 것은 나에게 주어진 시대적 사명이고 역사적 명령이라 생각한다.

나는 이 『청량국사화엄경소초』의 완역으로 불조의 은혜를 갚고 청량국사와 은사이신 문성노사 그리고 나를 낳아준 부모의 은혜를 일분 갚는다 여길 것이다.

끝으로 이 『청량국사화엄경소초』가 1,200년의 시간을 지나 이 세상에 눈뜨기까지 나와 인연한 모든 사람들 그리고 영산거사 가족과 김시열 거사님께 원력의 보살이라 찬언讚言하며, 나의 미약한 번역으로 선지자의 안목을 의심케 할까 염려한다.

마지막 희망이 있다면 이 『청량국사화엄경소초』의 완역 출판으로 청량국사에 대한 더욱 깊고 넓은 연구와 『화엄경』에 대한 더욱 다양한 연구가 이루어지기를 바라는 것뿐이다.

장세토록 구안자의 자비와 질책을 기다리며 고개 들어 다시 저 멀리 거제만을 바라본다.

여전히 변함없는 저 거제만을.

2016년 8월 1일 절필시에 게송을 그리며

長廣大說無一字 장광대설무일자

無碍眞理亦無義 무애진리역무의

能所兩詮雙忘時 능소양전쌍망시

劫外一經常放光 겁외일경상방광

화엄경의 장대한 광장설에는 한 글자도 없고

화엄경의 걸림없는 진리에는 또한 한 뜻도 없다.

능전의 문자와 소전의 뜻을 함께 잊은 때에

시공을 초월한 경전 하나 영원히 광명을 놓누나.

불기 2566년 음력 1월 10일 최초 완역장

승학산 해인정사 관허 수진

● 화엄경소초현담華嚴經疏鈔玄談(1~8)

영인본 4책 徃字卷之一

대방광불화엄경수소연의초 제십삼권의 일권

大方廣佛華嚴經隨疏演義鈔 第十三卷之一卷

우진국 삼장사문 실차난타 번역
청량산 대화엄사 사문 징관 찬술
대한민국 조계종 사문 수진 현토역주

광명각품 제구의 일권
光明覺品 第九之一卷

疏

解此一品에 略以五門하리라 初來意中에 自有其十하니 一은 爲答
前所依果問故라 然古德이 對前二品에 已答二問하야 此品에 正
答三問하니 謂長行放光은 答佛威德이요 見成正覺은 答成菩提요
文殊說偈는 正答佛法性問이라하얏거니와 今更一解호리라 謂長
行은 但現相答이니 已如前說이요 偈中具答三問하니 謂初五는 答
菩提요 次一은 答威德이요 後四는 答法性이라 二는 爲廣名號品에
總標多端거니와 正廣種種觀察이니 是意業故라 三者는 卽說十信
之體性故니 如下三會에 將說正位에 皆有偈讚이 此其類也라 四
는 顯實遍故라 但所說有二하니 一佛二法이라 佛有二하니 一身二
名이라 法亦有二하니 一權二實이라 前佛名遍이요 此顯身遍이며
四諦는 卽實之權遍이요 此品은 顯卽權之實遍故라 五는 現驗故니
上二云遍이라하나 衆未目覩일새 今光示遍相故라 六은 顯總遍故
니 前但名諦別遍하고 今此一會가 卽遍法界호대 一一皆悉同時
同處에 同衆同說하야 同遍故라 七은 顯圓遍故니 謂前顯差別一

切가 方能遍一切하고 今顯無差別一切가 卽圓融遍一切故라 八
은 與下經으로 爲其則故니 謂下經結通云호대 遍一切者는 皆如此
辨이니 以如來一乘圓敎로 於須彌山等의 一類世界에 施化分齊
가 皆若此故라 九는 示前神通相故니 上云現通은 如何現耶아 一
會不動하고 遍法界故라 十은 爲顯理事가 俱無障礙하야 令捨執從
法故니 此意雖通이나 在文偏顯이라 有上諸義일새 故此品來也니라

이 한 품을 해석함에 간략하게 오문으로 하겠다.
처음에 이 품이 여기에 온 뜻 가운데 스스로 열 가지가 있나니
첫 번째는 앞에 소의과所依果의 질문[1]에 답한 까닭이다.
그러나 고덕이 앞의 두 품에서 이미 두 가지 질문에 답한 것[2]을
상대하여 이 품에서 바로 세 가지 질문에 답하였으니
말하자면 장행문에 부처님이 방광[3]하신 것은 불위덕의 질문에 답한
것이요,
부처님이 정각正覺 이룸을 보인 것은 성보리成菩提[4]의 질문에 답한

1 원문에 전소의과문前所依果問이라고 한 것은 영인본 화엄 4책, 명호품, p.343,
9행에 初十句는 변소인의과辨所因依果요 次十句는 과소성인果所成因이요 後二
十句는 현인소성과顯因所成果라 하였다.
2 원문에 전이품이답이문前二品已答二問이라고 한 것은 여래명호품如來名號品에
서는 불주佛住를 답하고, 사성제품四聖諦品에서는 불소설법佛所說法을 답하였
다. 영인본 화엄 4책, p.345에 불찰등佛刹等 십문十問이 나와 있다.
3 원문에 장행방광長行放光이란, 此下에 세존世尊이 양족륜兩足輪에 방백억광放
百億光이라 한 것이니 영인본 화엄 4책, p.512, 1행에 있다.
4 성보리成菩提는 불대보리佛大菩提이다.

것이요,

문수가 게송을 설한[5] 것은 바로 불법성의 질문에 답한 것이다 하였거 니와, 지금에 한 가지 해석을 더 하겠다.

말하자면 장행문은 다만 현상現相의 질문에만 답한 것[6]이니 이미 앞에서 설한 것과 같고,[7]

게송 가운데는 세 가지 질문을 갖추어 답하였으니

말하자면 처음에 다섯 게송은 보리의 질문에 답한 것이요,

다음에 한 게송은 위덕의 질문에 답한 것이요,

뒤에 네 게송은 법성의 질문에 답한 것이다.

두 번째는 널리 명호품에서 물음의 많은 단서를 한꺼번에 표하였거 니와[8] 바로는 가지가지 관찰[9]을 광설한 것이니,

이것은 의업意業인 까닭이다.

세 번째는 곧 십신의 체성을 설한 까닭이니

이 아래 삼회에서 장차 정위正位를 설하려 함에 다 게송으로 찬탄하고 있는 것과 같은 것이 이것이 그 유형이다.

네 번째는 진실로 두루함을 나타낸 까닭이다.

---

5 문수가 게송을 설한(文殊說偈) 것은 영인본 화엄 4책, p.529, 7행이다.

6 원문에 장행長行은 단현상답但現相答이라고 한 것은 此長行은 現相으로 十問을 통답通答한 것이다. 답답에 언설답言說答과 현상답現相答이 있다.

7 원문에 이여전설已如前說이라고 한 것은 여래명호품如來名號品 21장이다.

8 원문에 명호품총표名號品總標 운운은 영인본 화엄 4책, p.342, 9행을 참고할 것이다. 端故의 故 자는 없는 것이 좋다. 소본疏本에는 없다.

9 원문에 종종관찰種種觀察이란, 영인본 화엄 4책, p.341, 4행에 있나니, 보선관찰 제중생계普善觀察諸衆生界 운운이다.

다만 설하는 바가 두 가지가 있나니

첫 번째는 부처님이요,

두 번째는 법이다.

부처님에 두 가지가 있나니

첫 번째는 몸[10]이요,

두 번째는 이름이다.

법에 또한 두 가지가 있나니

첫 번째는 방편이요,

두 번째는 진실이다.

앞에[11] 명호품은 부처님의 이름이 두루한 것이요

여기 품은 몸이 두루한 것을 나타낸 것이며

사제품은 진실에 즉한 방편이 두루한 것이요

여기 품은 방편에 즉한 진실이 두루한 것을 나타낸 까닭이다.

다섯 번째는 영험을 나타낸 까닭이니,

위의 두 품[12]에서 말하기를 두루한다 하였지만 대중이 눈으로 보지

못하기에 지금에 광명으로 두루한 모습을 보이는 까닭이다.

여섯 번째는 한꺼번에 두루함을 나타낸 까닭이니,

앞[13]에서는 다만 여래의 명호와 사성제가 따로 두루하였고,

---

10 一에 身이란, 곧 진실眞實이다. 이런 까닭으로 진실眞實은 부처님을 잡아
   말한다면 진실眞實의 진실이요, 법法을 잡아 말한다면 방편의 진실이다.

11 前 자 아래 但 자는 소본엔 없다.

12 원문에 상이上二란, 여래명호품如來名號品과 사성제품四聖諦品이다.

13 앞이란, 사성제품四聖諦品이다.

지금에는 이 일회一會가 곧 법계에 두루하되 낱낱이 다 같은 때 같은 처소에서 같은 대중이 같이 설법하여 같이 두루한 까닭이다.

일곱 번째는 원융하게 두루함을 나타낸 까닭이니,

말하자면 앞에서는 차별한 일체가 바야흐로 능히 일체에 두루함을 나타내었고,

지금에는 무차별한 일체가 곧 일체에 원융하게 두루함을 나타낸 까닭이다.

여덟 번째는 하경下經으로 더불어 그 법칙[14]을 삼는 까닭이니,

말하자면 하경에 맺어 통석하여 말하기를 일체에 두루한다고 한 것은 다 여기에서 분별한 것과 같나니

여래가 일승원교로 수미산 등 일류 세계에서 교화를 시행施行한 경계(分齊)가 다 이와 같은 까닭이다.

아홉 번째는 앞에 신통의 모습을 보인 까닭이니,

위에서 말하기를 신통을 나타내었다고 한 것은 어떻게 나타내었는가.

일회는 움직이지 않고 법계에 두루한 까닭이다.

열 번째는 사실과 진리가 함께 걸림이 없어서 버리고 집착함으로 하여금 법을 따르게 함을 나타내기 위한 까닭이니,

이 뜻은 비록[15] 통틀어 나타낸 것[16]이지만 문장에 있어서는 치우쳐

---

14 즉則 자는 소본疏本엔 예例 자이다.

15 이 뜻은 비록이라 한 등은, 『잡화기』에 말하자면 이 제 열 번째 뜻은 곧 이 일경一經에 통하는 것이다. 비록 반드시 이 광명각품 한 품에만 국한한 것이 아니지만 그러나 이 광명각품 가운데의 문장에 그 뜻을 치우쳐 나타낸 까닭으로 이 광명각품이 여기에 온 이유가 됨을 얻는 것이다. 역시 『잡화기』의

나타낸 것[17]이다.

위에 모든 뜻이 있기에 그런 까닭으로 이 품이 여기에 온 것이다.

鈔

前但名諦別遍等者는 如名號品은 如來於此에 名悉達等이나 在密
訓等하야는 名則不同하니 十方例然하며 諦名亦爾하나니 此是一重
別遍이라 二者는 名遍이 而非是諦遍이며 諦遍이 而不是名遍일새 故
云名諦別遍이라하니라 今此一會가 卽遍法界者는 經云호대 如於此
處에 見佛世尊이 坐蓮華藏師子之座하야 彼盡虛空遍法界인 一切
世界閻浮提中에도 亦如是座하나니 此是總遍相也니라 對上二別하
야 亦有二總하니 一은 總遍諸處요 二는 主件時處等이 皆遍也라 言同
時者는 無前後也라 言同處者는 此有二處하니 一者는 約主니 同在普
光明殿이요 二者는 約件이니 同居金色世界等이라 言同衆者는 亦有
二衆하니 一은 約主니 十佛刹塵數菩薩圍繞요 二는 約件衆이니 謂文
殊等諸來菩薩이 亦各領十佛刹塵故라 言同說者는 一切處文殊가
同時發聲하야 而說頌故며 法界가 皆同說十信故라 言同遍者는 結上
諸同이니 謂主件時處가 皆悉遍也라

앞에서는 다만 여래의 명호와 사성제가 따로 두루하였다고 한 등은

말이다.

16 통틀어 나타낸 것이란, 이 화엄일경을 통틀어 나타낸 것이다.

17 치우쳐 나타낸 것이란, 광명각품에 치우쳐 나타낸 것이다.

저 명호품은 여래를 여기에서는 실달다 등이라 이름하지만 밀훈세계 등에 있어서는 이름이 곧 같지 않나니,

시방세계의 예도 그러하며

사성제의 이름도 또한 그러하나니

이것은 일중으로 따로 두루한 것이다.

두 번째는 여래의 명호가 두루한 것이 이 사성제가 두루한 것이 아니며 사성제가 두루한 것이 이 여래의 명호가 두루한 것이 아니기에 그런 까닭으로 말하기를 여래의 명호와 사성제가 따로 두루한다 하였다.

지금에는 이 일회가 곧 법계에 두루한다고 한 것은 경에 말하기를 이곳에서 부처님 세존이 연꽃으로 갈무리한 사자의 자리에 앉으심을 보는 것과 같아서 저 모든 허공의 법계에 두루한 일체 세계 염부제 가운데에도 또한 이와 같이 앉으심을 보나니

이것은 한꺼번에 두루한 모습이다.

위에[18] 여래의 명호와 사성제의 두 가지가 따로 두루함(別遍)을 상대하여 또한 두 가지가 함께 두루함(總遍)[19]이 있나니

첫 번째는 모든 곳에 함께 두루한 것이요

두 번째는 주·반과 시·처 등이 다 두루한 것이다.

같은 때라고 말한 것은 앞뒤가 없다는 것이다.

---

18 원문에 상이上二란, 여래명호품如來名號品과 사성제품四聖諦品이다.

19 두 가지가 함께 두루한다고 한 것은 차례와 같이 앞에 두 가지가 따로 두루한다고 한 것을 상대한 것이다.

같은 처소라고 말한 것은 여기에 두 가지 처소에 있나니
첫 번째는 주主 처소를 잡은 것이니
보광명전에 같이 있는 것이요
두 번째는 반伴 처소를 잡은 것이니
금색세계 등에 같이 기거하는 것이다.
같은 대중이라고 말한 것은 또한 두 대중이 있나니
첫 번째는 주 대중을 잡은[20] 것이니
십불[21]찰 미진수 보살들이 에워싼 것이요
두 번째는 반 대중을 잡은 것이니
말하자면 문수 등 모든 와서 모인 보살들이 또한 각각 십불찰 미진수
보살들을 통령하는 까닭이다.
같이 설법하였다고 말한 것은 일체 처소에 문수가 동시에 소리를
내어 게송을 설한 까닭이며
법계가 다 같이 십신을 설한 까닭이다.
같이 두루하였다고 말한 것은 위에 모든 같다고 한 것을 맺는 것이니
말하자면 주·반·시·처가 다 두루한 것이다.

七에 顯圓遍者는 問이라 此與第六으로 有何異耶아 第六은 亦名諦別
遍이요 今亦云호대 差別方能遍이라하며 第六云호대 一會卽遍이라하
고 今此亦云호대 無差別一切遍이라하니 二相難分이라 答이라 細尋方

---

20 약주約主라 한 주主 자 아래에 중衆 자가 있으면 좋다.
21 불십佛十은 십불十佛이라 해야 옳다. 그러나 『잡화기』는 다만 불佛 자를
    중衆 자인 듯하다고 말하니 미진함이 있다 하겠다.

別이니 前是總別對요 此是圓別對라 二處가 別則大同이나 而圓總則
異니 前言總別者는 別則此界他界가 各各不同이요 總則處處가 皆同
此一이라 今圓別者는 別則要有差別하야사 方能遍故니 若不差別인
댄 不能遍也요 圓則不要差別하야사 而能周遍이라 周遍之法이 一一
圓融일새 故云無差別一切가 即圓融遍一切라하니 上一切字는 是主
伴處衆이니 是能遍之一切요 下一切字는 但是所遍의 一切處耳니라
而言圓融者는 一會가 即是彼一切會로대 亦非此會가 處處到也라
即此即彼하며 即一即多일새 故云圓融이라하니라 又第六은 約所遍
處하야 以論總別이니 東名非西名은 所遍別也요 此會即彼會는 所遍
處總也라 七은 約能遍하야 以論圓別이니 要將差別之法하야사 方能
普遍이니 是名別也요 今是圓融無差別之法은 即能遍故로 名爲圓
也라 前之別은 如列宿遍九天이요 此之別은 如一月落百川이라 故前
云別은 則二處大同이라하니 大同者는 有小異故라 前之總은 如一雲
之滿宇宙요 此之圓은 如和香之遍一室이라 故云總圓이라하니 誠有
異也니라

일곱 번째 원융하게 두루함을 나타내었다고 한 것은, 묻겠다.
이것이 제 여섯 번째로 더불어 무슨 다름이 있겠는가.
제 여섯 번째는 또한 여래의 명호와 사성제가 따로 두루한 것이요,
지금에는 또한 말하기를 차별이 바야흐로 능히 두루한 것이다 하였
으며,
제 여섯 번째는 말하기를 일회가 곧 두루한 것이다 하였고,
지금 여기에서는 또한 말하기를 무차별한 일체가 두루한 것이다

하였으니

두 모습(二相)을 나누기가 어렵다.

답하겠다.

자세하게 찾아보면 바야흐로 다르나니

앞은 총總과 별別을 상대한 것이요

여기는 원융과 차별을 상대한 것이다.

두 곳[22]이 별別은 곧 대동하지만 그러나 원융과 총總은 곧 다르나니,

앞에서 말하기를 총과 별이라고 한 것은 별은 곧 이 세계와 저 세계가 각각 같지 않는 것이요

총은 곧 곳곳이 다 같이 이에 하나인 것이다.

지금에 원융과 차별이라고 한 것은 차별은 곧 차별이 있음을 요망하여야 바야흐로 능히 두루하는 까닭이니

만약 차별이 아니라면 능히 두루할 수 없는 것이요,

원융은 곧 차별을 요망하지 아니하여야 능히 두루하는 것이다.

두루하는 법이 낱낱이 원융하기에 그런 까닭으로 말하기를 무차별한 일체가 곧 일체에 원융하게 두루한다 하였으니,

위에 일체라는 글자는 주·반의 처소에 대중이니

이것은 능변의 일체인 것이요,

아래에 일체라는 글자는 다만 이 소변의 일체 처소일 뿐이다.

원융이라고 말한 것은 지금에 이 일회가 곧 저기에 일체 회이지만 또한 이 회가 곳곳에 이른 것은 아니다. 이 회에 즉하고 저 회에

---

22 원문에 이처二處란, 전전前前과 금차今此이다.

즉하며, 하나에 즉하고 많음에 즉하기에 그런 까닭으로 원융이라
한 것이다.

또 제 여섯 번째는 소변所遍의 처소를 잡아서[23] 총과 별을 논한 것
이니
동쪽의 이름이 서쪽의 이름이 아닌 것은[24] 소변이 별別인 것이요,
이 회가 곧 저 회인 것은 소변의 처소가 총總인 것이다.
일곱 번째는 능변을 잡아서 원융과 차별을 논한 것이니
차별한 법을 가지기를 요망하여야 바야흐로 능히 널리 두루하나니
이것은[25] 이름이 별別이요,
지금에 원융하여 차별이 없는 법은 곧 능변인 까닭으로 이름이

---

23 또 제 여섯 번째는 소변의 처소를 잡아서 운운한 것은, 이 위에서는 곧
   총과 별과 원융과 별이 다 능변을 잡아 다름을 분별하였으니 총과 별이라
   한 별은 이 세계에서는 실달핍박悉達逼迫 등이라 이름하고 저 세계에서는
   금강영구근金剛營求根 등이라 이름하는 것이다. 이 세계와 더불어 저 세계가
   같지 않는 까닭으로 별이라 이름하나니, 이것은 같지 않는 뜻을 잡은 것이다.
   원융과 별이라 한 별은 피차가 같지 않는 까닭으로 별이라 말하는 것이
   아니라 수많은 이름이 일체에 두루하는 까닭으로 차별을 취하여 별이라
   말한 것이니, 이것은 원융의 뜻을 잡은 것이다.
   총과 원융의 뜻은 쉽게 알 수 있을 것이지만 지금에는 곧 총과 별은 소변을
   잡은 것이고, 원융과 별은 능변을 잡은 까닭으로 또한 다르다 하겠다. 이상은
   다 『잡화기』의 말이다.
24 원문에 동명비서명운운東名非西名云云은 다만 一名이 처소를 따라 다른 까닭으
   로 소변所遍이 別이라 말하는 것이다.
25 是身이라 한 身은 연자衍字이다.

원융이 되는 것이다.

앞에 별이라고 한 것[26]은 마치 늘려 있는 별들이 구천에 두루한 것과 같고

여기에 별이라고 한 것은 마치 한 달이 백천에 떨어진 것과 같다. 그런 까닭으로 앞에서 말하기를 별은 곧 두 곳이 대동하다 하였으니 대동하다고 한 것은 조금 차이가 있는 까닭이다.

앞에 총이라고 한 것은 마치 한 구름이[27] 우주에 가득한 것과 같고

---

26 원문에 如列宿와 如一月의 두 가지 비유(二喩)가 뒤바뀐 것이니 前中名各不同 과 後中東名非西名은 皆所謂如一月落百川이니 以東川月은 非西川月故요 前中要有差別하야사 方能徧과 後中無差別之法能徧은 皆所謂列宿가 徧九天 也라.

두 가지 비유(二喩)가 뒤바뀌었다고 하는 것은 차라리 前別을 此別이라 하고 此別을 前別이라 하면 허물이 없다. 바로 위에 원문을 번역하면 이렇다. 마치 늘려 있는 별들이 구천에 두루한 것과 같다고 한 등은 두 가지 비유(열수列 宿 비유와 일월一月 비유)가 뒤바뀐 것이니, 앞의 가운데 이름이 각각 같지 않다는 것과 뒤의 가운데 동쪽의 이름이 서쪽의 이름이 아니라고 한 것은 다 말한 바 한 달이 백천에 떨어진 것과 같다 한 것이니 동천東川의 달은 서천西川의 달이 아닌 까닭이요

앞의 가운데(영인본 화엄 4책, p.503, 4행) 차별이 있음을 요망하여야 바야흐로 능히 두루한다는 것과 뒤에 가운데 차별이 없는 법이라야 능히 두루한다고 한 것은 다 말한 바 늘려 있는 별이 구천에 두루한 것과 같다 한 것이다. 역시 『잡화기』의 말이다.

27 마치 한 구름이라고 한 등은, 『잡화기』에 여기에 두 가지 비유(한 구름 비유와 조화한 향 비유)도 또한 두 가지 뜻을 통틀어 비유한 것이니 원융이라고 한 것은 곧 가히 알 수 있거니와, 총이라고 한 것은 곧 앞에는 한 구름이라 한 것을 취하고 뒤에는 우주라고 한 것을 취한 것이니 생각하면 가히 알

여기에 원융이라고 한 것은 마치 조화한 향[28]이 한집에 두루한 것과
같다.
그런 까닭으로 말하기를 총과 원융이라 하였으니
진실로 차이가 있는 것이다.

疏

第二에 釋名者는 一開二合이라 初開者는 光明은 體也요 覺者는
用也라 此二各二니 謂光은 有身智二光하고 覺은 有覺知覺悟하며
又光은 有能照所照하고 覺은 有能覺所覺이라

제 두 번째 이름을 해석한 것은 첫 번째는 열어서 해석한 것이요,
두 번째는 합하여 해석한 것이다.
처음에 열어서 해석한 것이라고 한 것은 광명은 자체요,
각覺은 작용이다.
이 두 가지가 각각 두 가지가 있나니
말하자면 광명에는 신·지의 두 광명이 있고,
각에는 각지覺知와 각오覺悟가 있으며
또 광명에는 능조能照와 소조所照가 있고,
각에는 능각과 소각이 있다.

수가 있을 것이다 하였다.
28 원문에 화향和香이라고 한 것은 육미화합六味和合의 향香이다고 『잡화기』는
   말한다.

鈔

初開者下는 文亦有二하니 初는 正有三重이나 義含四對하니 一은 二
光이요 二는 二覺이요 三은 能所라 能所中에 義分爲二리니 一에 上二
는 光能所요 二에 下二는 覺能所라

처음에 열어서 해석한 것이라고 한 아래는 문장이 또한 두 가지가
있나니
처음에는 바로 삼중이 있지만 그 뜻은 사대四對를 포함하였으니
첫 번째는 두 가지 광명이요
두 번째는 두 가지 깨달음이요
세 번째는 능과 소이다.
능과 소 가운데 뜻을 나누어 두 가지로 하리니
첫 번째 위에 두 가지는 광명의 능·소요
두 번째 아래 두 가지는 각의 능·소이다.

疏

如來放身光하사 照事法界하야 令菩薩覺知하야 見事無礙요 文殊
演智光하야 雙照事理하야 令衆覺悟法之性相이라

여래는 신광身光을 놓아 사법계를 비추어 보살로 하여금 깨달아
알아[29] 사무애事無礙를 보게 하는 것이요
문수는 지광智光을 연설하여 사실과 진리를 함께 비추어 중생으로

하여금 법의 자성과 모습을 깨닫게 하는 것이다.

鈔

如來放身光下는 二에 別示上來四對之相이니 謂分二光하야 各屬文殊及佛하고 二覺으로 別配身智二光호대 而二光中에 各有兩重能所하니 謂如來放身光은 能照也요 照事法界는 卽所照也며 令菩薩覺知는 卽能覺也요 見事無礙는 是所覺也라 所覺은 卽照所成益이니 上卽長行中事라 二는 文殊演智光은 卽能照也요 雙照事理는 卽所照也며 令衆覺悟는 卽能覺也요 法之性相은 卽所覺也라 所覺은 卽照所成益이니 卽偈頌中意라

여래가 신광을 놓았다고 한 아래는 두 번째 상래에 사대四對의 모습을 따로 보인 것이니
말하자면 두 가지 광명을 나누어 각각 문수와 그리고 부처님께 배속하고, 두 가지 각覺으로 신·지의 두 광명에 따로 배속하되 두 광명 가운데 각각 양중兩重의 능·소가 있나니 말하자면 여래가 신광을 놓은 것은 능조能照[30]요
사법계를 비춘 것은 소조所照이며
보살로 하여금 깨달아 알게 한 것은 곧 능각能覺이요

---

29 원문에 각지覺知라고 한 것은 대개 견사見事를 지知라 이름하고, 견리見理를 각覺(悟)이라 이름한다.
30 신능身能이라 한 身자는 연자衍字이다.

사무애를 보게 한 것은 이것은 소각所覺이다.

소각은 곧 능조(照)의 이룰 바 이익이니 이상은 곧 장행 가운데 사실이다.

두 번째는 문수가 지혜광명을 연설한 것은 곧 능조能照요

사실과 진리를 함께 비춘 것은 소조이며

중생으로 하여금 깨닫게 한 것은 곧 능각이요

법의 자성과 모습은 소각이다.

소각은 또한 능조(照)의 이룰 바 이익이니 곧 게송 가운데 뜻이다.

疏

二에 合者는 良以事理俱融하야 唯一無礙境이니 故得一事이 卽遍無邊이나 而不壞本相이라

두 번째 합하여 해석한 것이라고 한 것은 진실로 사실과 진리가 함께 융합하여 오직 하나의 걸림 없는 경계일 뿐이니,
그런 까닭으로 한 사실이 곧 끝없는 데까지 두루함을 얻지만 그러나 본래의 모습을 무너뜨리지 않는 것이다.

鈔

二에 合中下는 合上四對호대 義有六重하고 文有五節하니 一은 合二境이니 卽前所照라 若事理不融인댄 餘皆不合일새 故先明之니라 故得一事下는 卽前所覺이니 見事無礙라

두 번째 합하여 해석한 것이라고 한 아래는 위에 사대四對를 합하여 해석한 것이지만 그 뜻은 육중六重이 있고 문장은 오절五節[31]이 있나니

첫 번째는 두 가지 경계를 합하여 해석한 것이니 곧 앞에 소조所照이다.

만약 사실과 진리가 융합하지 못한다면 나머지도 다 융합하지 못할 것이기에 그런 까닭으로 먼저 그것을 밝힌 것이다.

그런 까닭으로 한 사실이 끝없는 데까지 두루함을 얻는다고 한 아래는 곧 앞에 소각所覺이니 사무애를 보게 한 것이다.[32]

疏

身智無二하야 唯一無礙光이니 故로 涅槃經의 瑠璃光菩薩處云호대 光明者는 名爲智慧라하나라

---

31 육중六重이란, 一에 이경二境의 능能·소所와 二에 이광二光의 능能·소所와 三에 이각二覺의 능能·소所이다.

　오절五節이란, 一에 이경二境이 일절一節, 二에 이광二光이 이절二節, 三에 이각二覺이 삼절三節, 四에 합능소合能所가 사절四節, 五에 총융상삼總融上三이 오절五節(영인본 화엄 4책, p.508, 1행)이다. 『잡화기』는 다만 五와 六이 바뀐 것이다. 그 뜻은 육중六重이 있다고 한 것은 제 네 번째 능소를 합하여 해석한 가운데 양중의 능소가 있는 까닭이라고만 하였다.

32 사무애를 보게 한다고 한 것은 또한 응당 이사무애라는 구절이 있어야 할 것이지만 수승함을 좋아 말한 까닭으로 없으며 문장을 그윽이 생략한 까닭이기도 하다. 다 『잡화기』의 말이다.

신·지의 두 광명이 둘이 없어서 오직 하나의 무애광명뿐이니, 그런 까닭으로 『열반경』의 유리광보살 처소에서 말하기를 광명이라는 것은 이름이 지혜라 하였다.

鈔

身智無二者는 二에 合二光이라 引涅槃證者는 瑠璃光菩薩이 放身光明거늘 文殊乃云호대 光明者는 名爲智慧라하니 則知二光不別이라 卽第二十一經이라

신·지의 두 광명이 둘이 없다고 한 것은 두 번째 두 광명을 합하여 해석한 것이다.
『열반경』을 인용하여 증거한 것은 유리광보살이 몸에 광명을 놓거늘 문수가 이에 말하기를 광명이라는 것은 이름이 지혜다 하였으니, 곧 두 가지 광명이 다르지 아니한 줄 알 것이다.
곧 『열반경』 제이십일경이다.

疏

知悟不殊하야 唯一平等覺이니 悟心之知는 無事非理故니라

각지覺知와 각오覺悟가 다르지 아니하여 오직 하나의 평등한 깨달음이니
마음을 깨달아 아는 것은 사실이 진리가 아님이 없는 까닭이다.

鈔

知悟不殊下는 三에 合二覺이니 謂前身光으로 照文殊等에 覺知如來
의 光照我刹이나 然文殊等知는 是無知之知일새 故名悟心之知라하
니라 知事卽理일새 二覺合也니 不同凡小의 取事理相이라

각지와 각오가 다르지 않다고 한 아래는 세 번째 두 가지 각을
합하여 해석한 것이니,
말하자면 앞에 신광身光으로 문수 등을 비춤에 여래의 신광으로
나의 국토를 비추는 줄 깨달아 알지만 그러나 문수 등이 아는 것은
이 앎이 없이(無知) 아는 것이기에 그런 까닭으로 이름을 마음을
깨달아 아는 것이다 하였다.
사실이 곧 진리임을 알기에 두 가지 각을 합하여 해석한 것이니
범부와 소승이 사실과 진리의 모습을 취하는 것과는 같지 않는
것이다.

疏

又此二光이 不異覺境이라

또 이 두 가지 광명[33]이 각의 경계[34]와 다르지 않는 것이다.

---

33 이 두 가지 광명이란, 능광能光과 소광所光이다.
34 각의 경계란, 능각能覺과 소각所覺이다.

鈔

又此二光下는 四에 合能所니 二種能所를 一時雙合하면 則能照所照
와 能覺所覺이 皆性融故로 擧一全收니라

또 이 두 가지 광명이라고 한 아래는 네 번째 능·소를 합하여 해석한
것이니,
두 가지 능·소를 일시에 함께 합하면 곧 능조와 소조와 능각과
소각이 다 자성이 원융한 까닭으로 하나를 들어 전체를 거둔 것이다.

疏

此三圓融하야 唯無礙之法界니라

이 세 가지가 원융하여 오직 걸림이 없는 법계이다.

鈔

此三圓融者는 五에 總融上三이니 上雖四對나 體唯有三이니 謂能覺
之光과 所照之境과 所成之覺이니 三對六法이 擧一全收하야 爲一法
界라 此上에 五重合은 竟이라

이 세 가지가 원융하다고 한 것은 다섯 번째 위에 세 가지를 함께
융합한 것이니,

위에서는 비록 사대四對가 있었지만 자체는 오직 삼대三對가 있을 뿐이니

말하자면 능각의 광명과 소조의 경계와 소성所成의 깨달음[35]이니 삼대三對에 육법六法이 하나를 들어 전체를 거두어 하나의 법계(一法界)를 삼은 것이다.

이 위에 오중五重[36]으로 합하여 해석한 것은 마친다.

疏

雖平等絶相이나 不壞光明之覺이니 品中辨此일새 故以爲名이라

비록 평등하여 모습을 끊었지만 광명의 깨달음을 무너뜨리지 아니한 것이니[37]

이 품 가운데 이것을 분별하였기에[38] 그런 까닭으로 광명각품이라

---

35 능각의 광명이라고 한 것은 곧 위에 두 가지 광명을 합하여 해석한 것이요 소조의 경계라고 한 것은 곧 위에 두 가지 경계를 합하여 해석한 것이요 소성의 깨달음이라고 한 것은 곧 위에 두 가지 깨달음을 합하여 해석한 것이니 만약 위에 능소를 합하여 해석한다면 곧 앞에 이 세 가지 능소를 벗어나지 않는 것이다. 역시 『잡화기』의 말이다.

　세 가지 능소는 능광·소광과 능경·소경과 능각·소각이다.

36 오중이라고 한 것은 문장을 잡아 말한 것이라고 『잡화기』는 말한다.

37 원문에 수평등절상雖平等絶相은 위에 슴의 뜻을 맺는 것이니 곧 性의 의미이고, 원문에 불괴광명지각不壞光明之覺은 위에 開의 뜻을 맺는 것이니 곧 相의 의미이다.

이름한 것이다.

雖平等絶相下는 結成品名이니 上開는 多約相이요 合은 多約性이니
卽開卽合에 不壞性相일새 故云光明覺也라하니라

비록 평등하여 모습을 끊었지만이라고 한 아래는 품의 이름을 맺어
성립한 것이니
위에 열어서 해석한 것은 다분히 모습을 잡은 것이요
합하여 해석한 것은 다분히 자성을 잡은 것이니,
곧 열고 곧 합함에 자성과 모습을 무너뜨리지 않기에 그런 까닭으로
말하기를 광명의 깨달음(光明覺)이라 하였다.

若從開釋인댄 光明之覺이며 光明이 有覺之用이니 通依主有財요
若從合說인댄 光明卽覺이니 可持業也라

만약 열어서 해석함을 따른다면 광명의 깨달음이며
광명이 깨달음의 작용이 있는 것이니

---

38 이 품 가운데 운운한 것은, 이 품 가운데 이 뜻을 다분히 분별分別한 것은
광명각품光明覺品의 이름 가운데 開合의 뜻과 性相의 뜻이 있는 까닭이다.
『잡화기』의 뜻도 이와 같다.

의주석依主釋과 유재석有財釋에 통하고
만약 합하여 해설함을 따른다면 광명이 곧 깨달음(覺)이니
가히 지업석이라 할 것이다.

疏

第三에 宗趣者는 以身智二光과 無礙覺悟로 爲宗하고 令物生信으
로 爲趣라 又釋名은 並是品宗이요 來意는 盡爲意趣라

제 세 번째 종취는 신·지의 두 가지 광명과 걸림 없는 깨달음으로
종宗을 삼고,
중생으로 하여금 믿음을 내게 하는 것으로써 취趣를 삼는다.
또 이름을 해석한 것은 아울러 이 품의 종宗이요
이 품이 여기에 온 뜻은 다 의취意趣가 되는 것이다.

鈔

又釋名은 並是品宗者는 立名은 從所宗故요 來意는 辯意趣故라 故로
賢首가 以此釋名으로 爲其品宗하고 以此來意로 爲其意趣라

또 이름을 해석한 것은 아울러 이 품의 종이라고 한 것은 이름을
세운 것은 종宗 삼을 바를 좇은 까닭이요
이 품이 여기에 온 뜻이라고 한 것은 의취를 분별한 까닭이다.
그런 까닭으로 현수법사가 이 이름을 해석한 것으로써 그 품의

종을 삼고 이 품이 여기에 온 뜻으로써 그 의취를 삼은 것이다.

疏

第四는 解疑妨이니 問이라 此足輪光은 何時放耶아 若說名諦竟인
댄 如何佛刹의 菩薩衆數가 並同名號며 如先已放인댄 前何不說고
答이라 是前名號品에 放이라 但前二品은 明文殊가 此會說法일새
不俟光照이요 今辨百億刹中과 乃至遍法界說일새 故須光以顯
示니라 其所來菩薩은 卽前菩薩일새 故並全同하니라

제 네 번째는 의심하고 방해함을 해통한 것이니
묻겠다.
여기에 족륜광명은 어느 때에 놓는가.
만약 명호품과 사성제품을 설하여 마쳤다면 어떻게 불찰에 보살의
대중 수가 아울러 명호품과 같으며, 만약 먼저 이미 광명을 놓았다면
앞에서는 어떻게 설하지 않았는가.
답하겠다.
이 앞의 명호품에서 광명을 놓았다.
다만 앞의 두 품은[39] 문수가 이 회에서 설법함을 밝혔기에 광명의

---

[39] 다만 앞의 두 품이라고 한 등은, 말하자면 앞에 두 품은 곧 다만 이 사바
회중에서 설한 까닭으로 광명의 비춤을 기다릴 필요 없이 이 회중에 나타나
설법하는 것이고, 지금은 곧 법계의 회중을 모두 분별하는 까닭으로 반드시
광명으로 현시함을 수구하여야 그 회를 가히 다 볼 수 있는 것이다. 역시

비춤을 기다리지 않았고, 지금에는 백억 불찰 가운데와 내지 변법계에서 설법함을 분별하기에 그런 까닭으로 광명으로써 나타내 보임을 수구하는 것이다.

그 좇아온 바 보살들은 곧 앞의 보살들이기에 그런 까닭으로 아울러 전품前品과 온전히 같은 것이다.

鈔

第四에 解疑妨者는 文有三重하니 初一은 具疑難이니 光何時放은 滯二途故요 若說名諦下는 躡跡申難이라 答中에 初指前說하야 決其所疑요 二는 爲其解釋이니 謂前二品은 未要放光일새 故前不明이요 此中始要일새 故此方說이라 此中菩薩은 卽是牒前일새 故前十方을 一一別說이요 此則倂牒이라

네 번째 의심하고 방해함을 해통한 것이라고 한 것은 문장에 삼중三重이 있나니

처음에 일중一重은 의심과 비난[40]을 갖추었나니

광명은 어느 때에 놓는가 한 것은 이도二途[41]에 막힌 까닭이요

만약 명호품과 사성제품을 설하여 마쳤다면이라고 한 아래는 자취를

『잡화기』의 말이다.

[40] 원문에 의난疑難이란, 의疑는 하시방야何時放耶이고, 난難은 약설명제若說名諦 운운云云과 여선이방如先已放이라 한 소문疏文이다. 난難은 바로 앞엔 방妨 자로 되어 있다. 같은 뜻으로 보는 것인가.

[41] 이도二途라, 一은 若說名諦 云云이고, 二는 如先已放 云云이다.

밟아 비난함을 편 것이다.

답한 가운데 처음에는 앞에 설법한 것을 가리켜 그 의심하는 바를 결정한 것이요

두 번째는 그[42]를 위하여 해석한 것이니,

말하자면 앞의 두 품은 아직 방광放光을 요망하지 않았기에 그런 까닭으로 앞에서는 광명을 밝히지 아니하였고

이 가운데서는 비로소 방광을 요망하기에 그런 까닭으로 여기에서 바야흐로 광명을 설하였다.

이 가운데 보살들은 곧 이 앞의 보살들을 첩설하기에 그런 까닭으로 앞에서는 시방을 낱낱이 따로 설하였고,

여기에서는 곧 아울러 함께 첩설하였다.

疏

次有妨云호대 光照百億인댄 百億何不照고 釋云호대 此爲主故니 若彼爲主인댄 則說彼照리라 又疑云호대 下光旣窮法界인댄 金色은 更在何許고 當刹當刹에 有本會處로대 皆去十刹이니 主伴遍故니라

다음에 일중一重은 어떤 사람이 방해하여[43] 말하기를 이 세계에 광명

---

42 그란, 의심하는 사람이다.

43 원문에 차유방次有妨 운운은 오직 비난뿐이고 의심은 없다. 『잡화기』는 오직 비난뿐 의심은 없다는 것을 가히 알 수 있을 것이다 하였다.

이 백억 세계를 비춘다면 백억 세계에 광명은 어찌 이 세계를 비추지 못하는가.

해석하여 말하기를 이 세계가 주主가 되는 까닭이니

만약 저 세계가 주主가 된다면 곧 저 세계의 비춤을 설하였을 것이다.

또 의심하여 말하기를[44] 아래 광명이 이미 법계를 다하였다면 금색세계는 다시 어느 곳[45]에 있는가.

당찰당찰當刹當刹[46]에 본회의 처소가 있으되 다 십불찰을 지나가나니 주찰과 반찰에 두루한 까닭이다.

鈔

下光旣窮法界下는 唯疑不難이니 但疑金色等이 何所在故로 是不決耳니라 疑意云호대 此界放光에 而金色等이 去於此界가 各十佛刹이니 今若主佛이 至東十佛刹處하야 放光하면 則是文殊의 所從之刹이요 若更至東十刹하면 金色은 乃在放光之西리니 九方例然하니라

---

44 원문에 우의운하又疑云下라고 한 것은 다만 主編만 알고 伴編은 알지 못하기에 이 의심이 있는 것이다. 『잡화기』의 뜻도 이와 같다.

45 許는 곳 허 자이다.

46 당찰이라고 한 것은 곧 금색 등의 세계(刹)이니 시방을 모두 거론한 까닭으로 당찰당찰이라고 두 번 말한 것이다.

바로 아래 본회의 처소가 있다고 한 것은 저 시방세계에 다 본회가 있음을 말한 것이니 주찰主刹에 두루함을 인유한 까닭이요, 다 십불찰을 지나간다고 한 것은 말하자면 부처님이 어느 곳에 이를지라도 시방세계가 이 본회를 지나가는 것이 다 각각 십불찰이니 반찰伴刹에 두루함을 인유한 까닭이다. 이상은 다 『잡화기』의 말이다.

故云金色은 更在何所고하니 擧初爲例하니 九色例然하니라 後에 當
刹下는 答이라 答意云호대 主刹에 向東放光하면 餘之十刹이 一時向
東하리니 主刹은 如車轂하고 十方金色等은 則如輻輞하나니 車轂若
移하면 輻輞皆移니라 故下經云호대 盡法界와 虛空界와 一切世界에
皆有百億閻浮提어든 一切如來가 亦如是坐하며 悉以佛神力故로 十
方에 各有一大菩薩하며 所從來刹은 謂金色世界等이라하니라 如向
東旣爾인댄 遍餘九方도 亦然하리니 故主與件에 一時俱遍하리라 旣
遍法界가 總是娑婆인댄 亦遍法界가 皆是金色이며 遍法界가 皆是妙
色이니 十色皆遍은 且依此會어니와 餘會遍等은 已如玄中하니라

아래 광명이 이미 법계를 다하였다면이라고 한 아래는 세 번째
오직 의심만하고 비난하지는 않은 것이니,
다만 금색세계[47] 등이 어느 곳에 있는가 하고 의심한 까닭으로 이것은
결정하지 아니한 것이다.
의심하는 뜻에 말하기를 이 세계에서 광명을 놓음에 금색세계 등이
이 세계에서 가는 거리가 각각 십불찰이니,
지금에 만약 주불主佛이 동방으로 십불찰의 처소에 이르러 광명을
놓으면 곧 이곳은 문수가 좇아온 바 세계요,
만약 다시 동방으로 십불찰에 이르면 금색세계는 이에 광명을 놓은
서방에 있을 것이니
나머지 아홉 방위도 예가 그러한 것이다.

---

47 금색세계는 동방東方의 금색세계이다.

그런 까닭으로 말하기를 금색세계는 다시 어느 곳에 있는가 하였으니

처음에 한 세계를 들어 예를 삼았으니 나머지 구색九色세계도 예가 그러한 것이다.

뒤에 당찰당찰이라고 한 아래는 답이다.

답하는 뜻에 말하기를 주찰主刹에서 동방을 향하여 광명을 놓으면 나머지 십불찰이 일시에 동방을 향할 것이니,

주찰主刹은 수레의 굴대와 같고 시방에 금색세계 등은 곧 수레의 살대와 같나니 수레의 굴대가 만약 옮겨가면 살대가 다 옮겨가는 것이다.

그런 까닭으로 하경下經에[48] 말하기를[49] 온 법계, 허공계, 일체 세계에 다 백억 염부제가 있거든 일체 여래가 또한 이와 같이 앉아 계시며

다 부처님의 신통력인[50] 까닭으로 시방에 각각 한 사람의 큰 보살이 있으며

좇아온 바 세계는 말하자면 금색세계라 한 등이다 하였다.

만약 동방을 향한 것이 이미 그러하다면 나머지 아홉 방위에 두루하

---

48 하경下經 운운은 처음에 主偏의 뜻을 증거한 것이다.

49 하경下經이란, 영인본 화엄 4책, p.519, 말행末行 이하를 意引한 것이다.

50 원문에 실이불신력悉以佛神力 운운은 뒤에 伴偏의 뜻을 증거한 것이다. 역시 『잡화기』의 말이다. 다 부처님의 신통 운운한 것은 영인본 화엄 4책, p.527, 8행이다.

는 것도 또한 그러할 것이니,

그런 까닭으로 주찰과 더불어 반찰에 일시에 함께 두루할 것이다.

이미 변법계가 모두 이 사바세계라면 또한 변법계가 다 이 금색세계
이며

변법계가 다 이 묘색세계일 것이니

십색세계[51]에 다 두루한 것은 우선 이 회를 의지하였거니와 나머지
회에 두루한 등은 이미 『현담』 가운데 설한 것과 같다.

---

51 십색세계란, 이 광명각품에 있나니 영인본 화엄 4책, p.528, 3행에 있다.

經

爾時世尊이 從兩足輪下로 放百億光明하사

그때에 세존이 두 족륜 아래로 좇아 백억 광명을 놓아

疏

第五는 釋文이라 大分爲二하리니 初는 如來放光이요 二에 照此下는 光至分齊라 今初에 足下放者는 表信四義니 一은 自下而上에 信最初故요 二는 最卑微故요 三은 爲行本故니 智度論第九云호대 足下放光者는 身得住處가 皆由於足이라하니라 四는 顯信該果海하야 已滿足故라 輪義亦然하나니 圓無缺故라 言百億光者는 以遍法界에 所照之刹이 皆百億故니라

제 다섯 번째는 경문을 해석한 것이다.
크게 나누어 두 가지로 하리니
처음에는 여래가 광명을 놓는 것이요
두 번째 이 삼천대천세계를 비추신다고 한 아래는 광명이 이른 경계(分齊)이다.
지금은 처음으로 발아래서 광명을 놓은 것은 믿음의 네 가지 뜻을 표한 것이니
첫 번째는 아래로부터 올라감에 믿음이 최초인 까닭이요
두 번째는 가장 비천[52]한 까닭이요

세 번째는 수행의 근본이 되는 까닭이니,
『지도론』제구권에 말하기를 발아래서 광명을 놓는다고 한 것은
몸이 머무를 곳을 얻는 것이 다 발을 인유한다 하였다.
네 번째는 믿음이 과해果海를 갖추어 이미 만족함을 나타낸 까닭
이다.
윤輪의 뜻도 또한 그러하나니 원만하여 모자람이 없는 까닭이다.
백억 광명이라고 말한 것은 변법계에 비춘 바 세계가 다 백억인
까닭이다.

鈔

智度論下는 卽第九論이니 釋經從足下千輻輪相中하야 放六百萬億
光明호대 表說六度故라하니 義有兩意하니 此是初意라 第二意云호
대 復次一身中에 雖頭貴而足賤이나 佛不自貴光하며 不爲利養일새
是故로 於賤處放光이라하니 彼約敎相일새 故作是釋이어니와 今文約
表일새 故不正用이니 卽是第二의 最卑微故에 攝之하니라

『지도론』이라고 한 아래는 곧 제구권이니,
경에 발아래 천복륜상 가운데를 좇아 육백만억 광명을 놓은 것을
해석하되 육도六度 설함을 표한 까닭이다 하였으니,
뜻이 두 가지 뜻이 있나니 이것은 처음에 뜻이다.[53]

---

52 비미卑微는 곧 비천卑賤이다.
53 원문에 차시초의此是初意라고 한 것에 此란 제삼第三에 행본行本이며 또한

제 두 번째 뜻에 말하기를 다시 한 몸 가운데 비록 머리는 귀하고
발은 천하지만 부처님은 스스로 광명을 귀하게 여기지도 아니하며
이양을 위하지도 아니하기에[54] 이런 까닭으로 비천한 곳에 광명을
놓는다 하였으니,

저 논에서는 교상教相을 잡았기에 그런 까닭으로 이런 해석을 하였거
니와 지금에 경문은 표상表相을 잡았기에 바른 인용은 아니니,
곧 이것은 제 두 번째 가장 비천한 까닭이라고 한 것에 섭수되는
것이다.

『지도론智度論』을 가리키는 것이기도 하다. 初意란 『지도론智度論』 양의兩意
중에 初意이다. 『잡화기』는 다만 지금 소문에 인용한 바가 이것이라고만
하였다.

54 이양을 위하지도 않는다고 한 것은, 『잡화기』에 만약 이양을 위한즉 반드시
존귀의 극처에 광명을 놓는 까닭이다 하였다.

經

照此三千大千世界하시니

이 삼천대천세계를 비추시니

疏

第二에 光至分齊者는 此中에 光照大數를 約其現文인댄 且有二十六節하니 前九는 別明이요 後十七은 同辨이니 卽爲十段이라 若據實義인댄 應有等法界한 無盡之節이요 節節有偈리니 中上本經엔 必應廣說이리라 然非多度放光이며 亦非一度放光하야 次第照於多節이요 唯一放光하야 同時頓照盡空世界언만 但爲言不並彰하야 說有前後니라 隨機心現하야 節節各見인댄 則如來光明이 節節而照하며 金色文殊가 節節而至리니 乃至法界에 各見亦爾니라 在佛文殊하야 節節皆遍이 如月普遍에 百川各見이어니와 若法界機인댄 頓見前來에 諸類所見하리라 信會旣爾인댄 住行等會의 同遍亦然하리라

제 두 번째 광명이 이른 경계라고 한 것은 이 가운데 광명이 비추는 큰 수를 그 문장에 나타난 것을 잡는다면 또한 이십육절이 있나니 앞에 아홉 구절은 따로 밝힌 것이요,
뒤에 열일곱 구절은 같이 분별한 것이니
곧 십단이 된다.

만약 진실한 뜻을 의거한다면 응당히 법계와 같은 끝없는 구절이
있어야 할 것이요

구절구절마다 게송이 있어야 할 것이니

중본경과 상본경에는 반드시 응당 널리 설하였을 것이다.

그러나 여러 번 방광한 것도 아니며 또한 한 번 방광하여 차례로
다절多節에 비춘 것도 아니고, 오직 한 번 방광하여 동시에 모든
허공세계에 문득 비추건만 다만 말로써 아울러 나타낼 수 없어서
전후가 있다고 설하였을 뿐이다.

근기를 따라 마음에 나타나 절절에 각각 보게 한다면 곧 여래의
광명이 절절에 비칠 것이며 금색 문수가 절절에 이를 것이니
내지 법계에서 각각 보게 하는 것도 또한 그러한 것이다.

부처님과 문수에게 있어서 절절에 다 두루한 것이 마치 달이 널리
두루함에 백천에서 각각 보는 것과 같거니와, 만약 법계의 근기[55]라
면 전래에 제류諸類들이 본 바를 한꺼번에 볼 것이다.

십신의 회가 이미 그러하다면 십주, 십행 등의 회가 다 같이 두루한
것도 또한 그러한 것이다.

鈔

隨機心現下는 次通難이니 難云호대 旣一時頓照인댄 何以로 有二十
六節等耶아 釋云호대 隨機見故라 在佛文殊下는 揀濫이니 云何濫耶
아 上釋妨中에 文有三節하니 一은 機節節見이요 二는 光節節照요

---

55 원문에 법계기法界機는 대근기大根機 화엄을 들을 만한 근기이다.

三은 文殊節節至라 如第一의 百億內機는 則非百世界中機요 百世界中機는 則非千世界中機인댄 則應第一節中에 文殊如來가 非第二節中에 文殊如來라할새 故今釋云호대 唯第一機는 節節互非어니와 下二는 節節皆遍하나니 如第一의 三千佛光이 卽是第二로 乃至遍法界光이라 文殊亦爾하야 正遍第一節한 文殊가 卽遍法界호대 而節節見者는 但由機感일새 故云百川各見이라하니라 機復有差하니 若未入法界인댄 節節不同거니와 已入法界인댄 皆如文殊를 諸節頓見이리라

근기를 따라 마음에 나타난다고 한 아래는 다음에 비난을 통석한 것이니
비난하여 말하기를 이미 일시에 한꺼번에 비추었다면 무슨 까닭으로 이십육절 등이 있는가.
통석하여 말하기를 근기를 따라 보게 한 까닭이다.

부처님과 문수에게 있어서라고 한 아래는 세 번째 지나침을 가리는 것이니
어떻게 지나친가.
위에 비방함을 통석한 가운데 문장이 삼절이 있나니
첫 번째는 근기가 절절에 보는 것이요
두 번째는 광명이 절절에 비치는 것이요
세 번째는 문수가 절절에 이른 것이다.
만약 제일에 백억 안에 근기는 곧 백 세계 가운데 근기가 아니고

백 세계 가운데 근기는 곧 천 세계 가운데 근기가 아니라면 곧
응당히 제일절 가운데 문수와 여래가 제이절 가운데 문수와 여래가
아닐 것이다 하기에 그런 까닭으로 지금에 통석하여 말하기를 오직
제일절에 근기는 절절에 서로 아니거니와, 아래 이절[56]은 절절에
다 두루하나니

마치 제일절에 삼천 부처님의 광명이 곧 이 제이절로 이에 변법계의
광명에 이르는 것과 같은 것이다.

문수도 또한 그러하여 바로 제일절에 두루한 문수가 곧 법계에
두루하되 절절에서 보는 것은 다만 근기가 감득함을 인유하기에
그런 까닭으로 말하기를 백천에서 각각 보는 것과 같다 하였다.
근기가 다시 차이가 있나니 만약 법계에 들어가지 못하였다면 절절
에서 보는 것이 같지 않거니와, 이미 법계에 들어갔다면 다 문수를
제절諸節에서 한꺼번에 보는 것과 같을 것이다.

疏

十段之中에 文各有二하니 皆長行은 佛以身光으로 照現事境하야
令衆目觀케하시고 偈頌은 文殊智光으로 讚述事理하야 令衆悟入
케하니라 十段은 依答文三이니 初五는 答菩提니 卽分爲五리라 初
一은 總顯菩提超情이요 二는 通顯菩提因果요 三은 顯八相菩提요
四는 顯菩提體性이요 五는 顯菩提之因이라 今初長行中二니 先은

---

56 아래 이절二節은 二에 광절절조光節節照와 三에 문수절절文殊節節이다.

照本界染淨이요 二에 如此處下는 現自法會의 普遍之相이라 前中
三이니 初는 總標分齊요 二에 百億閻浮下는 別顯所照요 三에 其中
下는 類結明顯이라 今初에 言三千大千者는 俱舍論云호대 四大洲
日月과 蘇迷盧欲天과 梵世各一千을 名一小千界요 此小千千倍
를 說名一中千이요 此千倍大千이니 皆同一成壞라하니라 梵世는
謂卽初禪일새 故云同一成壞라하고 以三度積일새 故曰三千이라
하고 略去小中하고 擧其末後일새 故云大千이라하니라

십단 가운데 경문이 각각 두 가지가 있나니
다 장행문은 부처님이 신광身光으로써 사경事境을 비추어 나타내어
중생으로 하여금 눈으로 보게 하시고, 게송문은 문수가 지광智光으
로 사리事理를 찬술하여 중생으로 하여금 깨달아 들어가게 하신
것이다.
십단은 답을 의지함에 문장이 세 가지가 있나니
처음에 오단은 보리에 답한 것이니
곧 나누어 다섯 가지로 하겠다.
처음에 일단은 보리의 초정超情을 한꺼번에 나타낸 것이요
두 번째는 보리의 인과를 통틀어 나타낸 것이요
세 번째는 팔상八相의 보리를 나타낸 것이요
네 번째는 보리의 자체성을 나타낸 것이요
다섯 번째는 보리의 원인을 나타낸 것이다.

지금은 처음으로 장행문 가운데 두 가지가 있나니

먼저는 근본세계의 염·정을 비춘 것이요

두 번째 이곳에서와 같다고 한 아래는 본자本自 법회가 널리 두루하는 모습을 나타낸 것이다.

앞의 가운데 세 가지가 있나니

처음에는 비추는 경계(分齊)를 한꺼번에 표한 것이요

두 번째 백억 염부제라고 한 아래는 비추는 바를 따로 나타낸 것이요

세 번째 그 가운데라고 한[57] 아래는 분명하게 나타난 것을 비류하여 맺은 것이다.

지금은 처음으로 삼천대천이라고 말한 것은 『구사론』에 말하기를

사대주四大洲와 일日·월月과

소미로[58]와 육계천과

범천세계의 각 일천을

이름하여 일 소천세계라 하고

이 소천세계의 천 배를

설하여 이름을 일 중천세계라 하고

이 중천세계의 천 배를 대천세계라 하나니,

다 동일하게 만들어졌다가 무너진다 하였다.

범천의 세계는 말하자면 곧 초선初禪이기에 그런 까닭으로 동일하게

---

57 세 번째 그 가운데라고 한 등은 영인본 화엄 4책, p.526, 6행이다.
58 소미로는 수미산을 말한다.

만들어졌다가 무너진다 하였고

삼도[59]로 쌓았기에 그런 까닭으로 말하기를 삼천이라 하였고

소천세계와 중천세계를 생략하고 그 말후[60]만을 거론하였기에 그런 까닭으로 말하기를 대천이라 한 것이다.

鈔

俱舍論者는 此文易了니 總以喩顯하리라 一小千界는 如一千錢하고 一中千界는 如千貫錢하고 大千世界는 如千箇千貫이라 而但取於初禪하야 爲數하고 已上不說거니와 若擧二禪已上인댄 則不同一成壞니 火災所壞는 唯初禪故라 故正理三十一云호대 小光等天은 非小千界攝이니 積小千爲中千하고 積中千爲大千이라도 亦不攝彼라하니라

『구사론』이라고 한 것은 이 문장은 쉽게 알 수가 있나니

모두 비유로써 나타내겠다.

일 소천세계는 일천 전錢과 같고

일 중천세계는 천관 전과 같고

대천세계는 천개 천관千箇千貫 전과 같다.

그러나 다만 초선만을 취하여 수數를 삼고 더 이상은 설하지 아니하였거니와, 만약 이선二禪 이상을 거론한다면 곧 동일하게 만들어졌다가 무너지지 않나니

---

59 원문에 삼도三度란, 소천小千·중천中千·대천大千이다.

60 말후末后란, 대천大千이다.

화재로 무너지는 바는 오직 초선천뿐인 까닭이다.

그런 까닭으로 『정리론』 삼십일권에 말하기를 소광천[61] 등의 하늘은 소천세계에 섭수되지 않나니

소천세계를 쌓아 중천세계를 만들고 중천세계를 쌓아 대천세계[62]를 만들지라도 또한 저 소광천 등 하늘을 섭수하지 못한다 하였다.

疏

長阿含十八과 雜阿含十六과 及瑜伽智論과 雜集顯揚도 亦不殊此니라 有云호대 然顯揚第一에 明三千世界가 三災所壞라하니 故知하라 初禪小千이요 二禪中千이요 三禪大千이라하니라 若金光明인댄 直至非非想히 皆云百億이라하니 意在遍諸天故며 此經文中엔 但至色頂이라하니 約無色인댄 無處故니라 今依二經이라

『장아함경』 십팔권과 『잡아함경』 십육권과 그리고 『유가사지론』과 『잡집론』과 『현양론』도 또한 여기에서 설한 것과 다르지 않다. 어떤 사람이 말하기를 그러나 『현양론』 제일권에 삼천세계가 삼재三災로 무너지는 바라고 밝혔으니

그런 까닭으로 알아라.[63] 초선천은 소천세계요 이선천은 중천세계요

---

61 소광천등小光天等은 색계色界 제이선천第二禪天이다.

62 소천小千·중천中千·대천세계大千世界는 초선천初禪天이다.

63 고지초선故知初禪 이상은 『현양론顯揚論』의 말이고, 이하는 『간정기刊定記』의 말이다.

삼선천은 대천세계인 것이다 하였다.

만약 『금광명경』이라면 바로 비비상천非非想天에 이르기까지 다

말하기를 백억 세계라 하였으니

그 뜻이 모든 하늘에 두루함에 있는 까닭이며

이 경문 가운데는 다만 색구경천까지만 이른다 하였으니

무색계를 잡는다면 처소가 없는 까닭이다.

지금에는 두 경[64]만 의지하였다.

鈔

長阿含下는 二에 例同餘文이니 下引二經四論이 並同俱舍라 俱舍是

十一이요 瑜伽第二요 智論第十一이요 雜集第六이요 顯揚第一이라

有云然顯揚者는 即刊定記意니 上卽論文故라 彼論釋三千竟云호

대 如是三千이 三災所壞니 謂火水風이라하니라 故知初禪已下는 卽

刊定이 取意解釋이니 謂火災壞初禪하고 水災壞二禪하고 風災壞三

禪하니 明知說小千은 但數初禪이라 若數中千인댄 卽數二禪이니 以

二禪量이 等小千故요 若數大千인댄 卽數三禪이니 三禪量이 等中千

故라 是知有百億初禪하며 有百萬二禪과 一千三禪과 唯一四禪이라

하니라 然若語量인댄 卽是向說거니와 所引文證은 義則不成이니 以言

三千이 皆許三災壞故니라 若中千은 數於二禪인댄 二禪은 卽火災不

壞等이니 思之니라 正義는 如前引俱舍와 正理已釋이라

---

64 두 경(二經)이란, 『금광명경金光明經』과 차경此經이다.

『장아함경』이라고 한 아래는 두 번째 비례하면 나머지 경문도 같다
는 것이니,

아래에 인용한 두 경[65]과 네 가지 논[66]이 아울러 『구사론』과 같다는
것이다.

『구사론』은 십일권이고, 『유가사지론』은 제이권이고, 『지도론』은
제십일권이고, 『잡집론』은 제육권이고, 『현양론』은 제일권이다.

어떤 사람이 말하기를 그러나 『현양론』 제일권이라고 한 것은 곧
『간정기』의 뜻이니

이상은 곧 『현양론』의 문장인 까닭이다.

저 『현양론』에 삼천세계를 해석하여 마치고[67] 말하기를 이와 같이
삼천세계가 삼재로 무너지는 바이니,

말하자면 화재와 수재와 풍재라 하였다.

그런 까닭으로 알아라. 초선천이라고 한 이하는 곧 『간정기』가

---

65 두 경(二經)은 『잡아함경雜阿含經』과 『장아함경長阿含經』이다.

66 네 가지 논(四論)은 『유가론瑜伽論』과 『지도론智度論』과 『잡집론雜集論』과
『현양론顯揚論』이다. 네 가지 논이라고 한 것은, 『정리론』은 곧 위의 초문(영인
본 화엄 4책, p.516, 9행)에 이미 가리킨 것과 같은 까닭으로 여기서는 다시
거론하지 않는다. 혹 사론四論이라 한 四 자는 五 자의 잘못이다 하고, 강사가
말하기를 소문 가운데 정리삼십이(正理三十二 다섯 줄 앞에 있었으나 지금 여기
영인본은 지우고 없다)라는 다섯 자는 필요 없는 글자라 하였으나 소본을
기준함에 곧 또한 이와 같이 되어 있으니(정리 등 五字가 있다는 것이다),
가히 이본二本이 다 필요 없는 글자라고 말할 수는 없는 것이다. 이상은
역시 다 『잡화기』의 말이다.

67 意는 竟 자의 잘못이다.

뜻을 취하여 해석한 것이니,

말하자면 화재는[68] 초선천을 무너뜨리고, 수재는 이선천을 무너뜨리고, 풍재는 삼선천을 무너뜨리나니 분명히 알아라.

소천세계를 설한 것은 다만 초선천만을 헤아린 것이다.[69]

만약 중천세계를 헤아린다면 곧 이선천을 헤아린 것인 줄 알 것이니 이선천의 양이 소천세계와 같은 까닭이요

만약 대천세계를 헤아린다면 곧 삼선천을 헤아린 것인 줄 알 것이니 삼선천의 양이 중천세계와 같은 까닭이다.

---

68 말하자면 화재는이라고 한 등은 다만 저『현양론』의 정의인즉 삼천세계가 함께 삼재로 무너짐을 입는다고 하였거늘,『간정기』가 잘못 이해하여 삼재로써 삼선에 따로 배속하고, 이에『현양론』가운데 삼천세계라는 말이 모두 삼선을 취한 것이라고 말하였다. 이상은『잡화기』의 말이다.

69 다만 초선천만을 헤아린 것이라고 한 것은,『잡화기』에 말하기를 말하자면 소천세계를 설할 때는 다만 초선천만 잡아 말한 것일 뿐 이선천을 갖추어 말한 것이 아니니, 이선천의 양이 일 소천세계와 같다면 곧 초선천이 천일 때에 이선천은 다만 일 소천세계뿐인 까닭이다.

중천세계를 설할 때는 바야흐로 이선천을 잡은 것이니, 이선천의 양이 이미 일 소천세계와 같다고 하였다면 곧 이선천의 천은 응당 일 중천세계가 되는 까닭이다.

대천세계를 설할 때는 곧 삼선천을 헤아리는 것이니, 삼선천의 양이 일 중천세계와 같다면 삼선천의 천은 응당 일 대천세계가 되는 까닭이다. 그러한즉 두 번째 줄에 등중等中이라 한 중中 자는 응당 소小 자로 하고, 세 번째 줄에 등대等大라 한 대大 자는 응당 중中 자로 해야 할 것이니『회현기』12권 22장을 보라 하였다. 그러나 여기 영각사본은 소小 자와 중中 자로 다 고쳐져 있다.

이에 백억의 초선천이 있으며 백만의 이선천[70]과 일천의 삼선천과
오직 하나의 사선천이 있을 뿐인 줄 알아야 할 것이다 하였다.
그러나 만약 양을 말한다면 곧 향래에 설한 것과 같거니와[71] 문장을
인용하여 증거한 바로는 그 뜻이 곧 성립되지 못하나니[72] 삼천세계가
다 삼재로 무너진다고 허설함을 말한 까닭이다.

만약 중천세계는 이선천을 헤아린 것이라고 한다면 이선천은 곧
화재로 무너지지 않는다는 등이니[73]

---

70 백만의 이선천이라고 한 등은,『잡화기』에 말하기를 이선천의 양이 이미
   소천세계와 같다고 하였다면 곧 소천세계가 백만이 있는 까닭으로 이선천도
   또한 백만이 되는 것이다. 무엇 때문인가. 소천세계가 백만이 있는 때문이니
   일 중천세계 가운데 천 소천세계가 있고, 십 중천세계 가운데 만 소천세계가
   있고, 백 중천세계 가운데 십만 소천세계가 있고, 천 중천세계 가운데 백만
   소천세계가 있나니 이에 알아라. 소천세계가 모두 백만이 있는 것이다 하였다.

71 곧 향래에 설한 것과 같다고 한 것은,『잡화기』에 모든 경론 가운데 다
   이 위에서 말한 것과 같이 양을 말한 까닭이다 하였다.

72 그 뜻이 곧 성립되지 못한다고 한 것은,『잡화기』에 말하기를 저『간정기』가
   삼선천이 일 대천세계가 된다고 섭수한 말이 원래 이 이치가 없다는 것을
   깨뜨리는 것이 아니라 다만『현양론』의 뜻에 다만 초선천 이하가 바로『구사
   론』으로 더불어 같은 것만 취하였거늘, 저『간정기』가『현양론』의 뜻이 이와
   같은 줄 깨닫지 못하고 착오로 삼선천의 뜻을 모두 취하는 것에 증거한
   까닭으로 그 증거한 바로는 그 뜻이 성립되지 못한다는 것으로써 깨뜨린
   것이다.『금광명경』과 그리고 이 경 등에서 설한 바와 같은 연후에사 이에
   가히 삼계를 모두 취하여 일 대천세계가 된다는 뜻을 증거할 것이다. 그런
   까닭으로 소주는 이 두 경만 의지하였다고 하였다.

73 원문에 二禪은 즉화재불괴등卽火災不壞等이라고 한 것은 초선初禪은 화재火災
   로 무너지고, 이선二禪은 수재水災로 무너지고, 삼선三禪은 풍재風災로 무너지

생각하여 볼 것이다.

바른 뜻은[74] 앞에서 『구사론』과 『정리론』을 인용하여 이미 해석한 것과 같다.

若金光明經者는 經云호대 是諸人王이 手擎香爐하야 供養經時에 其香遍布하야 於一念頃에 遍至三千大千世界에 百億日月과 乃至百億非非想天이라하니라 今依二經者는 卽金光明과 及此經文이라 約有處所인댄 但至色頂이요 約該地法인댄 遍於四空이어니와 四空無處일새 隨處得果니 如在欲界하야 得無色定하면 卽於欲界에 而受果報일새 故無別處하고 攝在二界니라 然皆通於二十八天이라 若爾인댄 與諸經論으로 云何會釋고 意云호대 且如二禪은 直語其量이 等千初禪거니와 以小千初禪으로 向上取之하면 則有千二禪하고 如是百億初禪으로 向上取之하면 則有百億四禪하리니 譬如夏雲이 普覆九洲하야 若以洲取인댄 則有九雲하고 若以郡取인댄 則四百餘雲이요 若以懸取인댄 千數未多어늘 或言一雲이 普覆萬國하며 或言萬國에 各有夏雲이라하니 思之可知니라

고, 사선四禪은 삼재三災가 미치지 않는다. 따라서 이선은 화재로 무너지지 않고, 삼선은 수재로 무너지지 않는다는 등이다.

74 바른 뜻이라고 한 것은, 『잡화기』에 말하기를 저 『구사론』과 『정리론』 가운데서 말한 바른 뜻이고 삼천대천세계라고 말한 것에 『구사론』의 뜻으로 바른 뜻을 삼는다는 것이 아니니, 소주가 지금에 『금광명경』과 이 경의 두 경을 의지하여 색계와 무색계가 삼천대천세계가 된다고 모두 갖추어 말한 까닭이다 하였다.

만약『금광명경』이라면이라고 한 것은『금광명경』에 말하기를 이
모든 인왕人王들이 손으로 향로를 들어[75] 경에 공양할 때에 그 향기가
두루 펼쳐져 한 생각에 삼천대천세계 백억의 일日·월月과 내지 백억
의 비비상천에 두루 이른다 하였다.

지금에는 두 경만 의지하였다고 한 것은 곧『금광명경』과 그리고
이 경의 문장이다.
처소가 있음을 잡는다면 다만 색구경천에만 이르는 것이요,
지위법 갖춤[76]을 잡는다면[77] 사공정[78]에 두루하거니와 사공정은 처소
가 없기에 처소를 따라 과보를 얻나니,
마치 욕계에 있으면서 무색정을 얻으면 곧 욕계에 과보를 얻는
것과 같기에 그런 까닭으로 별처別處가 없고 두 세계[79]에 섭수되어
있는 것이다.
그러나 다 삼계 이십팔천에 통하는 것이다.
만약 그렇다면[80] 모든 경·론으로 더불어 어떻게 회석하겠는가.

---

75 擎은 받들 경 자이다.
76 원문에 해지법該地法이라고 한 것은 無色界도 亦在九地中이니 以三界로
分九地에 無色界는 爲四地也라. 즉 무색계도 또한 구지九地 가운데 있나니
삼계로써 구지를 나눔에 무색계는 사지四地가 된다는 것이다.
77 『잡화기』에는 지위법 갖춤을 잡는다고 한 것은 삼계를 모두 구지九地로
나누기에 만약 사공정四空定을 취하지 않는다면 사지四地가 모자라는 까닭이
다 하였다.
78 사공四空이란, 사무색정四無色定이다.
79 두 세계라고 한 것은 욕계欲界와 색계色界이다.

그 뜻에 말하기를 또한 이선二禪은 그 양이 천 초선千初禪과 같다고
바로 말하였거니와 소천의 초선으로 위를 향하여 취한다면 곧 천
이선이 있고,

이와 같이 백억 초선으로 위를 향하여 취한다면 곧 백억 사선이
있을 것이니,

비유하자면[81] 여름의 구름이 널리 구주九洲를 덮는 것과 같아서 만약

---

80 만약 그렇다면이라고 한 등은, 『잡화기』에 말하기를 그 뜻에 말하기를 이
두 경은 다 말하기를 백억 비상천과 백억 색구경천이라 하였다. 그러한즉
모든 경론 가운데 다 말하기를 오직 초선천만 백억이고 이선천은 백만이고
내지 사선천은 오직 하나의 사선천뿐이라는 말로 더불어 서로 어기는 것이니,
어떻게 회석해야 하는가 하기에 그런 까닭으로 바로 아래(다음 줄 의운意云
이하) 통석하였으니, 대개 능히 덮는 사선천은 비록 하나이지만 그러나 덮을
바 백억 초선천으로써 위를 향하여 취한다면 곧 가히 백억의 사선천이라
말할 것이요, 삼선천은 비록 천이고 이선천은 비록 백만이지만 그러나 또한
백억의 초선천으로써 위를 향하여 취한다면 곧 삼선천과 이선천을 또한
다 가히 백억의 삼선천과 백억의 이선천이라 말할 것이다. 대개 소천은
초선천의 최초 근본 숫자이고 백억은 초선천의 말후에 증수增數이니, 근본수
로써 취한즉 모든 사선천이 다 소천세계이고, 증수로써 취한즉 모든 사선천이
다 백억의 사선천이다. 이상은 초선천이 능히 취하는 것이 되고 뒤에 삼선천이
다 취할 바가 되나니, 이미 능히 취하는 것이 백억이 되는 까닭으로 취할
바도 또한 각각 백억이 있는 것이다 하였다.

81 비유하자면 여름의 구름이라고 한 등은, 『잡화기』에 말하기를 이것은 곧
한 구름이 취할 바가 되고 주洲와 군群과 현縣으로 능히 취하는 것을 삼는
것이니 한 구름은 곧 사선천이다. 대개 한 구름이 주洲를 바라봄에 구주가
있는 것은 마치 사선천이 삼선천을 바라봄에 천이 있는 것과 같고, 군郡을
바라봄에 사백여 군이 있는 것은 마치 사선천이 백만이 있는 것과 같고,

주洲로써 취한다면 곧 아홉 구름(九雲)[82]이 있고,

만약 군郡으로써 취한다면 곧 사백여 구름[83]이 있고,

만약 현縣으로써 취한다면 천수千數도 많은 것이 아니거늘[84] 혹은

말하기를 일운一雲이 널리 만국萬國을 덮었다 하며,

혹은 말하기를 만국에 각각 여름의 구름이 있다 하였으니,

생각하면 가히 볼 수 있을 것이다.

현縣을 바라봄에 천여 현이 있는 것은 마치 사선천이 초선천을 바라봄에
백억이 있는 것과 같다. 그러한즉 법과 비유가 서로 현시되었으니, 생각하면
가히 그 뜻을 얻을 수 있을 것이다. 『대명법수』 12권 22장에 간략하게 설출하였
다 하였다.

82 아홉 구름(九雲)이라고 한 것은 요堯임금이 전국全國을 구주九洲로 나눈 것에
   비유한 까닭이다.

83 사백여 구름이라고 한 것은 진시황제秦始皇帝가 전국全國을 사백여 군四百餘郡
   으로 나눈 것에 비유한 까닭이다.

84 천수千數도 많은 것이 아니라고 한 것은 한漢나라 때 전국全國을 천칠 현千七縣
   으로 나눈 까닭이다.

經

百億閻浮提와 百億弗婆提와 百億瞿耶尼와 百億欝單越과 百億
大海와 百億輪圍山과

백억 염부제와 백억 불바제와
백억 구야니와 백억 울단월과
백억 대해와 백억 윤위산과

疏

二는 別顯所照라 於中에 初는 現人中이요 二는 現八相이요 三은
現諸天이라 初中에 閻浮提者는 新云瞻部라하니 俱舍云호대 阿耨
達池岸에 有樹하니 名瞻部요 因以名洲라하니라 提者는 此云洲也
라 東弗婆提者는 此云勝身이니 身勝餘洲故라 西瞿耶尼는 此云
牛貨니 以牛貨易故라 北欝單越은 此云勝生이니 以定壽千歲요
衣食自然故라 大海者는 卽外鹹海也라

두 번째는 비추는 바를 따로 나타낸 것이다.
그 가운데 처음에는 인간 가운데를 나타낸 것이요
두 번째는 팔상을 나타낸 것이요
세 번째는 모든 하늘을 나타낸 것이다.

처음 가운데 염부제라고 한 것은 신역에는 말하기를 섬부주라 하였

으니,

『구사론』에 말하기를 아뇩달지 언덕에 나무가 있나니 이름이 섬부贍部요,

그로 인하여 이름을 주洲라 한다 하였다.

제提라고 한 것은 여기에서 말하면 주洲인 것이다.

동불바제라고 한 것은 여기에서 말하면 몸이 수승한 것이니 몸이 나머지 주洲의 사람보다 수승한 까닭이다.

서구야니라고 한 것은 여기에서 말하면 소로써 재물을 삼는 것이니 소로써[85] 재물을 바꾸는 까닭이다.

북을단월이라고 한 것은 여기에서 말하면 생生이 수승한 것이니 정해진 목숨이 천세千歲요, 옷과 음식이 자연히 생기는 까닭이다.

대해라고 한 것은 곧 외염해外鹹海이다.

鈔

俱舍云者는 卽第十一論이니 釋無熱池竟云호대 於此池側에 有贍部林하니 其形高大하며 其果甘美라 依此林故로 名贍部洲라하며 或依此果하야 以立洲號라하고 論更不釋하니라 有云호대 以此洲가 南狹北闊하니 樹葉이 頭大後小호미 似此洲故라하고 未見有釋하니라 若立世阿毘曇云인댄 樹在此洲之南이라하니라 瞿耶尼는 亦云瞿陀尼니 瞿

---

85 소로써 재물을 바꾼다고 한 것은, 저 나라에는 소가 많은 까닭으로 서로 재물을 바꾸는 것을 이 나라에 돈과 곡식으로써 서로 통용하는 것과 같다. 역시 『잡화기』의 말이다.

卽牛也요 陀尼貨也라 北洲는 新云俱盧라 餘文可知라

『구사론』에 말하였다고 한 것은 곧 제십일론이니,
무열지無熱池를 해석하여 마치고 말하기를 이 못 옆에 염부나무가
있나니 그 모습이 높고 크며 그 과실이 맛이 좋다.
이 나무를 의지한 까닭으로 이름을 섬부주라 하였으며,
혹은 이 과실을 의지하여 주洲의 이름을 세웠다[86] 하고 논에는 다
시 해석하지 않았다.
어떤 사람이 말하기를 이 주洲가 남쪽으로는 좁고 북쪽으로는 넓나니
마치 나뭇잎이 머리는 크고 뒤는 작은 것이 이 주洲와 같은 까닭이다
하고, 해석한 것이 있는 것을 아직은 보지 못하였다.
만약 『입세아비담론立世阿毘曇論』에 말한 것이라면 이 염부나무가
이 주洲의 남쪽에 있다 하였다.
서구야니는 또한 말하기를 구타니라고도 하나니
구瞿는 곧 소(牛)요,
타니陀尼는 재물(貨)이다.
북주北洲는 신역에 말하기를 구로라 하였다.
나머지 경문은 가히 알 수가 있을 것이다.

---

86 혹은 이 과실을 의지하여 주의 이름을 세웠다고 한 것은 『구사론』에 이미
  수없이 말하였다면 곧 그 뜻이 취하는 바를 가히 자세히 알 수 없다는 것이다.
  역시 『잡화기』의 말이다.

疏

百億輪圍者는 一四天下에 一小鐵圍故라 中者有千하고 大者唯
一이라 皆云百億者는 此方에 黃帝算法이 數有三等하니 謂上中下
라 下等數法은 十十變之하고 中等은 百百變之하고 上等은 倍倍變
之하나니 今此三千은 若以小數로 計有萬億이어니와 今約中數니
從千已上은 百百變之일새 則有百億이라

백억 윤위산이라고 한 것은 한 사천하에 한 소철위산인 까닭이다.
중철위산은 일천이 있고, 대철위산은 오직 하나뿐이다.
다 말하기를 백억이라고 한 것은 차방此方에 황제의 계산법이 수數가
삼등三等이 있나니,
말하자면 상등과 중등과 하등이다.
하등수법下等數法은 십십으로 변하고
중등수법中等數法은 백백으로 변하고
상등수법上等數法은 배배로 변하나니
지금 여기에 삼천세계[87]는 만약 소수로써 계교한다면 만억이 있다고
할 것이어니와 지금에는 중수를 잡은 것이니,
천구으로 좇아 이상은 백백으로 변하기에 곧 백억이 있다고 한
것이다.

---

[87] 원문에 금차삼천今此三千이라고 한 것은 앞에 영인본 화엄 4책, p.513, 3행에
삼천대천세계三千大千世界라 한 것이다.

鈔

若以小數計者는 小數는 卽下等이니 十十變也라 謂十小千爲萬이요
百小千爲億이요 千小千爲中千이니 已有十億이요 更千中千이 爲一
大千이니 一千中千이 卽有千箇十億일새 故爲萬億이라 今約中數者
는 謂從千已上은 方百百變之니 謂百小千이 方爲一萬이요 千箇小千
이 爲中千이니 方是十萬이요 十箇中千이 始爲百萬이니 方是一億이
라 旣十中千이 爲一億인댄 今有千箇中千일새 故有百億耳니라

만약 소수로써 계교한다고 한 것은 소수小數는 곧 하등下等이니
십십으로 변하는 것이다.
말하자면 십의 소천이 일만이 되고, 백의 소천이 일억이 되고, 천의
소천千小千이 중천中千이 되나니 이미 십억이 있게 되고,
다시 천의 중천(千中千)이 일대천이 되나니 일천의 중천(一千中千)이
곧 천 개의 십억이 되기에 그런 까닭으로 만억이 되는 것이다.

지금에는 중수를 잡은 것이라고 한 것은 말하자면 천으로 좇아
이상은 바야흐로 백백으로 변하나니,
말하자면 백의 소천이 바야흐로 일만이 되고, 천 개 소천이 중천이
되나니 바야흐로 십만이요
십 개 중천이 비로소 백만이 되나니 바야흐로 일억이다.
이미 십의 중천이 일억이 된다면 지금에는 천 개의 중천이 있기에
그런 까닭으로 백억이 있게 되는 것이다.

疏

故唐三藏이 譯爲百億俱胝라하니라 測公深密記第六云호대 俱胝는 相傳釋에 有三種하니 一者는 十萬이요 二者는 百萬이요 三者는 千萬이라하니 由此三千을 以俱胝數하면 或至百數하며 或至千數하며 或至百千하나니 唐三藏譯은 是千萬也일새 故至百數니라

그런 까닭으로 당나라 삼장이 번역하기를 백억구지라 하였다.
원측법사 『해심밀경소』[88] 제육권에 말하기를 구지俱胝는 상전相傳하는 해석에 세 가지가 있나니
첫 번째는 십만이요,
두 번째는 백만이요,
세 번째는 천만이라 하였으니,
이로 인유하여 삼천을 구지로써 헤아려 가면 혹은 백수에 이르며[89]

---

88 원문에 심밀기深密記란, 본래 심밀소深密疏이나, 『간정기刊定記』에서 기記라 하였다.

89 혹은 백수에 이른다고 한 등은, 『잡화기』에 말하기를 차례와 같이 역으로 십만 등을 배대한 것이니 대개 천만으로써 일구지를 삼는다면 곧 그 수가 다만 백뿐이고, 백만으로써 일 구지를 삼는다면 곧 그 수가 천에 이르고, 십만으로써 일 구지를 삼는다면 곧 그 수가 일만에 이르나니, 삼천을 소수小數로써 헤아려 가면 합하여 만억이 되기에 지금에 이 백수 등 삼三이 비록 다르지만 다 만억이 되는 것이다. 무엇 때문인가. 처음에 백천만은 천만이 곧 백억이고 백억이 백이 있으니 곧 만억이다. 다음에 천백만은 백만이 곧 십억이고 십억이 천이 있으니 곧 만억이다. 뒤에 십천십만은 십만이 곧 일억이고 일억이 십천이 있으니 곧 만억이다. 그러나 앞에 삼三 등의

혹은 천수에 이르며

혹은 백천수[90]에 이르나니, 당나라 삼장이 번역한 것은 천만이기에
그런 까닭으로 백수에 이르는 것이다.

鈔

故唐三藏下는 二에 引證이니 旣譯百億하야 爲百俱胝인댄 俱胝는 存
其梵言이요 億은 是此語故로 二義同也라 次引測公의 三種俱胝하야
證百億爲百俱胝라 或至百數者는 卽三千有百億이 是也니 以千萬
으로 爲俱胝故라 或至千數者는 以百萬爲俱胝니 謂小數數之하면 中
千이 有百萬千箇小千하야사 方是一億이니 今大千이 有千中千일새
故爲千億이라 或至百千者는 卽以十萬으로 爲一俱胝故로 中千이 已
有百俱胝인댄 千箇中千이 方爲大千일새 大千이 則有百千俱胝也라
故疏云호대 唐三藏譯은 是千萬으로 爲俱胝라하니 故三千에 有百俱
胝니라 俱胝卽億이라

그런 까닭으로 당나라 삼장이라고 한 아래는 두 번째 인용하여
증거한 것이니,

이미 백억을 번역하여 백구지라 하였다면 구지라고 한 것은 범어를
그대로 둔 것이고,

억이라고 한 것은 여기 말인 까닭으로 두 가지 뜻이 같은 것이다.[91]

───────────────

숫자를 취하여 여기에 상대하여 뒤섞어 말하지 말 것이다 하였다.

90 백천百千이라 한 백百은 십十이라고 『잡화기』에 말하였다.

다음에는 원측법사의 세 가지 구지를 인용하여 백억이 백구지가
됨을 증거한 것이다.

혹은 백수에 이른다고 한 것은 곧 삼천세계에 백억이 있다고 한
것이 이것이니 천만으로 구지를 삼은 까닭이다
혹은 천수에 이른다고 한 것은 백만으로써 구지를 삼은 것이니
말하자면 소수로 헤아려 가면 중천이 백만천[92]개 소수가 있어야
바야흐로 일억이니,
지금에는 대천이 천의 중천이 있기에 그런 까닭으로 천억이 되는
것이다.
혹은 백천에 이른다고 한 것은 곧 십만으로써 일구지를 삼은 까닭으
로 중천이 이미 백구지가 있었다면 천 개의 중천이 바야흐로 대천이
되기에 대천이 곧 백천구지[93]가 있게 되는 것이다.
그런 까닭으로 소문에 말하기를 당나라 삼장이 번역한 것은 천만으
로 구지를 삼는다 하였으니,
그런 까닭으로 삼천세계에 백구지가 있게 되는 것이다.
구지는 곧 일억이다.

---

91 두 가지 뜻이 같다고 한 것은 사람들이 오해하여 백억의 구지라 할까 염려한
까닭으로 구지나 억이나 두 가지 뜻이 같다 말하는 것이니, 구지를 번역하면
억이기에 백억의 구지가 아니고 억이라는 뜻이라고 말하는 것이다.
92 백만 아래에 천千 자가 빠졌다.
93 백천과 백구지와 백천구지는 『잡화기』에 모두 십천과 십구지와 십천구지라
하였다.

疏

又依俱舍인댄 譯洛叉하야 爲億하고 此譯俱胝하야 爲億이니 故下
光照一億十億等이라하니라 梵本皆云호대 俱胝는 總由俱胝之數
가 不同故也니라

또 『구사론』을 의지한다면 낙차를 번역하여 억을 삼았고
여기에서는 구지를 번역하여 억을 삼았으니,
그런 까닭으로 아래에 광명이 일억 유순, 십억 유순을 비춘다 한
등[94]이라 하였다.
범본에 다 말하기를 구지라고 한 것[95]은 모두 구지의 수數가 같지
아니함을 인유한 까닭이다.

鈔

又依俱舍下는 二에 會釋俱胝不同이라 言俱舍에 譯洛叉하야 爲億者
는 亦是十一論이니 釋水輪云호대 次上水輪의 深十一億二萬이니 下

---

94 원문에 십억 등이라 한 것은, 『잡화기』에 십억 등'을' 吐라 하나 나는 십억
   등'이라 하니라'로 吐를 달았으니 살펴 잘 생각할 것이다.
95 범본에 다 말하기를 구지라고 한 것은, 일억으로 구지를 삼은 것은 그 뜻이
   십만의 억에 해당하는 것이다.
   십억으로 구지를 삼은 것은 그 뜻이 백만의 억에 해당하고, 초문 가운데
   백낙차로 구지를 삼은 것은 그 뜻이 천만의 억에 해당하는 것이다. 이상은
   다 『잡화기』의 말이다.

八洛叉는 水요 餘凝結成金이라하니 初는 以唐言으로 十一億二萬由
旬이라하고 下句는 梵語云호대 下八洛叉는 水라하니라 則八億由旬은
爲水요 三億二萬由旬은 爲金이니 故知洛叉로 爲億也니라 阿僧祇品
云호대 一百洛叉로 爲一俱胝라하니 則俱胝는 義當於兆이니 良以俱
胝가 有三等故라 則俱舍에 洛叉云億은 當十萬之億이요 下云一百洛
叉로 爲一俱胝는 則當千萬之億也니라

또 『구사론』을 의지한다고 한 아래는 두 번째 구지가 같지 아니함을
회석한 것이다.
『구사론』에 낙차를 번역하여 억을 삼는다고 말한 것은 역시 구사
십일론이니,
수륜水輪을 해석하여 말하기를 그 다음에 위로[96] 수륜의 깊이가 십일
억 이만이니 아래 팔낙차는 물(水)이요,
나머지는 금으로 엉기어 이루어졌다 하였으니
처음 구절은 당나라 말로써 십일억 이만 유순이라 하였고,
아래 구절은 범어로 말하기를 아래 팔낙차는 물이라 하였다.
곧 팔억 유순은 물이 되고 삼억 이만 유순은 금이 되나니
그런 까닭으로 낙차로 억을 삼은 줄 알아야 할 것이다.
아승지품에 말하기를 일백낙차로 일구지를 삼는다 하였으니
곧 구지는 그 뜻이 조兆에 해당하나니[97] 진실로 구지가 삼등三等[98]이

---

96 원문에 차상次上이란, 먼저 최하最下의 풍륜風輪을 밝힌 까닭으로 차상次上이
라 말한 것이다.
97 구지는 그 뜻이 조兆에 해당한다고 한 것은, 『잡화기』에 말하기를 이것은

있는 까닭이다.

곧 『구사론』에 낙차를 억이라고 말한 것은 십만의 억에 해당하는 것이고

아래에 일백낙차로 일구지를 삼는다고 말한 것은 곧 천만의 억에 해당하는 것이다.

곧 백억으로 조兆를 삼은즉 이에 백백으로 변하는 것이다 하였다.

98 삼등이란 십만억, 백만억, 천만억의 세 가지 비등한 뜻이 있다는 것이다. 혹 이 세 가지를 등취하고 있다는 뜻이기도 하다.

經

百億菩薩受生과 百億菩薩出家와 百億如來成正覺과 百億如
來轉法輪과 百億如來入涅槃과

백억 보살이 생을 받은 것과
백억 보살이 출가한 것과
백억 여래가 정각을 이룬 것과
백억 여래가 법륜을 전한 것과
백억 여래가 열반에 들어간 것과

疏

二는 現八相이라 於中에 文有五相호대 受生含三이라 佛成道後에
始放光明거늘 却現初生과 及後涅槃者는 約微細門과 融三世故
라 亦非能照是報요 所照是化니 以放光身이 在摩竭故라 此經은
報化融故며 大菩薩等은 化處見報하고 下位之機는 報處見化하나
니 二不並故며 能照所照가 唯是一佛은 顯佛自在하야 超思議故
니라

두 번째는 팔상을 나타낸 것이다.
그 가운데 경문이 오상五相이 있으되 생을 받은(受生) 것에 삼상三相[99]

---

[99] 원문에 삼상三相이란, 입태入胎, 주태住胎, 출태出胎이다.

을 포함하였다.

부처님이 성도하신 뒤에 처음 광명을 놓으시거늘 도리어 처음 생을 받은 것과 그리고 뒤에 열반에 들어간 것을 나타낸 것은 미세문微細門 과 융삼세문融三世門을 잡은 까닭이다.

또한 능조能照는 이 보신이 아니고[100] 소조所照는 이 화신이니 방광하는 몸이 마갈제국[101]에 있는 까닭이다.

이 경은 보신과 화신이 융합한 까닭이며

대보살 등은 화신의 처소에서 보신을 보고, 하위下位의 중생은 보신 의 처소에서 화신을 보나니

두 몸이 함께 나타나지 아니한 까닭이며

능조·소조가 오직 한 부처님인 것은 부처님이 자재하여 사의함을 초월한 것을 나타낸 까닭이다.

鈔

約微細門者는 一中에 頓具一切諸法하야 炳然齊現이 名微細門이라 故說一相之中에 具餘七相은 如在母胎하야 卽具餘七이니 今在成正 覺相中하야 具餘七相也니라 言融三世者는 亦卽十世隔法異成門이 니 受生은 是過去요 涅槃은 是未來故라 亦非能照是報者는 揀濫釋

---

100 또한 능조는 보신이 아니라고 한 등은,『잡화기』에 말하기를 이와 같은 해석이 있음을 염려한 까닭으로 가리는 것이니 네 개의 고故 자가 있는 것을 가히 알 수가 있을 것이다 하였다. 네 개의 고故 자는 마갈고故, 화융고故, 불병고故, 사의고故이니 바로 아래에 있다.
101 마갈제국은 화신化身의 처소處所이다.

也라 二不並故者는 報處見化호대 見化不見報니 非謂報化가 並現故
也니라

미세문을 잡았다고 한 것은 한 법 가운데 일체 모든 법을 한꺼번에
갖추어 밝게 가지런히 나타나는 것이 이름이 미세문이다.
그런 까닭으로 말하기를 일상一相 가운데 나머지 칠상七相을 갖추었
다고 한 것은 마치 어머니의 태중에 계시면서 곧 나머지 칠상을
갖춘 것과 같나니,
지금에는 정각을 이룬 상相 가운데 있으면서 나머지 칠상을 갖춘
것이다.

융삼세문을 잡았다고 말한 것은 또한 곧 십세격법리성문이니
생을 받았다고 한 것은 과거요,
열반에 들어갔다고 한 것은 미래인 까닭이다.
또 능조는 보신이 아니라고 한 것은 넘치는 해석[102]을 가린 것이다.
둘이 아울러 나타나지 아니한 까닭이라고 한 것은 보신의 처소에서
화신을 보되 화신은 보고 보신은 보지 못하는 것이니,
보신과 화신이 아울러 나타나는 것을 말한 것은 아닌 까닭이다.

---

102 원문에 남석濫釋이라고 한 것은 넘칠 람, 함부로 람 자이니 함부로 해석하는
  것, 즉 잘못 해석하는 것을 말한다.

經

百億須彌山王과 百億四天王衆天과 百億三十三天과 百億夜
摩天과 百億兜率天과 百億化樂天과 百億他化自在天과 百億梵
衆天과 百億光音天과 百億遍淨天과 百億廣果天과 百億色究竟
天의 其中所有가 悉皆明現하니라

백억 수미산왕과
백억 사천왕중천과
백억 삼십삼천과
백억 야마천과
백억 도솔천과
백억 화락천과
백억 타화자재천과
백억 범중천과
백억 광음천과
백억 변정천과
백억 광과천과
백억 색구경천의 그 가운데 있는 바가 다 밝게 나타났습니다.

疏

三에 百億須彌下는 現諸天이라 於中에 擧須彌者는 二天所依故니라

세 번째 백억 수미산왕이라고 한 아래는 모든 하늘을 나타낸 것이다. 그 가운데 수미산을 거론한 것은 두 하늘[103]이 의지하는 바인 까닭이다.

---

103 두 하늘이란, 욕계와 색계이다.

經

如此處에 見佛世尊이 坐蓮華藏師子之座하사 十佛刹微塵數菩薩의 所共圍遶인달하야 其百億閻浮提中에 百億如來도 亦如是坐하시니

이곳에서 부처님 세존이 연꽃으로 갈무리한 사자의 자리에 앉아서 열 부처님의 세계에 작은 티끌 수만치 많은 보살들에게 함께 에워싸인 바를 보는 것과 같아서 그 백억 염부제 가운데 백억 여래도 또한 이와 같이 앉으시니

疏

二는 現自法會니 於中二라 先現本會니 此是一會가 遍一切處요 非是多處에 各別有會라 乃至法界도 亦如是遍하나니 此圓融法은 非思之境이라

두 번째는 본자법회를 나타낸 것이니
그 가운데 두 가지가 있다.
먼저는 본회를 나타낸 것이니
이것은 이 한 회가 일체 처소에 두루한 것이요, 수많은 처소에 각각 따로 회가 있는 것이 아니다.
내지 법계에도 또한 이와 같이 두루하나니,
이 원융한 법은 사의할 경계가 아니다.

鈔

非是多處에 各有會者는 亦是揀濫이니 恐人誤解호대 若多處有會가 似如十人爲會하야 十會가 在一室中거든 一燈照了하면 令人頓見十會百人이니 今不爾也니라 一會가 遍一切處者는 如於一室에 懸百面鏡하고 中有十人이 共爲一會인댄 則百鏡中에 有百會也니라

수많은 처소에 각각 따로 회가 있는 것이 아니라고 한 것은 역시 넘치는 해석을 가린 것이다.
어떤 사람이 잘못 해석하기를 만약 수많은 곳에 회會가 있는 것이 흡사 열 사람이 한 회가 되어 십 회가 한 방 가운데 있거든, 한 등이 비추어 마치면 사람으로 하여금 십 회에 백 사람을 한꺼번에 보게 하는 것과 같다 할까 염려한 것이니,
지금에는 그렇지 않다는 것이다.

한 회가 일체 처소에 두루한 것이라고 한 것은 마치 한 방에 백면百面에 거울을 달고 방 가운데 있는 열 사람이 함께 한 회가 된다면 곧 백면의 거울 가운데 백 회가 있는 것과 같은 것이다.

經

悉以佛神力故로 十方各有一大菩薩하야 一一各與十佛剎微塵
數諸菩薩로 俱來詣佛所하니라 其名曰文殊師利菩薩이며 覺首
菩薩이며 財首菩薩이며 寶首菩薩이며 功德首菩薩이며 目首菩
薩이며 精進首菩薩이며 法首菩薩이며 智首菩薩이며 賢首菩薩
이니라 是諸菩薩이 所從來國은 所謂金色世界이며 妙色世界이
며 蓮華色世界이며 薝蔔華色世界이며 優鉢羅華色世界이며 金
色世界이며 寶色世界이며 金剛色世界이며 玻瓈色世界이며 平
等色世界이며 此諸菩薩이 各於佛所에 淨修梵行하니 所謂不動
智佛이며 無礙智佛이며 解脫智佛이며 威儀智佛이며 明相智佛
이며 究竟智佛이며 最勝智佛이며 自在智佛이며 梵智佛이며 觀察
智佛이니라

다 부처님의 신통력인 까닭으로 시방에 각각 한 사람의 큰 보살이
있어서 낱낱이 각각 열 부처님의 세계에 작은 티끌 수만치 많은
모든 보살로 더불어 함께 와서 부처님의 처소에 나아갔습니다.
그 이름을 말하자면 문수사리보살이며
각수보살이며
재수보살이며
보수보살이며
공덕수보살이며
목수보살이며

정진수보살이며

법수보살이며

지수보살이며

현수보살입니다.

이 모든 보살이 좇아온 바 국토는 말하자면 금색세계이며

묘한 색 세계이며

연꽃 색 세계이며

담복꽃 색 세계이며

우발라꽃 색 세계이며

금색세계[104]이며

보배 색 세계이며

금강 색 세계이며

파려 색 세계이며

평등한 색 세계입니다.

이 모든 보살들이 각각 부처님의 처소에서 범행을 청정하게 닦았으니

말하자면 움직이지 않는 지혜 부처님이며

걸림 없는 지혜 부처님이며

해탈한 지혜 부처님이며

위의 갖춘 지혜 부처님이며

밝은 모습 지혜 부처님이며

---

104 금색세계金色世界가 두 번 나왔다.

구경의 지혜 부처님이며
가장 수승한 지혜 부처님이며
자재한 지혜 부처님이며
맑은 지혜 부처님이며
관찰하는 지혜 부처님입니다.

疏

二에 悉以佛神力下는 現新集衆이라 言佛神力者는 亦卽是前에
各隨其類하야 現神通也라 文有四段하니 謂總顯列名과 刹號佛
名이니 皆同名號品中이요 但增百億이 爲異耳니라

두 번째 다 부처님의 신통력인 까닭이라고 한 아래는 새로 모인
대중을 나타낸 것이다.
부처님의 신통력이라고 말한 것은 또한 곧 이 앞에 각각 그 유형을
따라서 신통을 나타낸 것이다.
경문에 사단이 있나니
말하자면 한꺼번에 나타낸 것과 이름을 열거한 것과 국토의 이름과
부처님의 이름이니,
다 여래명호품 가운데와 같고 다만 백억을 더한 것만이 다를 뿐이다.

經

爾時一切處에 **文殊師利菩薩**이 **各於佛所**에 **同時發聲**하야 **說此 頌言**호대

그때에 일체 처소에 문수사리보살이 각각 부처님의 처소에서 동시 에 소리를 내어 이런 게송을 설하여 말하기를

疏

偈文分二리니 先은 彰說人이요 後는 顯偈辭라 今初에 言一切處文 殊者는 略申三義리라 一은 約當節이니 如初節中에 百億佛前에 有百億文殊가 爲一切也라 各各皆說當節之偈일새 故文皆云호대 各於佛所라하니라

게송의 문장을 두 가지로 분류하리니
먼저는 설하는 사람[105]을 밝힌 것이요
뒤에는 게송의 말을 나타낸 것이다.
지금은 처음으로 일체 처소에 문수보살이라고 말한 것은 간략하게
세 가지 뜻을 펴겠다.
첫 번째는 당절當節[106]을 잡은 것이니,
초절初節[107] 가운데 백억 부처님 앞에 백억 문수가 있는 것과 같은

---

105 원문에 설인說人이란, 설게인說偈人이니 문수보살文殊菩薩이다.
106 당절當節이란, 각 게송을 말한다.

것이 일체가 되는 것이다.

각각 다 당절의 게송을 설한 것이기에 그런 까닭으로 문장에 다 말하기를 각각 부처님의 처소라 하였다.

鈔

一切處文殊는 略申三義者는 第一義는 約文이니 卽是以應就機하야 令百川中에 一時見月이라 各各皆說當節之偈者는 如百億內에 同說若有見正覺偈하며 第二節內에 同說衆生無智慧偈하니라 然有四句하니 一은 一切處文殊가 同說一偈는 是一切卽一이요 二는 但一文殊가 十節說偈는 是一卽一切요 三은 各於佛所는 卽一唯是一이요 四는 諸處文殊가 各偈不同은 卽是一切中一切라

일체 처소에 문수보살이라고 말한 것은 간략하게 세 가지 뜻을 펴겠다고 한 것은 첫 번째 뜻은 경문을 잡은 것이니,

곧 이것은 응함에 근기에 나아가 하여금 백천百川 가운데 일시에 달을 보게 하는 것이다.

각각 다 당절의 게송을 설한 것이라고 한 것은 백억 세계 안에 똑같이 만약 어떤 사람이[108] 정각이 해탈하여라고 한 게송을 설하며, 제이절 안에 똑같이 중생이[109] 지혜가 없어서라고 한 게송을 설한

---

107 초절初節이란, 첫 번째 게송이다.

108 영인본 화엄 4책, p.531, 말행末行이다.

109 영인본 화엄 4책, p.547, 7행이다.

것과 같다.

그러나 네 구절이 있나니

첫 번째는 일체 처소에 문수보살이 똑같이 한 게송을 설한 것은 이것은 일체 문수가 곧 한 문수요

두 번째는 다만 한 문수보살이 십절에 게송을 설한 것은 이것은 한 문수가 곧 일체 문수요

세 번째는 각각 저 부처님의 처소는 곧 한 문수가 오직 한 문수뿐이요

네 번째는 모든 곳에 문수가 각각 게송을 설한 것이 같지 않는 것은 곧 이것은 일체 문수 가운데 일체 문수이다.

疏

二는 一文殊가 從一處東來가 卽從一切處東來며 至一法會가 卽至一切法會일새 故雖東來나 而卽一切處니 以是法界가 卽體之用身故니라

두 번째는 한 문수가[110] 한 곳의 동쪽을 좇아 온 것이 곧 일체 처소의 동쪽을 좇아 온 것이며, 한 법회에 이른 것이 곧 일체 법회에 이른 것이기에 그런 까닭으로 비록 동쪽에서 왔지만 일체 처소에 즉卽하

---

110 원문에 일문수一文殊 운운은 위에서는 백억문수百億文殊를 잡은 까닭으로 일체라 하였고, 지금에는 일문수一文殊를 잡아 그 실덕實德을 말함에 일문수一文殊가 이 일체문수一切文殊인 까닭으로 일체一切라 한 것이다. 위에 백억문수百億文殊란, 직전直前 소문疏文에 백억불전百億佛前에 백억문수百億文殊라 한 것이다. 『잡화기』의 말도 이와 같다.

나니,
이것은 법계가 자체에 즉한 작용의 몸[111]인 까닭이다.

二에 一文殊下는 第二에 約義하야 復語其實德이니 如前溪之月이
卽是後溪와 及千江百川之月이 全入前溪하니라 所以爾者는 一切處
月이 不離本月일새 故本月落溪하면 則千處俱落이니라

두 번째 한 문수라고 한 아래는 제 두 번째 뜻을 잡아서 다시 그
문수의 진실한 공덕을 말한 것이니,
앞에 계곡의 달이 곧 뒤에 계곡과 그리고 천강千江과 백천百川의
달이 온전히 앞에 계곡에 들어가는 것과 같다.
그러한 까닭은 일체 처소에 달이 본래의 달을 떠나지 않았기에
그런 까닭으로 본래의 달이 계곡에 떨어지면 곧 천 곳에 함께 떨어지
는 것이다.

疏

三은 約表法이니 文殊는 乃是不動智之妙用이라 觸境斯了일새 六
根三業이 盡是文殊요 實相體周일새 萬像森羅가 無非般若니 何
有一處인달 非文殊哉아 下九節中에 皆有二段하니 倣此可知라

111 원문에 즉체卽體라 한 체體는 법신法身이고, 용신用身은 화신化身이다.

세 번째는 표법表法을 잡은 것이니,

문수는 이에 움직이지 않는 지혜의 묘한 작용이다.

다이는 경계를 이에 알기에 육근과[112] 삼업이 다 문수요,

실상의 자체가 두루하기에 만상삼라가 반야 아님이 없나니

어찌 한 곳인들 문수 아님이 있겠는가.

아래 구절 가운데 다 이단이[113] 있나니[114]

이 해석을 본받는다면 가히 알 수가 있을 것이다.

鈔

三에 約表者는 文殊는 主般若門이라 若約觀照般若인댄 智了萬境에
無非般若니 若白日麗天에 無物不照요 若實相般若인댄 無法非實
故로 無非般若니 猶水遍波에 無波非水니라 大般若云호대 般若波羅
蜜多가 淸淨故로 色淸淨하며 色淸淨故로 一切智智淸淨이니 何以故
요 若般若波羅蜜多가 淸淨하고 若色淸淨하고 若一切智智가 淸淨호
미 無二無二分하며 無別無斷故라하니 通於觀照와 及實相也니라

---

112 육근六根 운운은 육근六根과 삼업三業이 다 이 작용의 물건이 있는 까닭으로
관조반야觀照般若가 되는 것이다.

113 『잡화기』에는 이단이란 경문을 잡아 해석한즉 아래 구절九節마다 다 문장을
현시한 것이 있는 까닭이며, 또 이상에서 이미 예를 가리킨 까닭으로 지금에
는 다만 뒤에 두 가지만 거론한 것이다 하였다.

114 원문에 개유이단皆有二段이라고 한 것은 二에 약의約義와 三에 약표約表이다.
혹 二字는 三字의 잘못이라 하기도 한다. 제일단第一段은 약당절約當節이다.
영인본 화엄 4책, p.529, 5행에 있다.

세 번째 표법을 잡았다고 한 것은 문수는 반야문을 주간한다.

만약 관조반야를 잡는다면 지혜로 만 가지 경계를 요달함에 반야 아님이 없나니,

마치 밝은 태양이 하늘에 뜸에 사물마다 비추지 아니함이 없는 것과 같고

만약 실상반야를 잡는다면 법마다 실상 아님이 없는 까닭으로 반야 아님이 없나니,

비유하자면 물이 파도에 두루함에 파도마다 물 아님이 없는 것과 같다.

『대품반야경』에 말하기를 반야바라밀다가 청정한 까닭으로 색이 청정하며,

색이 청정한 까닭으로 일체 지혜의 지혜가 청정하나니

무슨 까닭인가.

이에 반야바라밀다가 청정하고 이에 색이 청정하고 이에 일체 지혜의 지혜가 청정한 것이 둘일 수도 없고 둘로 나눌 수도 없으며,

분별할 수도 없고 끊을 수도 없는 까닭이다 하였으니

관조반야와 그리고 실상반야에 통하는 것이다.[115]

---

115 원문에 通於觀照及實相者는 色清淨者는 實相般若요 一切智智者는 觀照般若라. 즉 관조반야와 그리고 실상반야에 통한다고 한 것은 색이 청정하다고 한 것은 실상반야이고 일체 지혜의 지혜라고 한 것은 관조반야라는 것이다. 두 줄 앞에 반야바라밀다가 청정하다고 한 것은 두 가지 반야에 다 통하는 것이다. 이상은 『잡화기』의 말이다.

經

若有見正覺이　　解脫離諸漏하야
不著一切世인댄 彼非正道眼이니다

만약 어떤 사람이 정각이
해탈하여 모든 번뇌를 떠나
일체 세간에 집착하지 않는 줄 본다면
저 사람은 바른[116] 도의 눈이 아닙니다.

疏

二는 正顯偈辭라 然釋此偈에 有通有別하니 通者는 此明菩提超
情이요 別은 謂顯前光中에 所見之事라 於中又二니 一은 約境이니
謂融前所照하야 顯理法故요 二는 約觀이니 謂令大衆으로 泯絶諸
見하고 於所照事에 不生執取니라 然觀資理成하고 理由觀顯이니
故通而釋之하면 卽明菩提超情이라 大分爲二리니 初一은 反顯이
요 餘九는 順釋이라 今初는 反顯違理之失이니 謂菩提體德은 超絶
一切라 佛地論에 明佛은 非漏非無漏며 亦應於世에 非著非無著
거늘 今乃見佛이 內離諸漏하고 外不著世하나니 則有漏可離며 有

---

116 정正 자는 소문에 증證 자이니 증證 자라면 도안을 증득하지 못한 것이라
　　해석할 것이다. 또 여기 정正 자와 소문에 증證 자를 같이 볼 필요는 없기도
　　하다.

世不著이라 取捨未亡이니 此見違理일새 故非道眼이니 證道眼者
는 無分別故니라

두 번째는 바로 게송의 말을 나타낸 것이다.
그러나 이 게송을 해석함에 한꺼번에 해석한 것이 있고 따로 해석한
것이 있나니[117]
한꺼번에 해석한 것은 이것은 보리는 정情 밖을 벗어난 것을 밝힌
것이요,
따로 해석한 것은 말하자면 앞의 광명 가운데 본 바 사실[118]을 나타낸
것이다.

그 가운데 또 두 가지가 있나니
첫 번째는 경계를 잡은 것이니,
말하자면 앞에 비춘 바[119]를 융합하여 이법理法을 나타내는 까닭이요
두 번째는 관觀을 잡은 것이니,

---

117 원문에 유통유별有通有別이라고 한 것은 낱낱 게송이 모두 보리菩提는 뜻(情)
　　밖을 벗어났다는 의미를 밝힌 까닭으로 통석通釋이라 하고,
　　열 게송이 각각 한 가지 뜻을 배대한 것은 별석別釋이라 하나니, 마치 초이송初
　　二頌은 앞에 방광放光을 읊고, 다음에 한 게송(一頌)은 앞에 세계등世界等을
　　읊었다고 한 것이 이것이다(此下 영인본 화엄 4책, p.533, 4행에 초지이송初之二頌
　　운운이 이것이다). 역시 『잡화기』의 말이다.
118 원문에 전광중소견지사前光中所見之事란, 백억염부제百億閻浮提 등이니 영인
　　본 화엄 4책, p.519, 말행 이하이다.
119 원문에 전소조前所照란, 전백억염부제前百億閻浮提 등이다.

말하자면 대중으로 하여금 모든 소견을 끊어 없애고 비추는 바 사실에 집착하여 취함을 내지 않게 하는 것이다.

그러나 관조觀照는 진리(理)를 도와 이루고 진리는 관조觀照를 인유하여 나타나나니,

그런 까닭으로 한꺼번에 해석한다면 곧 보리는 뜻밖을 벗어난 것을 밝힌 것이다.

크게 나누어 두 가지로 하리니

처음에 한 게송은 반대로 나타낸 것[120]이요

나머지 아홉 게송은 순리대로 해석한 것[121]이다.

지금은 처음으로 진리를 어기는 허물을 반대로 나타낸 것이니

말하자면 보리의 자체 공덕은 일체 정을 벗어나 끊은 것이다.

『불지론』에 부처는 유루도 없고 무루도 없으며

또한 세간을 응대하심에 유착有着도 없고 무착無着도 없다고 밝혔거늘,

지금에는 이에 부처님이 안으로 모든 번뇌를 떠나고 밖으로 세간에 집착하지 않는 줄로 보나니

곧 번뇌를 가히 떠날 것이 있으며,

세간에 집착하지 아니할 것이 있음으로 취하고 버리는 것을 잃지 못한 것이니,

---

120 원문에 초일반현初一反顯이란, 비정도안非正道眼이라 한 것이다.

121 원문에 여구순석餘九順釋이란, 차인질작불此人疾作佛 당성승지자當成勝智者라 한 등이다.

이런 소견은 진리를 어기기에 그런 까닭으로 바른 도의 눈이 아니니 도의 눈을 증득한 사람은 분별이 없는 까닭이다.

鈔

然觀資理成者는 以賢首가 有上二意에 各別科文이니 初는 約境顯理 中에 十偈爲三이라 初一은 法超情表요 次八은 會事歸理요 後一은 事如理融이니 成前一會가 卽一切會等이니 事無障礙也라 二는 約心 하야 令泯絶諸見이니 依此釋經인댄 十偈爲六이라 初之二頌은 頌於 放光佛하야 令離見이요 次에 一頌은 會前光所照處하야 以明離見이 요 三에 有三頌은 會前所現本法會等하야 以明離見이요 四에 有二頌 은 別會諸菩薩大衆하야 以明離見이요 五에 有一頌은 會前所照衆生 이요 六에 末後一頌은 明前法會의 周遍所由라 今疏意는 明不爲兩般 하고 合成一釋이니 顯理離見의 二義相成일새 故總出所以하야 云觀 資理成이라하니 若不見理인댄 不成觀照니라 理由觀顯者는 不得觀 照인댄 安能會理리요 理無廢興이나 弘之由人이니 故觀成契理하면 諸見自亡일새 故合爲一釋이니 皆帶顯理와 破見之義하며 一一具於 通別二意라 故初偈에 反顯은 明違理起見이 爲過失生이요 後九에 順釋은 明會理하면 則理顯而見息也니라

그러나 관은 진리를 도와 이룬다고 한 것은 현수법사가 위의 두 가지 뜻[122]에 각각 따로 문장을 과목한 것이 있나니

---

122 두 가지 뜻이란, 약경約境과 약관約觀이다.

처음에는 경계를 잡아서 진리를 나타내는 가운데 열 가지 게송을 세 가지로 하였다.

처음에 한 게송은 이법(理)은 정 밖을 벗어난 것이요

다음에 여덟 게송은 사실(事)을 모아 이법(理)에 돌아가는 것이요

뒤에 한 게송은 사실(事)이 이법(理)과 같아 원융한 것이니,

앞[123]에 일회가 곧 일체회라는 등을 성립한 것으로 사무장애事無障礙이다.

두 번째는 마음을 잡아서 하여금 모든 소견을 끊어 없애게 하는 것이니,

이것을 의지하여 경을 해석한다면 열 게송을 여섯 가지로 할 수 있다.

처음에 두 게송은 문수가 광명을 놓으신 부처님을 읊어 중생으로 하여금 소견을 떠나게 하는 것이요

다음에 한 게송은 앞[124]에 광명이 비춘 바 처소를 회통하여 소견을 떠나게 함을 밝힌 것이요

세 번째 세 게송이 있는 것은 앞[125]에 나타낸 바 본자법회 등을 회통하여 소견을 떠나게 함을 밝힌 것이요

네 번째 두 게송이 있는 것은 모든 보살 대중을 따로 회통하여 소견을 떠나게 함을 밝힌 것이요

다섯 번째 한 게송이 있는 것은 앞에 비춘 바 중생을 회통한 것이요

---

123 앞이란, 영인본 화엄 4책, p.527, 2행이다.

124 앞이란, 영인본 화엄 4책, p.520이다.

125 앞이란, 영인본 화엄 4책, p.527, 2행이다.

여섯 번째 말후에 한 게송은 앞에 법회가 일체 처소에 두루한 이유를 밝힌 것이다.

지금에 소가의 뜻은 두 가지로 해석하지 않고 합성하여 한 가지로 해석함을 밝혔으니,[126]

진리를 나타내고 소견을 떠나게 하는 두 가지 뜻이 서로 성립하기에 그런 까닭으로 한꺼번에 그 까닭을 설출하여 말하기를 관조는 진리를 도와 이룬다 하였으니,

만약 진리를 보지 못하면 관조觀照함을 이룰 수 없는 것이다.

진리는 관조를 인유하여 나타난다고 한 것은 관조를 얻지 못하면 어찌 능히 진리를 회통하겠는가.

진리에는 쇠퇴하고 부흥함이 없지만 그 진리를 홍포하는 것은 사람을 인유하는 것이니,

그런 까닭으로 관조를 이루어 진리에 계합하면 모든 소견이 자연히 없어지기에 그런 까닭으로 합성하여 한 가지 해석을 하였으니,

다 진리를 나타내고 소견을 깨뜨리는[127] 뜻을 대동帶同하였으며 낱낱이 통의通意와 별의別意의 두 가지 뜻을 갖추었다 하겠다.

그런 까닭으로 처음에 한 게송에 반대로 나타낸 것은 진리를 어겨 소견을 일으키는 것이 허물이 생기는 것이 됨을 밝힌 것이요

---

126 지금에 소가의 뜻은 두 가지라고 한 등은 현수賢首스님은 경계를 잡아 진리를 나타내고 마음을 잡아 소견을 떠나게 한다 하였지만, 청량淸凉스님은 합하여 하나로 본다는 것이다.

127 원문에 파견破見이라고 한 것은 이견離見이다.

뒤에 아홉 게송에 순리대로 해석[128]한 것은 진리에 회합하면 곧 진리가 나타나 소견이 쉬어짐을 밝힌 것이다.

---

128 順 자 아래에 釋 자가 빠졌다.

經

若有知如來가   體相無所有하야
修習得明了인댄 此人疾作佛하리다

만약 어떤 사람이 여래가
자체와 모습이 있는 바가 없는 줄 알아서
닦아 익혀 밝게 요달함을 얻는다면
이 사람은 빨리 부처가 될 것입니다.

疏

餘偈는 順顯見理之益이니 皆上三句는 觀相이요 下句는 觀益이라
於中九偈가 各是一義어니와 且分爲四리니 初六은 觀佛이요 次一
은 趣求요 次一은 觀生이요 後一은 了法이라 初中初偈는 正顯佛菩
提性이 本來自空이니 稱此而知면 則無上失이니라 體謂眞性이요
相謂德相이니 並性無所有어니 竟何所離며 本無有著거니 誰爲無
著이리요 如是知者는 名爲正解요 修習明了는 斯爲正行이라 下句
는 觀益이니 言疾作佛者는 約文殊門인댄 情盡理現은 卽名作佛이
요 約普賢門인댄 信終圓收요 約行布說인댄 則不見此理면 成佛未
期니 他皆倣此니라

나머지 게송은 진리를 보는 이익을 순리대로 나타낸 것이니
모든 게송에 다 위에 세 구절은 모습을 관찰하는 것이요

아래 한 구절은 이익을 관찰하는 것이다.

그 가운데 아홉 게송이 각각 한 뜻이거니와

또한 나누어 네 가지로 하리니

처음에 여섯 게송은 부처님을 관찰하는 것이요

다음에 한 게송은 나아가 구하는[129] 것이요

다음에 한 게송은 중생을 관찰하는 것이요

뒤에 한 게송은 법을 요달하는 것이다.

처음 가운데 처음 게송[130]은 부처님의 보리자성이 본래 스스로 공함을
바로 나타낸 것이니

여기에 칭합하여 안다면 곧 위에 허물[131]이 없을 것이다.

자체(體)라고 한 것은 진성을 말한 것이요

형상(相)이라고 한 것은 덕상을 말한 것이니

아울러 자성[132]이 있는 바가 없거니[133] 필경에 무엇을 떠날 바이며,

본래 집착이 없거니 누가 집착을 없애려 하겠는가.

이와 같이 아는 것은 이름이 바로 아는 것(正解)이 되고,

닦아 익혀서 밝게 아는 것은 이것은 바른 행(正行)이 되는 것이다.

---

129 원문에 취구趣求란, 이상구불離相求佛, 즉 모습을 떠나 부처를 구하는 것이다.

130 원문에 초중초게初中初偈란, 初六偈中에 初偈이다.

131 원문에 상실上失은 一偈에 위리지실違理之失, 즉 진리를 어기는 허물이다.

132 자성이란 자체의 자성(體之性)과 모습의 자성(相之性)이다.

133 아울러 자성이 있는 바가 없다고 한 등은, 『잡화기』에 이미 망정의 생각을
   초월하였다면 곧 어찌 말한 바 체성과 체상이 있겠는가 하였다.

아래 한 구절은 관찰하는 이익이니

빨리 부처가 될 것이라고 말한 것은 문수문文殊門을 잡는다면 망정이
다함에 진리가 나타나는 것은 곧 이름이 부처가 되는 것이요
보현문普賢門을[134] 잡는다면 믿음이 끝남에 원만하게 거두는 것이요
행포문을 잡아 말한다면 곧 이 진리를 보지 못하면 성불을 기약할
수 없나니,

다른 것은 다 이것을 본받을 것이다.

鈔

本無有著者는 如黐膠黏人하야 則有不著之者어니와 虛空不黏거니
誰爲不著空中膠者이요 情盡理現者는 此順禪宗이니 卽事理無礙門
也요 約普賢門은 正是華嚴이니 卽事事無礙門也요 約行布說은 此爲
千里之初步也라

본래 집착이 없다고 한 것은 마치 끈끈이[135]와 아교를 사람에게
붙이는[136] 것과 같아서 곧 붙지 않는 사람도 있거니와, 허공은 붙일
수 없거니 누가 허공 가운데 아교를 붙이지 않는 사람이 되겠는가.
망정이 다함에 진리가 나타난다고 한 것은 이것은 선종을 따른

---

134 보현문普賢門이라고 한 등은, 보현문 가운데 처음에는 원융을 잡은 것이고
   뒤에는 행포를 잡은 것이니 가히 알 수 있을 것이다. 역시 『잡화기』의
   말이다.

135 黐는 끈끈이 리이다.

136 黏은 붙일 점이다.

것이니

곧 사리무애문事理無礙門[137]이요

보현문을 잡는다고 한 것은 바로 이 화엄종이니

곧 사사무애문이요

항포문을 잡아 말한다고 한 것은 이것은 천릿길을 감에 첫걸음이
되는 것이다.

---

137 사리무애문事理無礙門이라고 한 것은, 『잡화기』에 말하기를 말한 바 처음
   부처님이 성불함에 머무는 것이니 지위를 간섭하는 것은 이 사실(事)이고,
   성불하는 것은 진리(理)를 잡은 것이다 하였다.

經

能見此世界하고 其心不搖動하며
於佛身亦然인댄 當成勝智者리이다

능히 이 세계를 보고도
그 마음이 동요하지 아니하며
저 부처님 몸을 보고도 또한 그러하다면
마땅히 수승한 지혜의 사람을 성취할 것입니다.

疏

次一偈는 依正等觀이니 佛菩提性은 依正無二故라 亦顯光所照
處하야 以明離見이니 謂上半은 於前所見世界에 令離妄動이니 知
眞法界不應動故요 次句는 例前八相이니 佛身은 亦同平等이라
不動而了일새 故成勝智라하니라

다음에 한 게송은 의보와 정보를 똑같이 관찰하는 것이니
부처님의 보리자성은 의보와 정보가 둘이 없는 까닭이다.
또한 광명이 비추는 바 처소를 나타내어 소견을 떠남을 밝힌 것이니
말하자면 위에 반 게송은 앞에서 본 바 세계[138]에 하여금 허망한
동요를 떠나게 하는 것이니 진법계는 응당 동요하지 않는 줄 아는

---

138 원문에 전소견세계前所見世界란, 백억 염부제 등등이다.

까닭이요

다음 구절은 앞의[139] 팔상八相에 비례한 것이니

불신은 또한 다 같이 평등한 것이다.

움직이지 않고 알기에[140] 그런 까닭으로 수승한 지혜의 사람을 성취할
것이다 하였다.

鈔

亦顯光所等者는 上約通明이요 今約別說이라 令離妄動은 卽是破見
이요 知眞法界不應動故는 卽是顯理니 此句는 全是大般若曼殊室
利分이라 經云호대 若菩薩不動法界하면 知眞法界不應動搖하며 不
可思議하며 不可戲論하리니 如是能入一切相也라하니라 不動而了
일새 故成勝智者는 此句觀益이니 諸偈가 雖同皆是佛果의 差別之德
이나 而皆與於觀相으로 相順일새 故躡不動而知하야 以釋當成勝智
니라

또한 광명이 비추는[141] 바 처소를 나타낸다고 한 등은 이 위에는
한꺼번에 밝힌 것을 잡은 것이요

지금에는 따로 설한 것을 잡은 것이다.

하여금 허망한 동요를 떠나게 한다고 한 것은 곧 이것은 소견을

---

139 앞의 팔상이란, 영인본 화엄 4책, p.525, 2행이다.

140 원문에 부동이료不動而了 이하는 말후구末后句이다.

141 명明 자는 소所 자가 옳다.

깨뜨리는 것이요

진법계는 응당 동요하지 않는 줄 아는 까닭이라고 한 것은 곧 이것은 진리를 나타내는 것이니

이 구절은 온전히 『대반야경』 만수실리분[142]의 말이다.

이 경에 말하기를 만약 보살이 법계에 동요하지 아니하면 진법계는 응당 동요하지 아니하며

가히 사의할 수 없으며

가히 희론할 수 없는 줄 알 것이니,

이와 같이 능히 일체상에 들어간다 하였다.

움직이지 않고 알기에 그런 까닭으로 수승한 지혜의 사람을 성취할 것이라고 한 것은 이 구절은 이익을 관찰하는 것이니,

모든 게송이 비록 다 불과위佛果位에 차별한 공덕과 같지만 다 모습을 관찰하는 것으로 더불어 서로 따르기에 그런 까닭으로 움직이지 않고 안다는 것을 밟아 마땅히 수승한 지혜의 사람을 성취할 것이라고 한 것을 해석한 것이다.

---

142 대반야만수실리분大般若曼殊室利分은 『대반야경大般若經』 575권이다. 『금강경金剛經』은 『대반야경大般若經』 577권에 해당한다.

經

若於佛及法에　其心了平等하야
二念不現前인댄 當踐難思位리이다

만약 부처님과 그리고 진리에
그 마음이 평등함을 요달하여
두 가지 생각이 앞에 나타나지 않는다면
마땅히 사의하기 어려운 지위[143]를 밟을 것입니다.

疏

次偈는 佛法等觀이라 了同體故어니 二念豈生이리요 一亦不存하
야사 得難思果리라

다음 게송은 부처님과 진리를 평등하게 관찰하는 것이다.
동체임을 요지한 까닭이거니 두 가지 생각이 어찌 생기겠는가.
한 생각도 또한 두지 말아야 사의하기 어려운 부처님의 과위를
얻을 것이다.

---

143 원문에 난사위難思位는 즉 불과위佛果位이다.

經

若見佛及身이　平等而安住하야
無住無所入인맨 當成難遇者리이다

만약 부처님과 그리고 몸이
평등하게 안주하여
머무름도 없고 들어가는 바도 없는 줄 본다면
마땅히 만나기 어려운 사람을 성취할 것입니다.

疏

次偈는 生佛等觀이라 言身은 卽衆生이니 以梵本中云호대 佛及我
故니 我卽行人之身이라 稱理普周를 云平等住요 平等則無能所
일새 故曰無住라 我卽法性이니 更不證入이며 法性無性이니 復何
所入이리오 如是知者는 曠世難逢이라

다음 게송은 중생과 부처님을 평등하게 관찰하는 것이다.
몸이라고[144] 말한 것은 곧 중생이니,
범본 가운데 말하기를 부처님과 그리고 나(我)라 한 까닭이니 나라는
것은 곧 수행하는 사람의 몸이다.
진리에 칭합하여[145] 널리 두루하는 것을 평등하게 안주한다 말하는

---

144 몸이라고 한 아래는 第一句이다.

것이요

평등하면[146] 곧 능·소가 없기에 그런 까닭으로 머무름도 없다 말하는 것이다.

나라는 것은 곧 법의 자성이니, 다시 증득하여 들어갈 것이 아니며 법의 자성은 자성이 없나니 다시 어찌 들어갈 바가 있겠는가. 이와 같이[147] 아는 사람은 광겁 세상에도 만나기 어려운 것이다.

鈔

我卽法性下는 釋上平等하면 卽無能所일새 故曰無住라 然有二意하니 一에 上二句는 明一性不分일새 故無能所니 猶如一指가 不能自觸이요 二에 法性無性下는 明性空故로 無能所入이니 亦如虛空이 不住虛空이라 此亦大般若曼殊室利分意니 彼經云호대 佛告文殊하사대 汝於佛法에 豈不趣求고 文殊言호대 世尊이시여 我今에 不見有法도 非佛法者어니 何所趣求리요하니라 釋曰此卽一性意也라 次佛問云하사대 汝於佛法을 已成就耶아 文殊答言호대 我都不見法도 可名佛法거니 何所成就리요하니라 釋曰卽性空意也라 次佛又言하사대 汝豈不得無著性耶아 文殊答云호대 我卽無著거니 豈無著性으로 復得無著이리요하니라 釋曰卽今疏云호대 我卽法性이니 更不證入이라하니라

___
145 진리에 칭합한다고 한 아래는 第二句이다.
146 평등이라고 한 아래는 第三句이다.
147 이와 같이라고 한 아래는 第四句이다.

나라는 것은 곧 법의 자성이라고 한 아래는 위에 평등하면 곧 능·소가 없기에 그런 까닭으로 머무름도 없다 말한 것을 해석한 것이다.

그러나 두 가지 뜻이 있나니[148]

첫 번째 위에 두 구절[149]은 한 가지 자성은 나눌 수 없기에 그런 까닭으로 능소가 없음을 밝힌 것이니,

비유하자면 한 손가락이 능히 스스로를 만질 수 없는 것과 같은 것이요

두 번째 법의 자성은 자성이 없다고 한 아래는 자성이 공한 까닭으로 능입과 소입이 없음을 밝힌 것이니,

또한 허공이 허공에 머물지 않는 것과 같다.

이것도 또한 『대반야경』 만수실리분의 뜻이니,

저 경에[150] 말하기를 부처님이 문수보살에게 말씀하시기를 그대가 불법에 어찌 나아가 구하지 않는가.

문수보살이 말하기를 세존이시여, 저가 지금 어떤 법도 불법 아님을 보지 않거니 어찌 나아가 구할 바가 있겠습니까 하였다.

해석하여 말하면 이것은 곧 일성一性의 뜻이다.

다음에 부처님이 물어 말씀하시기를 그대가 불법을 이미 성취하였

---

148 그러나 두 가지 뜻이 있다고 한 아래는 다만 능·소가 없는 것만 해석한 것이니 이미 능·소가 없다고 하였다면 곧 스스로 반드시 머물지 않는다는 것이다. 이상은 『잡화기』의 말이나 엄격하게는 첫 번째는 능·소가 없고, 두 번째는 능입과 소입이 없다는 것이다.

149 一에 上二句라고 한 것은 아즉법성我卽法性과 갱불증입更不證入이다.

150 저 경이라고 한 것은 『대반야경』 54권이다.

는가.

문수보살이 답하여 말하기를 저가 도무지 한 법도 가히 불법이라고 이름함을 볼 수 없거니 어떻게 성취할 바가 있겠습니까 하였다.

해석하여 말하면 곧 자성이 공하다는 뜻이다.

다음에 부처님이 또 말씀하시기를 그대가 어찌 집착이 없는 자성을 얻지 못하였는가.

문수보살이 답하여 말하기를 저가 곧 집착이 없거니 어찌 집착이 없는 자성으로 다시 집착이 없음을 얻겠습니까 하였다.

해석하여 말하면 곧 지금 소문에 말하기를 나라는 것은 법의 자성이니 다시 증득하여 들어갈 것이 아니다 하였다.

疏

故로 般若文殊分云호대 若知我性인댄 卽知無法이요 若知無法인댄 卽無境界요 若無境界인댄 卽無所依요 若無所依인댄 卽無所住也라하나라 又本會는 卽住無所住요 新集은 則入無所入이라

그런 까닭으로 『반야경』문수분에 말하기를 만약 나의 자성을 안다면 곧 법이 없는 줄 알 것이요,

만약 법이 없는 줄 안다면 곧 경계가 없을 것이요,

만약 경계가 없다면 곧 의지할 바가 없을 것이요,

만약 의지할 바가 없다면 곧 머무를 바가 없을 것이다 하였다.

또 본회[151]는 곧 머물지만 머무는 바가 없는 것이요

신증新衆¹⁵²은 곧 들어가지만 들어간 바가 없는 것이다.

鈔

故般若下는 引證이니 前卽闇用二意요 今卽顯證無住니 是彼次後
經文이라

그런 까닭으로 『반야경』이라고 한 아래는 인용하여 증거한 것이니
앞¹⁵³에서는 곧 두 가지 뜻을 그윽이 인용하였고,
지금에는 곧 머무는 바가 없음을 밝게 증거한 것이니
이것은 저 『대반야경』이 다음에 경문이다.

疏

問이라 若皆平等인댄 云何分別有三寶耶아 智論答云호대 平等이
卽是三寶니 謂平等卽法寶요 法寶卽是佛이니 以未得法에 不名
佛故요 得平等法하야사 分別有須菩提等이라하나라

묻겠다.
만약 다 평등하다면 어떻게 삼보가 있다고 분별하겠는가.

---

151 본회란, p.527, 2행이다.

152 신증新衆이란, p.528, 9행이다.

153 앞이란, p.537, 9행이다. 암용闇用은 현증顯證의 상대이니 따라서 현顯 자는
    명명明 자의 뜻이다.

『지도론』에 답하여 말씀하기를 평등이 곧 삼보이니,
말하자면 평등이 곧 법보이고 법보가 곧 불보이니 법을 얻지 못함에
부처라 이름할 수 없는 까닭이요,
평등한 법을 얻어야 수보리 등이 있다고 분별한다 하였다.

鈔

智論答云者는 卽八十五論이니 亦是經文이라 須菩提問佛호대 若無
差別인댄 云何有三寶닛가 佛答은 卽今疏文이라

『지도론』에 답하여 말하였다고 한 것은 곧 제팔십오론이니
역시 반야경문이다.
수보리가 부처님께 묻기를 만약 차별이 없다면 어떻게 삼보가 있다
고 하십니까.
부처님이 답하신 것은 곧 지금의 소문이다.

經

色受無有數하고 想行識亦然하나니
若能如是知인댄 當作大牟尼리이다

색이다 수受다 하는 법수法數가 없고
상이다 행이다 식이다 하는 법수도 또한 그러하나니
만약 능히 이와 같이 안다면
마땅히 대모니가 될 것입니다.

疏

次偈는 會通平等이니 謂上來에 主伴依正이 不離五蘊이라 五蘊性
空은 卽是平等이요 有相差別은 總名爲數라 卽同無爲일새 故非數
法이요 離數超世면 成寂靜果리라

다음 게송은 평등을 회통한 것이니
말하자면 상래에 주·반과 의보·정보가 오온을 떠나지 않는 것이다.
오온의 자성이 공한 것은 곧 평등이요
모습이 있어 차별한 것은 모두 이름하여 법수가 되는 것이다;.
곧 무위와 같기에 그런 까닭으로 법수가 아닌 것이요
법수를 떠나 세간을 초월한다면 적정의 과보를 성취할 것이다.

經

世及出世間에 一切皆超越하야
而能善知法인댄 當成大光耀리이다

세간과 그리고 출세간에
일체를 다 초월하여
능히 법을 잘 안다면
마땅히 큰 빛을 성취할 것입니다.

疏

次偈는 拂上出世니 謂眞出世者는 超越入出하야 不礙照知일새
故成光耀니라 又上第三偈는 佛卽是法이요 第四偈는 法卽是衆이
요 第五偈는 是三寶가 皆無爲相이요 此偈는 與虛空等이라

다음 게송은 위에 출세를 떨쳐버리는 것이니,
말하자면 진정한 출세는 들어가고 나오는 것을 초월하여 비추어
아는 것에 걸리지 않기에 그런 까닭으로 빛을 성취하는 것이다.
또 위에 제 세 번째 게송은 부처가 곧 이 법이요,
제 네 번째 게송은 법이 곧이 중衆154이요,
제 다섯 번째 게송은 이 삼보가 다 무위의 모습이요,

---

154 법이 곧이 중이라고 한 것은, 『잡화기』에 법을 얻는 것을 부처라 이름하는
까닭으로 부처를 일러 법이라 말하는 것이다. 중衆은 승僧이다.

이 게송은 허공으로 더불어 같은 것이다.

鈔

又上第三偈下는 收上四偈하야 成一不二法門이니 卽淨名經에 寂根
菩薩曰호대 佛法衆爲二나 佛卽是法이요 法卽是衆이니 是三寶가 皆
無爲相으로 與虛空等하며 一切法亦爾하나니 能隨此行者는 是爲入
不二法門이라하니라

또 위에 제 세 번째 게송이라고 한 아래는 위에 네 가지 게송[155]을
거두어 하나의 불이법문을 성립한 것이니,
곧 『정명경』에 적근보살이 말하기를 불법과 중衆이 둘이지만[156] 불이
곧 법이고 법이 곧 중衆이니,
이 삼보가 다 무위의 모습으로써 허공으로 더불어 같으며
일체법도 또한 그러하나니,
능히 이 행을 따르는 사람은 이에 불이법문에 들어가는 것이다
하였다.

---

155 원문에 상사게上四偈란, 三·四·五·六偈이다.
156 원문에 위이爲二란, 爲三인듯하나니 불佛·법法·승僧(衆)이다.

經

若於一切智에　發生迴向心하고도
見心無所生인댄 當獲大名稱하리다

만약 일체 지혜에
회향하는 마음을 일으키고도
마음에 일으킨 바가 없음을 본다면
마땅히 큰 명칭을 얻을 것입니다.

疏

二에 有一偈는 趣求니 以上에 雖離見而知나 猶恐帶寂故라 上半
은 勸求요 次句는 又觀性離니 謂了迴向心이 本自不生하면 是離
相迴向也라 離相求佛하면 得名稱果리라

두 번째 한 게송이 있는 것은 나아가 구하는 것[157]이니,
위에서 비록 소견을 떠나 알게 하였으나 오히려 적정에 막힐까
두려워한 까닭이다.
위에 반 게송은 구하기를 권하는 것이요
다음 구절은 또 자성이 소견 떠난 것을 관찰하는 것이니,
말하자면 회향하는 마음이 본래 스스로 일어난 적이 없는 줄 알면

---

157 구자求者라 한 자者 자는 없는 것이 좋다.

이것이 모습을 떠난 회향(離相回向)인 것이다.

모습을 떠나 부처를 구한다면 큰 명칭의 과보를 얻을 것이다.

經

衆生無有生하고 亦復無有壞하나니
若得如是智인댄 當成無上道리이다

중생은 난 적도 없고
또한 다시 무너진 적도 없나니
만약 이와 같은 지혜를 얻는다면
마땅히 더 이상 없는 도를 얻을 것입니다.

疏

三에 次一偈는 所見衆生도 亦皆稱眞일새 故無生壞니 知無衆生이
是無上道라 故下經云호대 無上摩訶薩이 遠離衆生想이라하니라

세 번째 다음에 한 게송은 보는 바 중생도 또한 다 진여에 칭합하기에
그런 까닭으로 난 적도 무너진 적도 없나니,
중생이 없는 줄 아는 것이 이것이 더 이상 없는 도이다.
그런 까닭으로 하경下經에서 말하기를 더 이상 없는 마하살이 중생의
생각을 멀리 떠나보낸다 하였다.

鈔

故下經云호대 無上摩訶薩이 遠離衆生想者는 卽第十六經에 無上

慧菩薩偈니 下半云호대 無有能過者일새 故號爲無上이라하니라 今에
無生可壞가 卽離衆生想이라

그런 까닭으로 하경에서 말하기를 더 이상 없는 마하살이 중생의
생각을 멀리 떠나보낸다고 한 것은 곧 화엄 십육경에 무상혜보살
게송이니,
아래 반 게송에 말하기를 능히 지날 사람이 없기에 그런 까닭으로
이름을 무상無上이라 한다 하였다.
지금에는 생生 가히 무너질 것이 없는 것이 곧 중생의 생각을 떠나보
내는 것이다 한 것이다.

經

一中解無量하고 無量中解一하대
了彼互生起인댄 當成無所畏리이다

하나 가운데 무량을 알고
무량 가운데 하나를 알되
저것이 서로 생기하는 줄 안다면
마땅히 두려울 바가 없음을 성취할 것입니다.

疏

末後에 一偈는 知法이니 卽成前法會의 周遍所由라 上半은 標門이
니 卽十玄門中에 一多相容不同門也요 次一句는 釋所由니 卽十
種所由中에 緣起相由門也라 並如義分齊中이라 謂一與多가 互
相生起니 且一依多起하면 則一是所起일새 而無力也요 多是能
起일새 故有力也라 以多有力하야 能攝一하고 以一無力하야 入於
多하니 是故此一이 恒在多中이라 多依一起도 準上知之니 是則此
多가 恒在一中也라 以俱有力과 及俱無力이 各不並故로 無彼에
不相在也며 以一有力과 一無力이 不相違故로 有此恒相在也라
緣起法界가 理數常爾니 稱斯而見하면 何所畏哉아 由此緣起하야
成前平等하고 由前平等하야 成此緣起가 文理昭然거늘 不許事事
無礙는 恐未著深思니라

말후에 한 게송은 법을 아는 것이니,

곧 앞에 법회가 두루한 까닭을 성립한 것이다.

위에 반 게송은 법문을 표한 것이니

곧 십현문 가운데 일다상용부동문이요

다음에 한 구절은 까닭을 해석한 것이니

곧 열 가지 까닭 가운데 연기상유문이다.

아울러 의리분제 가운데 설한 것과 같다.

말하자면 일一과 더불어 다多가 서로서로 생기하나니

또한 일一이 다多를 의지하여 생기하면 곧 일一은 소기所起이기에

힘이 없는 것이요

다多는 능기能起이기에 그런 까닭으로 힘이 있는 것이다.

다多는 힘이 있어서 능히 일一을 섭수하고,

일一은 힘이 없어서 다多에 들어가나니

이런 까닭으로 이 일一이 항상 다多 가운데 있는 것이다.

다多가 일一을 의지하여 생기하는 것도 위에 해석한 것을 기준한다면

알 수가 있을 것이니,

이것은 곧 이 다多가 항상 일一 가운데 있는 것이다.

함께 힘이 있는 것과 그리고 함께 힘이 없는 것[158]이 각각으로는

아우를 수 없는 까닭으로 저것이 없음에 서로 있지 아니하며[159]

---

158 원문에 구유력급구무력俱有力及俱無力이라고 한 것은 一과 多가 함께 힘이 있고 힘이 없는 것을 말한 것이다.

159 원문에 무피불상재無彼不相在라고 한 것은 곧 연기緣起를 말한 것이다. 『잡화기』에는 저것이 함께 힘이 있고 함께 힘이 없는 것이 서로 있지 않다는

일一이 힘이 있는 것과 일一이 힘이 없는 것이 서로 어기지 않는
까닭으로 이것이 있음에 항상 서로 있는 것이다.
연기의 법계가 이수理數가 항상 그러하나니,
여기에 칭합하여 보면 무엇을 두려워할 바이겠는가.
여기에 연기를 인유하여 앞에 평등을 이루고 앞에 평등을 인유하여
여기에 연기를 이루는 것이 문장의 이치가 소연하거늘, 사사무애를
허설許說하지 아니한 것은 세심하게 생각함을 붙들지 아니할까 염려
한 것이다.

鈔

謂一與多下는 上標擧二門이요 今正將緣起의 相由所以하야 釋一多
相容之門이니 此中大意는 凡所知所起는 卽無有力이요 若能知能起
인댄 卽是有力이니 廣如玄文하니라 由此緣起下는 結破靜法이라 彼
云호대 此偈는 了一多平等이니 謂解多由一起하고 解一由多生이니
無一不成多하고 無多亦無一이라 了彼一多가 相由生起하면 一多之
念息하야 一多相平等하리니 此會差別하야 歸平等性일새 理事無礙
요 非事事無礙니 應審思其文하야 勿謬解也라하니라 釋曰今疏는 卽
賢首意니 此公破師하야 言是謬解일새 故今結示니 卽符昔大義中之
一也니라 此公意云호대 是理事無礙者는 以例前諸偈에 多約會事歸
理하야 一切平等으로 拂諸見故로 不合是事事無礙라할새 故今先出
此偈本意니라

___

　　것을 막는 것이다 하였다.

말하자면 일과 더불어 다라고 한 아래는 위에서는 두 가지 문[160]을 표하여 거론한 것이요

지금에는 바로 연기가 서로 인유(緣起相由)하는 까닭을 가져 일과 다가 서로 용납(一多相容)하는 문을 해석한 것이니,

이 가운데 큰 뜻은 무릇 소지所知와 소기所起는 곧 힘이 없는 것이요 만약 능지能知와 능기能起라면 곧 힘이 있는 것이니

널리 설한 것은 『현담』의 문장과 같다.[161]

여기에 연기를 인유하였다고 한 아래는 결론적으로 정법사를 깨뜨리는 것이다.

저 정법사가 말하기를 이 게송은[162] 일과 다가 평등함을 아는 것이니 말하자면 다多는 일一을 인유하여 생기하는 줄 알고, 일一은 다多를 인유하여 생기하는 줄 아나니

일이 없으면 다를 이룰 수가 없고, 다가 없으면 또한 일을 이룰 수가 없는 것이다.

저 일과 다가 서로 인유하여 생기하는 줄 알면 일과 다에 대한

---

160 두 가지 문(二門)이란, 연기상유문緣起相由門과 일다상용부동문一多相容不同 門이다.

161 원문에 광여현문廣如玄文이라고 한 것은 『현담玄談』 의리분제義理分齊 중에 말한 것이다.

162 이 게송 운운은 정법원공은 이 게송을 일다一多가 평등함으로 보나니 이사무 애의 입장이고 청량스님은 연기상유와 일다부동一多不同 즉 차별을 보나니 사사무애의 입장이라 하겠다.

생각이 쉬어 일과 다가 서로 평등할 것이니,

이것은 차별을 모아 평등한 자성에 돌아가기에 이사무애이고 사사무애가 아니니

응당히 그 문장을 깊이 살피고 생각하여 잘못 알지 말라 하였다.

해석하여 말하면 지금에 소문은 곧 현수법사의 뜻이니,

이 정법원공이 현수법사의 뜻을 깨뜨려 잘못 해석한 것이라 말하기에 그런 까닭으로 지금에 맺어서 보인 것[163]이니,

곧 옛날의 대의 가운데 하나[164]를 붙든 것이다.

이 원공의 뜻에 말하기를 이 이사무애는 앞에 모든 게송을 비례함에 다분히 사실을 모아 진리에 돌아감을 잡아서 일체 평등으로 모든 소견을 떨쳐 보내는 까닭으로 사사무애에 부합하지 않는다 하기에 그런 까닭으로 먼저 이 게송의 본의本意[165]를 설출하였다.

言由此緣起하야 成前平等者는 上云本會는 則住無所住요 新集은 則入無所入等이 何以得此에 皆平等耶아 特由緣起가 互相由故니라 且如本會가 與彼十方의 新集之會로 共成緣起하나니 由因本會하야 有十方故로 十是所起니 所起無體일새 即是本會요 由因十方하야 說本會故로 本是所起니 所起無力일새 故入十方이라 故由緣起하야 成

---

163 원문에 고금결시故今結示라고 한 것은 지금에 연기緣起를 인유하였다고 맺어 보였다는 것이다.

164 원문에 석대의중지일昔大義中之一이라고 한 것은 『현담玄談』지자권地字卷 귀경십의歸敬十義 중 제삼第三에 우함다의又含多義이다.

165 본의本意란, 연기緣起를 말한다.

前一切가 皆悉平等이라 言由前平等하야 成此緣起者는 謂一有定性
하면 不由於多요 多有定性하면 不由於一이니 今由一無定性하야 假
多而起하고 多無定性하야 由一而生일새 故由無性한 平等之義하야
方成緣起니라 若有一可一인댄 此是自性一이요 若有多可多인댄 此
是定性多니라 多若是定性多인댄 多不因於一이요 一若是定性一인
댄 一不因於多이나 今由多故一이니 此一不自一이요 今由一故多니
此多不自多라 多不自多일새 此多則無力이요 此一不自一일새 此一
則無力이니 無力隨有力하야 一多互相收일새 故隨一佛會하야 卽一
切佛會하며 法界一切會가 卽是一法會니라 故此一法會가 不動而常
遍하며 不分而常多하야 前後互相成거니 如何不信이리요 故賢首云
호대 緣起法界가 理數常爾하나니 應細深思하면 自當見耳라하니 觀此
疏文하면 似此弟子가 當聽之時하야 早已不受일새 特令深思케하니라
故疏結云호대 不信事事無礙는 恐未著深思也라하니라

여기에 연기를 인유하여 앞에 평등을 이룬다고 말한 것은 상문上文[166]
에서 본회는 곧 머물지만 머무는 바가 없는 것이요, 신중新衆은
들어가지만 들어가는 바가 없다고 한 등이 어찌 여기에 다 평등하다
고 함을 얻겠는가.
다만 연기가 서로서로 인유함을 말미암은 까닭이다.
또 본회가 저 시방의 신집중회로 더불어 함께 연기를 이루는 것과
같나니

---

166 상문上文이란, 영인본 화엄 4책, p.539, 2행이다.

본회를 인하여 시방의 신중新衆이 있음을 인유한 까닭으로 시방은
이 소기所起이니,

소기는 자체가 없기에 본회에 즉卽하고

시방을 인하여 본회를 설함을 인유한 까닭으로 본회는 소기所起
이니,

소기는 힘이 없기에 그런 까닭으로 시방에 들어가는 것이다.

그런 까닭으로 여기에 연기를 인유하여 앞에 일체가 다 평등함을
이루는 것이다.

앞에 평등을 인유하여 여기에 연기를 이룬다고 말한 것은 말하자면
일一이 결정된 자성이 있다면 다多를 인유하지 않을 것이요
다多가 결정된 자성이 있다면 일一을 인유하지 않을 것이니,
지금에는 일一이 결정된 자성이 없어서 다多를 가자하여 생기하고,
다가 결정된 자성이 없어서 일을 인유하여 생기함을 말미암기에
그런 까닭으로 자성이 없는 평등한 뜻을 인유하여 바야흐로 연기를
이루는 것이다.

만약 일을 가히 일이라고 할 것이 있다면 이것은 자성自性의 일一이요
만약 다를 가히 다라고 할 것이 있다면 이것은 결정된 자성의 다多
이다.

다가 만약 결정된 자성의 다라면 다가 일을 인유하지 않을 것이요
일이 만약 결정된 자성의 일이라면 일이 다를 인유하지 않을 것이지
만, 지금에는 다를 인유한 까닭으로 일이니 이 일이 자성의 일이
아니요,

지금에는 일을 인유한 까닭으로 다이니 이 다가 자성의 다가 아니다.

다가 자성의 다가 아니기에 이 다가 곧 힘이 없는 것이요

이 일이 자성의 일이 아니기에 이 일이 곧 힘이 없는 것이니,

힘이 없는 것이 힘이 있는 것을 따라서 일과 다가 서로서로 거두기에

그런 까닭으로 한 부처님의 회를 따라 일체 부처님의 회에 즉하며

법계의 일체 회가 이 한 법회에 즉하는 것이다.

그런 까닭으로 이 한 법회가 움직이지 않고도 항상 두루하며, 나누지

않고도 항상 많아서 앞과 뒤가 서로서로 성립하거니 어떻게 믿지

않겠는가.[167]

그런 까닭으로 현수법사가 말하기를 연기의 법계가 이수理數가 항상

그러하나니 응당 세심하게 생각하면 스스로 마땅히 볼 것이다 하였

으니,

이 소문疏文을 관찰하면 이 제자[168]가 청수廳受할 때를 당하여 일찍이

이미 청수하지 못한 것 같기에 특히 하여금 세심하게 생각게 한

것이다.

그런 까닭으로 소문에 맺어 말하기를 사사무애를 믿지 아니한[169]

것은 세심하게 생각함을 붙들지 아니할까 염려한 것이다 하였다.

---

167 원문에 여하불신如何不信이란, 어떻게 사사무애事事無碍를 믿지 않겠는가
  하고 반문反問하는 것이다.

168 이 제자弟子란, 현수賢首의 제자弟子 원공苑公을 말한다.

169 不信이라 한 信 자는 소문疏文엔 許 자로서 不許라 하였다. 그리고 사야思也라
  한 也 자는 없다.

經

爾時光明이 過此世界하야 遍照東方十佛國土하며 南西北方과 四維上下도 亦復如是하시니 彼一一世界中에 皆有百億閻浮提 와 乃至百億色究竟天호대 其中所有가 悉皆明現하니라 如此處 에 見佛世尊이 坐蓮華藏師子之座하사 十佛剎微塵數菩薩의 所 共圍遶인달하야 彼一一世界中에 各有百億閻浮提에 百億如來 도 亦如是坐하시니 悉以佛神力故로 十方各有一大菩薩하야 一 一各與十佛剎微塵數諸菩薩俱하야 來詣佛所하니라 其大菩薩 은 謂文殊師利等이며 所從來國은 謂金色世界等이며 本所事佛 은 謂不動智如來等이니라

그때에 광명이[170] 이 세계를 지나 동방으로 열 부처님의 국토를 두루 비추며

남서 북방과 사유와 상·하도 또한 다시 이와 같이 비추시니 저 낱낱 세계 가운데 다 백억 염부제와 내지 백억 색구경천이 있으되 그 가운데 있는 바가 다 밝게 나타났습니다.

이곳에서[171] 부처님 세존이 연꽃으로 갈무리한 사자의 자리에 앉아서 열 부처님의 세계에 작은 티끌 수만치 많은 보살들에게 함께

---

170 원문 이시광명하爾時光明下에 吐는 前 영인본 화엄 4책, p.526 吐와 같다. 이 광명은 세존이 양족륜兩足輪 아래서 놓은 백억광명이다. 영인본 화엄 4책, p.512, 1행에 있다.

171 원문 여차처하如此處下에 吐는 前 영인본 화엄 4책, p.526, 9행과 같다.

에워싸인 바를 보는 것과 같아서, 저 낱낱 세계 가운데 각각 백억
염부제에 백억 여래도 또한 이와 같이 앉아 계시니,
다 부처님의 신통력인 까닭으로 시방에 각각 한 사람의 큰 보살이
있어서 낱낱이 각각 열 부처님의 세계에 작은 티끌 수만치 많은
모든 보살로 더불어 함께 와서 부처님의 처소에 나아갔습니다.
그 큰 보살은 말하자면 문수사리 등이며,
좇아온 바 국토는[172] 말하자면 금색세계 등이며,
본래 섬긴 바 부처님은 말하자면 움직이지 않는 지혜여래(不動智如
來)[173] 등입니다.

疏

第二重은 光照十方이라 各十佛土者는 是娑婆隣次之十刹也라

제이중第二重은 광명이 시방을 비추는[174] 것이다.
각각 열 부처님의 국토라고 한 것은 이 사바세계에 인근하여 차례
한[175] 열 세계이다.

---

172 문수사리보살文殊師利菩薩과 국토國土 등은 前 영인본 화엄 4책, p.527, 9행
　　이하와 같다.
173 원문에 부동지여래不動智如來는 앞에서는 부동지불不動智佛이라 하였다.
174 원문에 제이중第二重은 광조시방光照十方이라고 한 것은 제일중第一重엔
　　조삼천대천세계照三千大千世界라 하였고, 여기 제이중第二重엔 시방十方이라
　　하였다. 제일중第一重은 영인본 화엄 4책, p.513에 있다.
175 원문에 사바인차娑婆隣次라고 한 것은 십중十重이 다 사바와 동류찰同類刹이
　　니, 다 백억염부제등百億閻浮提等이 있는 까닭이다.

經

爾時一切處에 文殊師利菩薩이 各於佛所에 同時發聲하야 說此
頌言호대

衆生無智慧하야　愛刺所傷毒일새
爲彼求菩提하시니 諸佛法如是니이다

그때에 일체 처소에 문수사리보살이 각각 부처님의 처소에서 동시
에 소리를 내어 이런 게송을 설하여 말하기를

중생이 지혜가 없어서
애욕의 가시에 상하고 해치는 바가 되기에
저 중생을 위하여 보리를 구하시니
모든 부처님의 법이 이와 같습니다.

疏

十偈는 通顯菩提因果니 分三하리라 初偈는 菩提之因이요 次五는
菩提果用이요 後四는 令物思齊라 今初에 上半은 所爲니 謂無明
造業하고 愛能潤業일새 故生死無窮호미 如泥中刺가 不覺其傷하
며 如瘡中刺가 爲其所毒이라 下半은 能爲니 卽從癡有愛일새 菩薩
悲生이니 非大菩提면 莫之能拔하고 無此悲智면 非佛法故니라

열 게송은 보리의 인과를 통틀어 나타낸 것이니
세 가지로 나누겠다.
처음에 한 게송은 보리의 원인이요
다음에 다섯 게송은 보리의 과보작용이요
뒤에 네 게송은 중생으로 하여금 제평함을 생각케 한 것이다.

지금은 처음으로 위에 반 게송은 상상하는 바이니,
말하자면 무명으로 업을 짓고 애욕愛欲으로 능히 업을 윤택하게
하기에 그런 까닭으로 생사가 다함이 없는 것이 마치 진흙 가운데
가시가 그 몸을 상하게 하는 줄 깨닫지 못하는 것과 같으며,
악창 가운데 가시가 그 몸을 해치는 바가 되는 것과 같다.
아래 반 게송은 능히 구하는 것이니,
곧 어리석음을 좇아 애욕이 있기에 보살이 중생을 어여삐 여기나니
대보리가 아니면 능히 빼낼 수가 없고, 이 자비와 지혜가 없으면
부처님의 법이 아닌 까닭이다.

鈔

如泥中刺가 不覺其傷者는 愛欲所覆가 猶如溺泥하야 不知其傷이라
言如瘡中刺者는 卽是肉刺이니 故涅槃中에 名爲息肉이라 彼十三經
云호대 深觀此愛에 凡有九種하니 一은 如債有餘요 二는 如羅刹婦女
요 三은 如妙蓮華莖下에 有毒蛇요 四는 如惡食이 性所不便이나 而强
食之요 五는 如姪女요 六은 如摩樓迦子요 七은 如瘡中息肉이요 八은

如暴風이요 九는 如彗星이라 初一은 卽聲聞緣覺餘習이요 二는 生子
便食하고 後食其夫하나니 愛食善子하고 後食衆生하야 令入三惡道
요 三은 五欲華下에 有愛毒蛇하야 令其命終이요 四는 强食患下하야
墮三惡道요 五는 與愛交通하야 奪其善法일새 故被驅逐하야 墮三惡
道요 六은 纏繞凡夫하야 善法令死요 七은 如人久患瘡中에 生息肉거
든 其人要當勤心療治하고 莫生捨心이니 若生捨心인댄 息肉增長하
고 蟲疽復生하야 以是因緣으로 卽便命終하야 凡夫愚人의 五陰瘡痍
도 亦復如是하야 愛於其中에 而爲息肉이라 應當勤心으로 治愛息肉
이니 若不治者인댄 命終에 卽墮三惡道中하리라 唯除菩薩이니 是名
瘡中息肉이라 八은 暴風能偃山移岳하며 拔樹深根인달하야 愛於父
母所에 而生惡心하야 拔菩提根이라 九는 愛之彗星이 能斷一切善根
하야 令凡夫人으로 孤窮饑饉이라하니 今正用瘡中에 息肉一義耳니라

마치 진흙 가운데 가시가 그 몸을 상하게 하는 줄 깨닫지 못하는
것과 같다고 한 것은 애욕에 덮인 바가 비유하자면 진흙에 빠져
그 몸이 상함을 알지 못하는 것과 같다는 것이다.

악창 가운데 가시가 그 몸을 해치는 바가 되는 것과 같다고 말한
것은 곧 이것은 육자肉刺[176]이니, 그런 까닭으로 『열반경』에 이름을
식육息肉[177]이라 하였다.

---

176 육자肉刺는 창근瘡根이다. 혹과 같은 군더더기 살을 말한다.
177 식육息肉은 가육加肉이다. 息은 加의 뜻이다.

저 『열반경』 십삼경에 말하기를 이 애욕을 깊이 관찰함에 무릇 아홉 가지가 있나니

첫 번째는 숙세에 부채가 남은 것이 있는 것과 같은 것이요

두 번째는 나찰의 부녀와 같은 것이요

세 번째는 묘한 연꽃 줄기 아래 독사가 있는 것과 같은 것이요

네 번째는 나쁜 음식이 마음에 불편하지만 그러나 억지로 먹는 것과 같은 것이요

다섯 번째는 음녀와 같은 것이요

여섯 번째는 마루가자[178]와 같은 것이요

일곱 번째는 부스럼 가운데 식육과 같은 것이요

여덟 번째는 폭풍과 같은 것이요

아홉 번째는 혜성彗星[179]과 같은 것이다.

첫 번째는 곧 성문과 연각의 나머지 습기요

두 번째는 자식이 태어남에 곧 먹어버리고 그 뒤에 자기 부인까지 먹어버리나니,

애욕이 선한 종자를 먹어버리고 그 뒤에 중생까지 먹어 하여금 삼악도에 들어가게 하는 것이요

세 번째는 오욕의 꽃 아래 애욕의 독사가 있어 그로 하여금 목숨을 마치게 하는 것이요

---

178 마루가자摩樓迦子는 풀이름(草名)으로 등류藤類이다. 식인초食人草와 같다.

179 혜성彗星은 요성妖星이다. 이 혜성을 보면 천하天下가 기근이 든다 하였다.

네 번째는 억지로 먹으면 병환이 내려 삼악도에 떨어지는 것이요[180]
다섯 번째는 애욕으로 더불어 사귀고 통하여 선법을 빼앗겼기에
그런 까닭으로 끌려감을 입어 삼악도에 떨어지는 것이요
여섯 번째는 범부를 얽어 싸[181] 선법을 하여금 죽게 하는 것이요
일곱 번째는 어떤 사람이 환창 가운데 오래 있음에 식육이 생기거든
그 사람이 마땅히 부지런한 마음으로 치료하기만을 요망하고 버리려
는 마음을 내지 말아야 할 것이니,
만약 버리려는 마음을 내면 식육이 더욱 커지고 악창[182]의 병충이
다시 생겨 이 인연으로 곧 목숨을 마치는 것과 같아서, 범부인
어리석은 사람의 오음의 악창도 또한 다시 이와 같아서 애욕이
그 가운데 식육이 되는 것이다.
응당 부지런한 마음으로 애욕의 식육을 치료해야 할 것이니, 만약

---

180 네 번째는 억지로 먹으면 병환이 내린다고 한 것은 비유이고, 삼악도에
    떨어진다고 한 것은 법이니, 저『열반경』십삼권에 말하기를 비유하자면
    어떤 사람이 불편한 바 음식을 억지로 먹고 복통의 병환이 내려 죽는 것과
    같나니, 애욕의 음식도 또한 그러하여 五道의 중생이 억지로 먹고 탐착하여
    삼악도에 떨어지는 것이다 하였다. 이상은 역시『잡화기』의 말이다.
181 여섯 번째는 범부를 얽어 싼다고 한 등은, 저『열반경』십삼권에 말하기를
    비유하자면 마루가자를 만약 새가 먹어 마치면 똥이 떨어진 땅을 따르거나
    혹 바람이 붊을 인하여 나무 밑에 와서 이르러 곧 생장하여 니구타나무를
    얽어 싸고 묶어 매어 하여금 더 생장하지 못하고 드디어 말라죽음에 이르게
    하는 것과 같다 하였으니, 대개 마루가자는 덩굴과 같은 유형이다. 역시
    『잡화기』의 말이다.
182 痏는 악창 저 자이다.

치료하지 아니하면 목숨이 마침에 곧 삼악도 가운데 떨어질 것이다.
오직 보살만은 제외하나니 이 이름이 악창 가운데 식육이다.
여덟 번째는 폭풍이 능히 산을 무너뜨리고[183] 큰 산을 옮기며 나무의
깊은 뿌리를 뽑아버리는 것과 같아서, 애욕이 부모의 처소에[184] 증오
심을 내어 보리의 뿌리를 뽑아버리는 것이다.
아홉 번째는 애욕의 혜성이[185] 능히 일체 선근을 끊어 범부의 사람으
로 하여금 외롭고 곤궁하고 주리게 한다 하였으니,
지금에는 바로 악창 가운데 식육의 한 뜻만 인용하였을 뿐이다.

---

183 偃은 쓰러뜨릴 언 자이다.
184 애욕이 부모의 처소라고 한 등은, 마치 사랑하는 아내를 인하여 부모를
공경하지 않는 등과 같다.
185 애욕의 혜성이라고 한 등은, 이 별이 나타나면 곧 천하에 기근이 오는
까닭이다. 이상은 다 『잡화기』의 말이다.

經

普見於諸法호대 二邊皆捨離인댄
道成永不退하고 轉此無等輪하리다

널리 모든 법을 보되
이변二邊[186]을 다 버리고 떠난다면
도를 이루어 영원히 물러나지 않고
이 비등할 수 없는 법륜을 굴릴 것입니다.

疏

次五는 菩提果用이라 於中初偈는 悲智雙滿이니 智見諸法하고 悲
以轉授라 普見은 通於性相일새 故離二邊이니 謂眞故無有요 俗故
無無라 眞故無有는 則雖無而有요 俗故無無는 則雖有而無니라
雖有而無는 則不累於有요 雖無而有는 則不滯於無니라 不滯於
無는 則斷滅見息이요 不存於有는 則常著氷消니 俱不俱等이 何
由而有리요 諸邊都寂일새 故云皆離라하니라

다음에 다섯 게송은 보리의 과보작용이다.
그 가운데 처음 게송은 자비와 지혜를 함께 만족한 것이니
지혜로 모든 법을 보고, 자비로 전하여 주는 것이다.[187]

---

186 이변二邊은 유변有邊과 무변無邊이다.

널리 본다고 한 것은 자성과 모습에 통달하였기에 그런 까닭으로
이변을 버리고 떠났다 하였으니,

말하자면 진제인 까닭으로 유有가 없고 속제인 까닭으로 무無가
없는 것이다.

진제인 까닭으로 유有가 없다고 한 것은 곧 비록 없지만 있는 것이요
속제인 까닭으로 무無가 없다고 한 것은 곧 비록 있지만 없는 것이다.

비록 있지만 없다고 한 것은 곧 유에 얽혀 있지 않는 것이요
비록 없지만 있다고 한 것은 무에 막혀 있지 않는 것이다.

무에 막혀 있지 않다고 한 것은 곧 단멸의 소견이 쉰 것이요
유에 얽혀 있지 않다고 한 것은 곧 상착常着[188]의 얼음이 녹은 것이니,
구구俱句와 불구구不俱句[189] 등이 무엇을 인유하여 있겠는가.

제변諸邊이 모두 적멸하기에 그런 까닭으로 말하기를 다 버리고
떠난다 하였다.

鈔

普見은 通於性相者는 此上은 總釋一偈요 此下는 別解上半이니 上半
云호대 普見於諸法호대 二邊皆捨離라하니라 今應問云호대 普見諸
法인댄 如何卽能離得二邊이리요할새 故今答云호대 通性相故라하니
라 唯見相者는 卽是有邊이요 唯見性者는 卽墮無邊이니 性相無礙일

---

187 원문에 지견제법智見諸法은 上半偈이고, 비이전수悲以轉授는 下半偈이다.
188 원문에 상착常着이란, 영원하다고 집착하는 상견常見이다.
189 구구俱句는 함께 있다는 것이요, 불구구不俱句는 함께 있지 않다는 것이다.

새 故離二邊이라하니라 中論云호대 雖空而不斷이며 雖有而不常이라
하니 卽由空有相卽하야 離二邊也니라

널리 본다고 한 것은 자성과 모습에 통달하였다고 한 것은 이 위에는
한 게송을 한꺼번에 해석한 것이요
이 아래는 위에 반 게송을 따로 해석한 것이니
위에 반 게송에 말하기를 널리 모든 법을 보되
이변을 다 버리고 떠난다 하였다.
지금에 응당히 물어 말하기를 널리 모든 법을 보았다면 어떻게
곧 능히 이변을 떠남을 얻겠는가 하기에, 그런 까닭으로 지금에
답하여 말하기를 자성과 모습에 통달한 까닭이다 하였다.
오직 모습만을 보는 것은 곧 유변有邊이요
오직 자성만을 보는 것은 곧 무변無邊에 떨어진 것이니,
자성과 모습에 걸림이 없기에 그런 까닭으로 이변을 떠났다 한
것이다.
『중론』에 말하기를 비록 비었지만 단공이 아니며, 비록 있지만
상유常有가 아니다 하였으니
곧 비고 있는 것이 서로 즉함을 인유하여 이변을 떠나는 것이다.

謂眞故下는 引影公中論序하야 以釋之니 眞卽是性이요 俗卽是相이
니 依二諦融일새 故離二邊이라 然二諦之義는 玄中已明거니와 欲釋
此疏일새 略申一義호리라 謂或說妄空眞有니 如涅槃云호대 空者는
所謂生死요 不空者는 所謂大般涅槃이라 二者는 妄有眞空이니 卽是

今文이라 三은 俱空이니 相待無性故라 四는 俱有니 性相不壞故며
於諦常自二故라 今此는 正當第二에 俗有眞空義니 而有四對라 初
對는 定有無所在니 我約眞諦上하야 說空은 是無性空이요 不同無物
空也니라 我就俗諦하야 明有는 此是緣有요 非定性之有也라 二에
眞故無有는 則雖無而有下一對는 彰有無體相이니 是不壞有之無
요 不礙無之有일새 故成中道라 三에 雖有而無는 則不累於有下一對
는 彰有無之德이니 若是定性之有인댄 此有는 則唯是有라 不得卽無
며 若是定性之無인댄 此無는 則唯是無라 不得卽有어니와 今二互相
卽일새 故不偏滯라 四에 不滯於無下一對는 彰有無離過니 滯空則
斷이요 累有則常거니와 旣不滯不累일새 故無斷常이라 又釋하면 初對
는 雙離有無일새 故云無有無無라하니 此成空觀이요 第二對는 不壞
有無일새 故云雖有而無요 雖無而有라하니 此成假觀이요 第三對는
明二諦相卽일새 故不偏滯有無라 故不爲有邊所動하고 無邊所寂이
니 成中道觀이라 肇公亦云호대 涉有未始迷虛일새 故常處有而不染
이라하니 此不累有也요 不厭有而觀虛일새 故觀虛而不證이라하니 此
不滯於無也라 第四는 離過니 準前이라

말하자면 진제인 까닭이라고 한 아래는 영공법사의 『중론』 서문을
인용하여 해석한 것이니,
진제는 곧 자성이요 속제는 곧 모습이니 이제를 의지하여 융합하기
에 그런 까닭으로 이변을 떠나는 것이다.
그러나 이제二諦의 뜻은 『현담』 가운데 이미 밝혔거니와, 여기 소문
을 해석하고자 하기에 간략하게 한 가지 뜻만 펴겠다.

말하자면 혹은 망妄은 공하고 진眞은 있다고 말하는 것이니
『열반경』에 말하기를 공이라는 것은 말하자면 생사요,
불공이라는 것은 말하자면 대반열반이라고 한 것과 같다.
두 번째는 망은 있고 진은 공하다고 말하는 것이니,
곧 지금의 소문이다.
세 번째는 함께 공하다고 말하는 것이니,
서로 기다려 자성이 없는 까닭이다.
네 번째는 함께 있다고 말하는 것이니,
자성과 모습이 무너지지 아니한 까닭이며,
제諦에는 항상 스스로 둘이 있는 까닭이다.
지금 여기 소문은 바로 제 두 번째 속제는 있고 진제는 공하다[190]는
뜻에 해당하나니 사대四對가 있다.

초대初對는 있고 없음의 소재를 결정하는 것이니,
아我를 진제상에 매어 공하다고 말한 것은 이것은 자성이 없어서
공하다는 것이고 사물이 없어서 공하다는 것과는 같지 않는 것이다.
아我를 속제상에 나아가 있다고 밝힌 것은 이것은 연기로 있다는
것이고 결정된 자성이 있다는 것은 아니다.
두 번째 진제인 까닭으로 유가 없다고 한 것은 곧 비록 없지만
있는 것이라고 한 아래에 일대一對는 있고 없음의 자체와 모습을

---

190 원문에 속유진공俗有眞空이라고 한 것은 바로 두 줄 앞에서는 망유진공妄有眞
空이라 하였다.

밝힌 것이니,

이 유有를 무너뜨린 무無가 아니고 무無에 걸린 유有가 아니기에
그런 까닭으로 중도를 이루는 것이다.

세 번째 비록 있지만 없다고 한 것은 곧 유에 얽혀 있지 않다고
한 아래에 일대는 있고 없음의 공덕을 밝힌 것이니,

만약 결정된 자성이 있다고 한다면 이 유有는 곧 오직 유有일뿐
무無에 즉함을 얻을 수 없으며,

만약 결정된 자성이 없다고 한다면 이 무無는 곧 오직 무無일뿐
유有에 즉함을 얻을 수 없거니와

지금에는 유·무가 둘이 서로서로 즉하기에 그런 까닭으로 치우쳐
막히지 않는 것이다.

네 번째 무無에 막혀 있지 않다고 한 아래에 일대는 유다, 무다
하는 허물을 떠남을 밝힌 것이니,

공에 막혀 있으면 곧 단견이고 유에 얽혀 있으면 곧 상견이거니와,
이미 막혀 있지도 않고 얽혀 있지도 않기에 그런 까닭으로 단견과
상견이 없는 것이다.

또 해석하여 보면 초대는 있고 없음을 함께 떠났기에 그런 까닭으로
말하기를 유도 없고 무도 없다고 하였으니

이것은 공관空觀을 이루는 것이요

제이대는 유와 무를 무너뜨리지 않기에 그런 까닭으로 말하기를
비록 있지만 없고 비록 없지만 있다고 하였으니

이것은 가관假觀을 이루는 것이요

제삼대는 이제二諦가 서로 즉함을 밝힌 것이기에 그런 까닭으로
유와 무에 치우쳐 막히지 않는 것이다.

그런 까닭으로 유변에 동요한 바가 되지 않고 무변에 적멸한 바가
되지 않나니

중도관中道觀을 이루는 것이다.

승조법사가 또한 말하기를 유有를 관계하지만 비로소 허공을 미한
것이 아니기에 그런 까닭으로 항상 유有에 거처하지만 물들지 않는다
하였으니

이것은 유에 얽혀 있지 않는 것이요,

유有를 싫어하지 않고 공을 관찰하기에 그런 까닭으로 관찰하지만
증득하지 않는다 하였으니

이것은 무無에 막혀 있지 않는 것이다.

제사대는 허물을 떠나는 것이니 앞의 뜻을 기준할 것이다.[191]

又釋하면 初對中初句云호대 眞故無有는 無彼定性之有니 是眞空義
요 下句에 俗故無無는 無彼斷滅之無故니 是妙有義라 第二對는 亦
有亦無義요 第三對는 非有非無義요 第四對는 離過니 則成具德四
句也니라 又初對는 雙離二過니 一은 離有요 二는 離無라 第二對는
離非有非無요 第三對는 離亦有亦無요 第四對는 總明離過라 故起
信云호대 眞如는 非有相이며 非無相이며 非非有相이며 非非無相이

---

191 원문에 이과준전離過準前者이라고 한 것은, 이과離過란 유무有無의 허물을
떠난다는 것이다. 준전準前이란 영공법사影公法師를 이끌어 유무有無를 설명
한 것을 말한다.

며 非有無俱相이라하니 卽斯義也라 是以結云호대 俱不俱等이 何由
而有리요하니 謂第四對는 正離斷常이요 第三對는 不偏滯故로 離於
俱句요 第二對는 不壞二故로 離於雙非니 故俱寂也니라 又若有二인
댄 可得名俱어니와 今有卽無故로 則有外無無는 可與有俱요 今無卽
有故로 則無外無有는 可與無俱니 故亦有亦無가 相違不立이니라 言
不俱不立者는 若定有有無인댄 遮彼有無일새 有俱非句어니와 今有
卽無어니 何有非無며 今無卽有어니 何有非有리요 故雙非亦寂이라
旣無有無인댄 亦無一異와 斷常來去하야 靡不皆如일새 故云都寂이
라하니라 是以經言호대 二邊皆捨離라하니 皆捨離者는 一切二邊으로
非局有無니라 又言離者는 性自離故며 不取著故며 了眞性故니 非有
諸邊可捨離也니라

또 해석하여 보면 초대 가운데 처음 구절에 말하기를 진제인 까닭으
로 유가 없다고 한 것은 저 결정된 자성이 있는 게 없나니 이것은
진공의 뜻이요

아래 구절에 속제인 까닭으로 무가 없다고 한 것은 저 단멸한 무가
없는 까닭이니 이것은 묘유의 뜻이다.

제이대는 또한 있기도 하고 또한 없기도 하다는 뜻이요

제삼대는 있지 않기도 하고 없지 않기도 하다는 뜻이요

제사대는 허물을 떠나는 것이니 곧 구덕사구具德四句[192]를 이루는
것이다.

---

192 구덕具德이라 한 덕德은 유무有無의 덕德이다.

또 초대는 두 가지 허물을 함께 떠나는 것이니

첫 번째는 있다는 허물을 떠나는 것이요

두 번째는 없다는 허물을 떠나는 것이요

제이대는 있지 않기도 하고 없지 않기도 하다는 허물을 떠나는 것이요

제삼대는 또한 있기도 하고 또한 없기도 하다는 허물을 떠나는 것이요

제사대는 허물을 떠나는 것을 모두 밝힌 것이다.

그런 까닭으로 『기신론』에 말하기를 진여는 있음의 모습도 아니며 없음의 모습도 아니며,

있음의 모습도 아니라고 한 것도 아니며 없음의 모습도 아니라고 한 것도 아니며,

있다 없다는 모든 모습도 아니다 하였으니

곧 이 뜻이다.

이런 까닭으로 소문에 맺어 말하기를 구구俱句와 불구구不俱句 등이 무엇을 인유하여 있겠는가 하였으니,

말하자면 제사대는 바로 단견과 상견을 떠나는 것이요

제삼대는 치우쳐 막히지 않는 까닭으로 구구俱句를 떠나는 것이요

제이대는 두 가지[193]를 무너뜨리지 않는 까닭으로 쌍비雙非를 떠나는 것이니

그런 까닭으로 함께 적멸[194]한 것이다.

---

193 두 가지는 유有와 무無이다.

또 만약[195] 두 가지가 있다고 한다면 가히 함께(俱句)라고 이름함을
얻을 수 없거니와, 지금에는 유가 곧 무인 까닭으로 곧 유 밖에
따로 무가 없는 것은 가히 유로 더불어 함께하는 것이요

지금에는 무가 곧 유인 까닭으로 곧 무 밖에 유가 따로 없는 것은
가히 무로 더불어 함께하는 것이니,

그런 까닭으로 또한 있기도 하고 또한 없기도 하다는 것이 서로
어긴다는 말이 성립되지 않는 것이다

함께 아니라는(不俱句) 말이 성립되지 않는다고 말한 것은 만약
유와 무가 결정코 있다고 한다면 저 유와 무를 막는 것이기에 함께
아니라는 구절(俱非句)이 있거니와, 지금에는 유가 곧 무이거니
어찌 무 아님이 있으며,

지금에는 무가 곧 유이거니 어찌 유 아님이 있겠는가.

---

194 원문에 구적俱寂이란, 소문疏文에는 도적都寂이라 하였다.

195 또 만약이라고 한 등은, 『잡화기』에 말하기를 이 위에는 제 네 번째 해석을
잡아 구구俱句와 불구구不俱句로 결문結文을 삼은 것을 밝혔으니, 함께 있지
않다고 한 것은 제삼대와 제사대를 맺는 것이고, 함께 있지 않다는 것이
아니라고 한 것은 제이대를 맺는 것이다. 그러나 또한 그 뜻은 제 두 번째
해석과 제 세 번째 해석을 맺는 것이니, 저 두 가지 해석 가운데 각각
제사대와 제삼대의 두 가지 상대가 이 가운데 제사대와 제삼대의 두 가지
상대로 더불어 뜻이 같고, 저 가운데 각각 제이대가 이 가운데 제이대로
더불어 그 뜻이 같은 까닭이다.
지금에는 첫 번째 해석을 잡아 여기에 이르러 바야흐로 구구와 불구구가
있지 아니함을 밝힌 것이니, 이 앞에는 다만 유와 무만 잡아 있지 아니함을
밝힌 까닭이다. 그러한즉 이는 결문이 아니라 할 것이다 하였다.

그런 까닭으로 쌍비雙非도 또한 적멸한 것이다.

이미 유와 무가 없다면 또한 하나와 다른 것과 단견과 상견과 오는 것과 가는 것이 없어서 다 여여하지 아니함이 없기에 그런 까닭으로 말하기를 모두 적멸하다 하였다.

이런 까닭으로 경에 말하기를[196] 이변二邊을 다 버리고 떠난다 하였으니,

다 버리고 떠난다고 한 것은 일체 이변[197]으로 유·무에 국한하지 않는다는 것이다.

또 떠난다고 말한 것은 자성이 스스로 떠난 까닭이며,

취하여 집착하지 않는 까닭이며,

진성을 요달한 까닭이니

제변諸邊을 가히 버리고 떠날 것이 있지 않는 것이다.

---

196 원문에 경운經云이라고 한 것은 차송此頌의 제이구第二句이다.

197 원문에 일체이변一切二邊이란, 상常·무상無常과 아我·무아無我와 고苦·락樂과 인因·과果 등이다.

經

不可思議劫에 精進修諸行은
爲度諸衆生이니 此是大仙力이니다

사의할 수 없는 세월(劫)에
정진하여 모든 행을 닦은 것은
모든 중생을 제도하기 위한 것이니
이것은 큰 선인의 힘입니다.

疏

次一은 美往因行이라

다음에 한 게송은 지나간 옛날 인행시에 수행한 것을 찬미한 것이다.

經

導師降衆魔하사대 勇健無能勝하고
光中演妙義하시니 慈悲故如是이니다

도사가 수많은 마군을 항복 받으시되
용건하여 능히 이길 자가 없고
광명 가운데 묘한 뜻을 연설하시니
자비한 까닭으로 이와 같으십니다.

疏

次一은 慈力降魔라

다음에 한 게송은 자비의 힘으로 마군을 항복받는 것이다.

鈔

次一은 慈力者는 大乘方便經說호대 波旬兵衆이 滿三十六由旬하야
圍菩提樹하고 欲作留難거늘 菩薩이 住慈悲智慧하야 以手指地하니
八萬四千八部大衆이 皆發大菩提心이라하니 故云慈力降魔라하니
라 經云호대 導師降衆魔하사대 慈悲故如是라하니라 觀佛三昧海經
第二에 說觀白毫功德中에 說慈悲降魔하니 今取意引하리라 波旬이
召諸八部와 及曠野鬼神과 十八地獄의 閻羅王神하니 其阿鼻等의

諸大地獄이 全至佛所하고 及有無邊의 諸怖畏事로 一時에 逼迫菩薩
거늘 菩薩爾時에 徐擧右臂하야 申眉間毫하야 下向用擬阿鼻地獄하
야 令諸罪人으로 見白毫中에 流出衆水호대 注如車軸하야 火滅苦息
하야 心得淸涼하며 獄卒見鐵에 叉頭가 如白銀山하며 龕室千萬에 有
白師子하야 蟠身爲座한대 於其座上에 生白蓮華어늘 有妙菩薩하야
入勝意慈心三昧하니 獄主發心하며 衆多罪人이 諸苦休息하야 稱南
無佛하고 皆得解脫하야 無邊惡事로 無由近佛하니라 魔王이 憔悴懊
惱하며 却臥床上하니 有三魔女하야 又懷惑亂거늘 菩薩이 亦以白毫
擬之하야 諸女가 皆見三十六物과 九孔不淨하며 背負老母하며 抱死
小兒호대 皆九孔流溢하야 匍匐而去케하며 魔王이 奮劍向前거늘 世
尊이 又以白毫擬之하야 令魔眷屬으로 身心安樂을 如第三禪하며 餓
鬼見毫端에 皆有百千萬億諸大菩薩하야 入勝意慈心三昧라하니 皆
是慈力降魔라하니라

다음에 한 게송은 자비의 힘이라고 한 것은 『대승방편경』에 말하기
를 마왕 파순의 병사 무리들이 삼십육 유순에 가득하여 보리수를
에워싸고 기회를 엿보아 난리를 일으키고자 하거늘 보살이 자비와
지혜에 머물러 손으로써 땅을 가리키시니 팔만사천 팔부대중[198]이
다 대보리심을 일으킨다 하였으니,
그런 까닭으로 자비의 힘으로 마군을 항복받는다 하였다.

---

198 팔만사천팔부대중八萬四千八部大衆이란, 삼십육 유순에 가득한 마왕 파순의
병사들이다.

여기 『화엄경』에 말하기를 도사가 수많은 마군을 항복받으시되 자비한 까닭으로 이와 같다 하였다.

『관불삼매해경』 제이권에 백호를 관찰하는 공덕을 설하는 가운데 자비로 마군을 항복받는 것을 설하였으니,

지금에는 그 뜻만 취하여 인용하겠다.

마왕 파순이 모든 팔부와 그리고 광야의 귀신과 십팔지옥의 염라왕 신을 소집하니 그 아비지옥 등 모든 대지옥의 신들이 온전히 부처님의 처소에 이르고 그리고 유변과 무변의 모든 두려워하는 일로 일시에 보살을 핍박하거늘, 보살이 그때에 서서히 오른쪽 팔을 들어 미간에 백호를 펴서 아래로 향하여 아비지옥에 견주어 모든 죄인으로 하여금 백호 가운데 수많은 물을 유출하되 그 물이 수레의 굴대와 같아서 불을 죽이고 고통을 쉬어 마음에 청량을 얻음을 보게 하며,

옥졸들에게 무쇠 작살에 머리가 잘리는 것이 백은산과 같음을 보게 하며,

감실 천만 개에 흰 사자가 있어 몸을 사려 자리한데 그 자리 위에 흰 연꽃이 나거늘 묘한 보살이 있어 승의자심삼매에 들어감을 보게 하니,

지옥의 주인이 발심하며 수많은 죄인들이 모든 고통을 쉬어 나무불을 부르고 다 해탈을 얻어서 끝없는 악한 일[199]로 부처님을 친근할 이유가 없었다.

---

199 무변악사無邊惡事란, 앞에서는 유무변有無邊의 제포외사諸怖畏事라 하였다.

마왕 파순이 마음이 타고 괴로워 번민하며 도리어 침상에 누워버
리니,

세 사람의 마녀가 있어 또한 현혹하고 요란할 마음을 품거늘 보살이
또한 백호로써 그 마녀를 견주어 모든 마녀들이 다 삼십육물과
아홉 구멍이 청정하지 못하며 등에는 늙은 어머니를 짊어졌으며
가슴에는 죽은 어린 아이를 안았으되 다 아홉 구멍으로 농액이
가득하여 포복으로 걸어감을 보게 하며,

마왕 파순이 칼을 휘둘러 앞을 향해 가거늘 세존이 또 백호로써
그 마왕에게 견주어 마왕과 그 권속으로 하여금 몸과 마음을 안락케
하기를 마치 삼선정을 얻은 것과 같이 하며

아귀가 백호 끝에 다 백천만억 모든 큰 보살이 있어 승의자심삼매에
들어감을 보게 한다 하였으니,

다 이것은 자비의 힘으로 마군을 항복받는 것이다.

經云호대 光中演妙義者는 卽眉間光이니 謂時魔波旬이 旣不能壞佛
하고 忽然還宮거늘 白毫隨從하야 直至六天하니 於其中間에 無數天
子天女가 見白毫孔이 通中皆空하며 團圓可愛를 如梵王幢하며 於其
空間에 有百千萬恒河沙微塵諸寶蓮華하니 一一蓮華가 無量無邊
하야 諸妙白毫로 以爲其臺하고 臺上有化佛菩薩하야 放於白毫에 大
人相光을 亦復如是하며 諸菩薩頂에 有妙蓮華하니 其華金色이라 過
去七佛이 在於華上에 是諸化佛이 自說名字와 與修多羅하사대 等無
差別이라하니 卽光中演妙義也니라 然是慈心三昧之力일새 是故總
云慈力降魔라하니라

여기 『화엄경』에 말하기를 광명 가운데 묘한 뜻을 연설하신다고 한 것은 곧 미간의 백호광명이니,

말하자면 그때에 마왕 파순이 이미 능히 부처님을 무너뜨리지 못하고 홀연히 마궁으로 돌아오거늘 백호광명이 따라 좇아 바로 육천에 이르니,

그 중간에 수없는 천자와 천녀가 백호의 털구멍이 중간을 통하여 다 비며 둥글어 가히 좋아할 만함으로 보게 하기를 범천왕의 당기와 같이 하며

그 공간에 백천만 항하사 미진과 같은 모든 보배 연꽃이 있으니 낱낱 연꽃이 한량도 없고 끝도 없어서 모든 묘한 백호로써 그 받침대를 삼고 받침 위에 화불보살이 있어서 백호에 대인상大人相의 광명을 놓기를 또한 다시 이와 같이 하며

모든 보살의 이마에 묘한 연꽃이 있으니

그 꽃이 금색이다.

과거에 칠불이 그 연꽃 위에 있음에 이 모든 화신불이 스스로 명자와 더불어 수다라를 설하시되 평등하여 차별이 없이 설하신다 하였으니 곧 광명 가운데 묘한 뜻을 연설한 것이다.

그러나 이것은[200] 자심삼매의 힘이기에 이런 까닭으로 모두 말하기를 자비의 힘으로 마군을 항복받는다 하였다.

---

200 그러나 이것이라고 한 등은, 광명 가운데 묘한 뜻을 연설하였다고 한 구절이 자비의 힘으로 마군을 항복받았다는 것이 아닌 듯한 까닭으로 그것을 여기에 회통하는 것이라 하겠다. 역시 『잡화기』의 말이다.

經

以彼智慧心으로　破諸煩惱障하야
一念見一切하시니 此是佛神力이니다

저 부처님이 지혜의 마음으로써
모든 번뇌장을 깨뜨려
한 생각에 일체를 보시니
이것은 부처님의 신통력입니다.

疏

次一은 智斷致用이라

다음에 한 게송은 지덕과 단덕으로 작용을 이루는 것이다.

鈔

次一은 智斷致用者는 初句智요 次句斷이니 此卽精義入神일새 故能
一念에 頓見一切니 是致用也니라 易繫辭云호대 尺蠖之屈은 以求信
也요 龍蛇之蟄은 以存身也요 精義入神은 以致用也라하며 注云호대
精義는 物理之微者也요 神은 寂然不動이나 感而遂通者也라 故能乘
天下之微하야 會而通其用也라하니 今借此言하야 以智斷冥契로 爲
精義入神耳니라

다음에 한 게송은 지덕과 단덕이라고 한 것은

처음 구절은 지덕이요

다음 구절은 단덕이니,

이것은 정의精義로 신성에 들어가기에 그런 까닭으로 능히 한 생각에 문득 일체를 보나니,

이것이 작용을 이루는 것이다.

『주역』계사繫辭[201]에 말하기를 자벌레[202]가[203] 몸을 굽히는[204] 것은 펴기[205]를 구하는 것이요

용과 뱀이 움츠리는 것은 몸을 보호함에 있는 것이요

정의로 신성에 들어가는[206] 것은 작용을 이루기 위한 것이다 하였으며

계사 주注에 말하기를 정의는 물리物理의 정미精微한 것이요

신성은 고요하여 움직이지 않지만 감동케 함에 드디어 통하는 것이다.

그런 까닭으로 능히 천하의 정미한 것을 타서 그 작용을 회통하는 것이다 하였으니

---

201 『주역周易』은 계사하전繫辭下傳이다.

202 蠖은 자벌레 확 자이다.

203 『주역』계사에 말하기를 자벌레 운운은, 자벌레가 몸을 움츠리는 것은 다음에 뻗기 위한 것이고, 용이 숨어 있는 것은 크게 날기 위해서이고, 사람이 진리를 탐구하는 것은 언젠가 활용(치용致用)하기 위해서라 하겠다.

204 蟄은 우물거릴 칩, 움츠릴 칩 자이다.

205 信은 伸의 뜻이니 편다는 것이다.

206 원문에 정의입신精義入神이라고 한 것은 사람이 진리를 탐구하는 것을 말한다. 치용致用이라고 한 것은 작용, 활용 즉 사용하기 위한 것이라는 뜻이다.

지금에는 이 말을 빌려서 지덕과 단덕이 그윽이 계합함으로써 정의精
義로 신성에 들어감을 삼았을 뿐이다.

經

擊于正法鼓하야　　覺寤十方刹하사
咸令向菩提케하시니 自在力能爾니이다

정법의 북을 쳐서
시방의 국토에 중생을 깨우쳐
다 하여금 보리에 향하게 하시니
자재한 힘으로 능히 그렇게 하신 것입니다.

疏

後一은 法鼓警機니 文相並顯이라

뒤에 한 게송은 법고로 중생을 깨닫게 하는 것이니
문장의 모습이 아울러 잘 나타났다 하겠다.

經

不壞無邊境하고　而遊諸億刹호대
於有無所著하시니　彼自在如佛이니다

끝없는 경계를 무너뜨리지 않고
모든 억 세계에 노닐지만
유有에 집착하는 바가 없으니
저[207]의 자재한 힘이 부처님과 같습니다.

疏

後四는 令物思齊者니 斯卽佛因이니 能如是行하면 得諸佛道니라
四偈는 顯四種行이니 一은 游刹無著이니 謂不壞其相일새 故能普
游요 了刹性空일새 故於有無著이라

뒤에 네 게송은[208] 중생으로 하여금 제평함을 생각게 하는 것이니
이것은 곧 불인佛因이니 능히 이와 같이 수행하면 모든 부처님의
도를 얻을 것이다.
네 게송은 네 가지 행을 나타낸 것이니
첫 번째 게송은 억 세계에 노닐지만 집착함이 없는 것이니,
말하자면 그 모습을 무너뜨리지 않았기에 그런 까닭으로 능히 널리

---

207 저란, 본처에 문수이다. 즉 일체처에 문수가 본처에 문수를 찬송하는 것이다.
208 p.547, 9행에서 과목科目한 것이다.

노니는 것이요

세계의 자성이 공한 줄 요달하였기에 그런 까닭으로 유에 집착함이
없는 것이다.

경(經)

諸佛如虛空하야   究竟常淸淨하시니
憶念生歡喜하면   彼諸願具足케하리다

모든 부처님은 허공과 같아서
구경토록 항상 청정하시니
기억하고 생각하여 환희심을 낸다면
저 부처님이 모든 소원을 구족케 할 것입니다.

소(疏)

二는 念佛生喜라 上半은 所念이니 法身顯故로 如空永常이요 解脫
累亡일새 如空淸淨이라 下半은 能念이니 憶持明記일새 故喜生願
足이라

두 번째 게송은 부처님을 생각하여 환희심을 내는 것이다.
위에 반 게송은 소념所念이니,
법신은 현현한 까닭으로 허공과 같아 영원히 항상한 것이요
해탈은 번뇌의 얽힘이 없어졌기에 허공과 같아 청정한 것이다.
아래 반 게송은 능념能念이니,
생각을 가져 분명하게 기억하기에 그런 까닭으로 환희심을 낸다면
서원을 구족케 할 것이다.

經

一一地獄中에 經於無量劫호대
爲度衆生故로 而能忍是苦이니다

낱낱 지옥 가운데
한량없는 세월(劫)을 지내셨지만
중생을 제도하기 위한 까닭으로
능히 이 지옥의 고통을 참으신 것입니다.

疏

三은 亡苦濟物이라

세 번째 게송은 고통을 잊어버리고 중생을 제도하는 것이다.

經

不惜於身命하고 常護諸佛法호대
無我心調柔할새 能得如來道니이다

몸과 목숨을 아끼지 않고
항상 모든 불법을 보호하지만
나라는 생각이 없어 마음이 고르고 부드러웠기에
능히 여래의 도를 얻은 것입니다.

疏

四는 護法輕身이니 文並可知라

네 번째 게송은 불법을 보호하려고 몸을 가벼이 한 것이니
문장은 아울러 가히 알 수가 있을 것이다.

영인본 4책 徃字卷之二

대방광불화엄경수소연의초 제십삼권의 이권

大方廣佛華嚴經隨疏演義鈔 第十三卷之二卷

우진국 삼장사문 실차난타 번역

청량산 대화엄사 사문 징관 찬술

대한민국 조계종 사문 수진 현토역주

광명각품 제구의 이권
光明覺品 第九之二卷

經

爾時光明이 過十世界하야 遍照東方百世界하며 南西北方과 四
維上下도 亦復如是하시니 彼諸世界中에 皆有百億閻浮提와 乃
至百億色究竟天호대 其中所有가 悉皆明現하니라 彼一一閻浮
提中에 悉見如來가 坐蓮華藏師子之座하사 十佛刹微塵數菩薩
의 所共圍遶하니 悉以佛神力故로 十方各有一大菩薩하야 一一
各與十佛刹微塵數諸菩薩俱하야 來詣佛所하니라 其大菩薩은
謂文殊師利等이며 所從來國은 謂金色世界等이며 本所事佛은
謂不動智如來等이니라

그때에 광명이 시방세계를 지나 동방으로 백 부처님의 세계를
두루 비추며
남서 북방과 사유와 상·하도 또한 다시 이와 같이 비추시니,
저 모든 세계 가운데 다 백억 염부제와 내지 백억 색구경천이
있으되 그 가운데 있는 바가 다 밝게 나타났습니다.
저 낱낱 염부제 가운데 여래가 연꽃으로 갈무리한 사자의 자리에

앉아서 열 부처님의 세계에 작은 티끌 수만치 많은 보살들에게 함께 에워싸인 바를 다 보니,

다 부처님의 신통력인 까닭으로 시방에 각각 한 사람의 큰 보살이 있어서 낱낱이 각각 열 부처님의 세계에 작은 티끌 수만치 많은 모든 보살로 더불어 함께 와서 부처님의 처소에 나아갔습니다.

그 큰 보살은 말하자면 문수사리 등이며,

좇아온 바 국토는 말하자면 금색세계 등이며,

본래 섬긴 바 부처님은 말하자면 움직이지 않는 지혜여래(不動智如來) 등입니다.

疏

第三重은 光照百界라

제삼중第三重은 광명이 백 세계를 비추는 것이다.

경

經

爾時一切處에 文殊師利菩薩이 各於佛所에 同時發聲하야 說此
頌言호대

佛了法如幻하사 通達無障礙하시며
心淨離衆著하사 調伏諸群生하니다

그때에 일체 처소에 문수사리보살이 각각 부처님의 처소에서 동시
에 소리를 내어 이런 게송을 설하여 말하기를

부처님은 법이 환상과 같은 줄 알아
통달하여 장애가 없으시며
마음은 청정하여 수많은 집착을 떠나
모든 중생을 조복하십니다.

소

疏

偈中에 顯佛八相菩提라 十偈分二리니 初偈는 標德充滿이요 後九
는 別廣調生이라 今初는 謂了俗卽眞故로 如幻本虛하며 眞不礙俗
故로 達諸法相하나니 性相無礙가 是眞通達이라 無二礙著일새 則
轉依心淨하며 大悲同體일새 故調伏衆生하나니 則三德備矣라 故
能攝化니라

게송 가운데는 부처님의 팔상보리를 나타낸 것이다.

열 게송을 두 가지로 나누리니

처음에 게송은 공덕이 충만함을 표한 것이요

뒤에 아홉 게송은 중생 조복함을 따로 광설한 것이다.

지금은 처음으로 말하자면 속제가 곧 진제임을 요달한 까닭으로

환상과 같아 본래 허망하며,

진제가 속제에 걸리지 않는 까닭으로 모든 법의 모습을 통달하나니

자성과 모습이 걸림이 없는 것이 이것이 참다운 통달인 것이다.

두 가지 애착礙著²⁰⁹이 없기에 곧 의지를 전하여 마음이 청정하며,

대비로 한 몸이기에 그런 까닭으로 중생을 조복하나니

곧 삼덕을 갖춘 것이다.

그런 까닭으로 능히 중생을 섭수하여 교화하는 것이다.

鈔

性相無礙者는 疏釋通達無礙가 有其二義하니 一은 所達之法엔 性相無礙요 二는 能了之智엔 無有二礙라 二礙卽二障이니 了相故로 無智障이요 了性故로 無惑障이라 故次句云호대 無二礙著이라하니라 則轉依心淨者는 謂轉無常한 雜染之依하야 唯以功德으로 依常法身일새 故云心淨이라하니라 通達은 是智요 無礙는 是斷이요 調生은 是恩이니 云三德備라하니라

---

209 애착礙著이란, 礙는 第二句에 무장애無障礙이고, 著은 第三句에 이중착離衆著이다.

자성과 모습이 걸림이 없다고 한 것은 소문에 통달무애를 해석한
것이 그 두 가지 뜻이 있나니[210]

첫 번째는 통달한 바 법에는 자성과 모습이 걸림이 없는 것이요

두 번째는 능히 요달하는 지혜에는 두 가지 장애가 없는 것이다.

두 가지 장애는 곧 이장二障이니

모습을 요달한 까닭으로 지장智障이 없고

자성을 요달한 까닭으로 혹장惑障이 없다.

그런 까닭으로 다음 구절에 말하기를 두 가지 애착이 없다 하였다.

곧 의지를 전하여 마음이 청정하다고 한 것은 말하자면 무상한
잡염의 의지를 전하여 오직 공덕으로써 영원한 법신을 의지하기에
그런 까닭으로 말하기를 마음이 청정하다 하였다.

통달하였다고 한 것은 이 지덕이요

걸림이 없다고 한 것은 이 단덕이요

중생을 조복하였다고 한 것은 이 은덕이니,

그런 까닭으로 말하기를 삼덕을 갖추었다 한 것이다.

---

210 그 두 가지 뜻이 있다고 한 등은, 『잡화기』에 말하기를 처음에는 통달무애가
다 요달한 바에 속함을 해석한 것이니, 통달이라는 말은 곧 걸림이 없다는
뜻이다. 뒤에는 통달무애가 다 능히 요달함에 속함을 해석한 것이다 하였다.

經

或有見初生에　妙色如金山하야
住是最後身하야　永作人中月하니다

혹 어떤 사람은[211] 처음 태어날 때에
묘한 색신이 마치 황금산과 같아서
이 최후신에 머물러
영원히 인간 가운데 달이 됨을 봅니다.

---

211 혹 어떤 사람이라고 한 등은, 『잡화기』에 말하기를 이 가운데 아홉 가지 다른 것을 합하면 다섯 가지 모습이 되는 것이다. 처음에 네 가지는 다 출태出胎에 속하는 것이니, 입태入胎와 주태住胎는 가히 볼 수 없는 까닭으로 생략한 것이다. 다섯 번째와 여섯 번째와 일곱 번째와 아홉 번째는 각각 한 모습이니, 여덟 번째는 법륜을 전함에 속하는 것이다. 그러나 원교 가운데는 마군이 곧 법계인 까닭으로 마군을 항복받는 것을 열지 아니한즉 이 가운데 제 여덟 번째 중생을 조복하는 것이 이 마군을 항복받는 것이 아니다 하였다. 그러나 여덟 번째는 법륜을 전함에 속한다고 한 것은 여기 영인본 화엄 4책, p.569, 2행에는 일곱 번째가 법륜을 전하는 것이고, 같은 책, p.569, 4행에는 여덟 번째가 조복하기 어려운 중생을 조복하는 것이다 하였다. 위에 아홉 가지 다른 것(九別)이란 곧 차하此下 아홉 게송을 말하는 것이고, 다섯 번째 등등은 곧 다섯 번째 게송 등등이라 할 것이다. 그러나 아홉 가지 다른 것 가운데는 일곱 번째가 법륜을 전하는 것이다. 처음 총의 한 게송을 더하면 여덟 번째가 법륜을 전하는 것이 되기에 『잡화기』에서 여덟 번째가 법륜을 전하는 것이라 한 것이다.

疏

後九中엔 卽悲願自在하야 調伏普周하나니 雖數越塵沙나 略論其
九니라 皆言或見者는 然有多義하니 一은 或多機가 異處各感見이
요 二는 或同處各見이요 三은 或異時別見이요 四는 或同時異見이
요 五는 或同時異處見이요 六은 或同處異時見이요 七은 或異時異
處見이요 八은 或同時同處見이요 九는 或一人이 於同異交互時處
에 見多人所見이요 十은 或一人이 於同異俱時處에 見一切人所
見이니 以是普眼機故니라 然佛不分身하고 無思普現也니라

뒤에 아홉 게송 가운데는 곧 자비와 서원이 자재하여 중생을 조복하
는 것이 널리 두루하나니,
비록 게송의 수가 미진수 모래알을 넘지만 간략하게 아홉 게송만
논설하였다.
게송에 다 말하기를 혹은 본다고 한 것은 그러나 수많은 뜻이[212]
있나니
첫 번째는 혹은 많은 중생들이 다른 곳에서 각각 봄을 감득하는
것이요
두 번째는 혹은 같은 곳에서 각각 보는 것이요
세 번째는 혹은 다른 때에 다르게 보는 것이요

---

212 수많은 뜻이라고 한 등은, 『잡화기』에 처음에 네 가지는 단單으로 말하고,
다음에 네 가지는 복複으로 말하고, 제 아홉 번째는 서로 이어서 말하고,
제 열 번째는 원만하게 갖추어 말하는 것이다 하였다.

네 번째는 혹은 같은 때에 다르게 보는 것이요

다섯 번째는 혹은 같은 때에 다른 곳에서 보는 것이요

여섯 번째는 혹은 같은 곳에서 다른 때에 보는 것이요

일곱 번째는 혹은 다른 때에 다른 곳에서 보는 것이요

여덟 번째는 혹은 같은 때에 같은 곳에서 보는 것이요

아홉 번째는 혹은 한 사람이 같고 다름이 서로 교차하는 시처時處에서 수많은 사람이 보는 바를 보는 것이요

열 번째는 혹은 한 사람이 같고 다름이 함께하는 시처에서 일체 사람들이 보는 바를 보는 것이니

이 사람은 보안普眼의 근기인 까닭이다.

그러나 부처님은 몸을 나누지 않고 생각 없이 널리 나타나시는 것이다.

鈔

皆言或見者는 此九別中에 有九或見하니 在義易了나 而人尙迷일새 今寄淸凉五臺에 求見文殊하야 以況法界에 見佛差別하리라 總有十 義하니 一에 或多機가 異處各感見者는 如有五人이 名爲多機요 各在 一臺가 名爲異處요 一人南臺에 見菩薩하고 一人西臺에 見師子하고 一人中臺에 見萬聖하고 一人東臺에 見化佛하고 一人北臺에 見聖僧 이 是各感見也니라 二에 或同處各見者는 五人이 同在中臺일새 故云 同處라하고 一見菩薩하고 一見師子等일새 故云各見이라하니라 三에 或異時別見者는 一人朝見菩薩하고 暮見化佛等이라 四에 或同時異

見者는 上異時別見은 不局一人多人이요 今此는 要是多人이니 謂二
人이 同於晨朝에 一見化佛하고 一見菩薩이라 五에 或同時異處見者
는 亦約多人이 同於晨旦에 一於東臺見하고 一於北臺見이나 所見之
境이 或同或異니 或同見菩薩도 亦是同時異處見이며 或則一見菩
薩하고 一見化佛도 亦同時異處니라 六에 或同處異時見은 同於中臺
에 朝見暮亦見이나 而能見도 亦通一人多人하며 所見도 亦通一境異
境하니 但取處同時異耳니라

게송에 다 말하기를 혹은 본다고 한 것이라고 한 것은 이 아홉
게송의 별설別說 가운데 아홉 번의 혹자或字는 본다는 말이 있나니,
그 뜻을 쉽게 알 수 있을 것이지만 그러나 사람들이 오히려 미혹하기
에 지금에 청량산 오대봉五臺峰에 문수보살 친견하기를 구함을 의지
하여 법계에 부처님이 차별함을 본 것에 비유하겠다.
모두 열 가지 뜻이 있나니
첫 번째 혹은 많은 중생들이 다른 곳에서 각각 봄을 감득하는 것이라
고 한 것은 마치 다섯 사람이 있는 것이 이름이 많은 중생이 되는
것이요,
각각 일대봉一臺峰에 있는 것이 이름이 다른 곳이 되는 것이요,
한 사람은 남대에서 보살을 보고, 한 사람은 서대에서 사자를 보고,
한 사람은 중대에서 일만 성인을 보고, 한 사람은 동대에서 화신불을
보고, 한 사람은 북대에서 성스러운 스님을 보는 것과 같은 것이
이것이 각각 봄을 감득한다고 한 것이다.
두 번째 혹은 같은 곳에서 각각 보는 것이라고 한 것은 다섯 사람이

다 같이 중대에 있기에 그런 까닭으로 말하기를 같은 곳이라 하고, 한 사람은 보살을 보고, 한 사람은 사자를 보는 등이기에 그런 까닭으로 말하기를 각각 본다고 한 것이다.

세 번째 혹은 다른 때에 다르게 보는 것이라고 한 것은 한 사람은 아침에 보살을 보고 저녁에 화신불을 보는 등이다.

네 번째 혹은 같은 때에 다르게 보는 것이라고 한 것은 위에서 다른 때에 다르게 보는 것이라고 한 것은 한 사람과 수많은 사람에게 국한하지 않는 것이고, 지금 여기에서는 수많은 사람을 요망하는 것이니,

말하자면 두 사람이 똑같이 이른 아침에 한 사람은 화신불을 보고 한 사람은 보살을 보는 것이다.

다섯 번째 혹은 같은 때에 다른 곳에서 보는 것이라고 한 것은 또한 수많은 사람이 똑같이 이른 아침에 한 사람은 동대에서 보고 한 사람은 북대에서 보지만 보는 바 경계가 혹 같기도 하고 다르기도 함을 잡은 것이니,

혹은 똑같이 보살을 보는 것도 역시 같은 때에 다른 곳에서 보는 것이며,

혹은 곧 한 사람은 보살을 보고 한 사람은 화신불을 보는 것도 역시 같은 때에 다른 곳에서 보는 것이다.

여섯 번째 혹은 같은 곳에서 다른 때에 보는 것이라고 한 것은 똑같이 중대에서 아침에도 보고 저녁에도 또한 보지만 그러나 능히 보는 것도 또한 한 사람과 수많은 사람에게 통하며,

보는 바도 또한 한 경계와 다른 경계에 통하나니,

다만 보는 처소는 같고 때가 다른 것만 취하였을 뿐이다.

七에 或異時異處見은 時則朝暮不同하고 處卽東西臺別이나 而能見은 亦通一人多人이니 謂或一人은 朝於中臺에 見菩薩하고 暮於北臺에 見菩薩하나니 異人可知니라 然多約一人인댄 其所見境은 亦通同異니 同見菩薩은 如上已明하니라 或一人朝於中臺에 見菩薩하고 暮於北臺에 見師子니라 然多分且約一境이라 八에 或同時同處見은 亦約多人이 同在中臺하야 同於中時에 見菩薩이니 所見은 亦通同異나 且約同說이라 九에 或一人이 於同異交互時處에 見多人所見者는 言同異交互時處者는 謂同時異處와 異時同處가 名交互時處니라 然同時異處는 卽是第五에 而要是多人이요 異時同處는 卽是第六에 通一人多人거니와 今唯一人이 頓見前多人所見이니 此機亦是不思議人이라 能於同時에 異處見故니 謂有一人이 於晨朝時에 在於中臺하야 見中臺에 多人所見하고 亦在西臺하야 見多人所見하며 又於中臺에 於朝於暮에 皆見多人所見也니라 十에 或一人이 於同異俱時處에 見一切人所見者는 謂同時同處와 異時異處가 名同異俱時處니 旣是一人의 時該多時하며 處遍諸處하며 見通諸境일새 故是普眼機也니라 然佛不分身下는 不分而遍하시고 無思普現하야 頓應前十也니라

일곱 번째 혹은 다른 때에 다른 곳에서 보는 것이라고 한 것은 보는 시간은 곧 아침과 저녁이 같지 않고 처소는 곧 동대와 서대가 다르지만 그러나 능히 보는 것은 또한 한 사람과 수많은 사람에게

통하나니,

말하자면 혹 한 사람은 아침에 중대에서 보살을 보고 저녁에 북대에서 보살을 보나니, 다른 사람은 가히 알 수가 있을 것이다.

그러나 다분히 한 사람을 잡는다면 그 보는 바 경계는 또한 같고 다름에 통하나니,

똑같이 보살을 보는 것은 위에서 이미 밝힌 것과 같다.[213]

혹 한 사람은 아침에 중대에서 보살을 보고 저녁에 북대에서 사자를 보는 것이다.

그러나 다분히 또한 한 경계를 잡은 것이다.

여덟 번째 혹은 같은 때에 같은 곳에서 보는 것이라고 한 것은 또한 수많은 사람이 똑같이 중대에 있으면서 똑같이 중대에 있을 때에 보살을 보는 것을 잡은 것이니,

보는 바는 또한 같고 다름에 통하지만 우선 같음을 잡아 설한 것이다.

아홉 번째 혹은 한 사람이 같고 다름이 서로 교차하는 시처에서 수많은 사람이 보는 바를 보는 것이라고 한 것은, 같고 다름이 서로 교차하는 시처라고 말한 것은 말하자면 같은 때에 다른 곳과 다른 때에 같은 곳이 이름이 서로 교차하는 시처이다.

그러나 같은 때에 다른 곳이라고 한 것은 곧 제 다섯 번째 수많은 사람을 요망하는 것이요,

---

213 위에서 이미 밝힌 것과 같다고 한 것은, 두 줄 앞에 혹 한 사람은 아침에 중대에서 보살을 본다고 한 등이니 이것은 『유망기』의 말이다.

다른 때에 같은 곳이라고 한 것은 곧 제 여섯 번째 한 사람과 수많은 사람에 통하거니와,

지금에는 오직 한 사람만이 앞에 수많은 사람이 본 바를 한꺼번에 보나니,

이 사람은 역시 사의할 수 없는 사람이다.

능히 같은 때에 다른 곳에서 보는 까닭이니,

말하자면 어떤 한 사람이 이른 아침 시간에 중대에 있으면서 중대에 수많은 사람이 보는 바를 보고, 또한 서대에 있으면서 수많은 사람이 보는 바를 보며,

또 중대에서 아침과 저녁에 수많은 사람이 보는 바를 다 보는 것이다.

열 번째 혹은 한 사람이 같고 다름이 함께하는 시처에서 일체 사람들이 보는 바를 본다고 한 것은 말하자면 같은 때에 같은 곳과 다른 때에 다른 곳이 이름이 같고 다름이 함께하는 시처이니,

이미 한 사람이 보는 시간은 수많은 시간을 갖추었으며,

처소는 모든 곳에 두루하며,

보는 것은 모든 경계에 통하기에 그런 까닭으로 이 사람은 보안의 근기인 것이다.

그러나 부처님은 몸을 나누지 않는다고 한 아래는 몸을 나누지 않고 두루하시고 생각 없이 널리 나타나시어 앞의 열 사람을 한꺼번에 응대하는 것이다.

疏

一은 初生時에 身如夜月하야 皎鏡可觀이며 智猶滿月하야 淸凉照
物일새 故云永作이라하나라

첫 번째 게송은 처음 태어날 때에 몸은 밤 달과 같아서 밝은 거울을
가히 보는 것과 같으며,
지혜는 보름달과 같아서 청량하게 중생을 비추기에 그런 까닭으로
말하기를 영원히 인간 가운데 달이 된다 하였다.

經

或見經行時에　具無量功德하시고
念慧皆善巧하사 丈夫師子步니이다

혹은 경행할 때에
한량없는 공덕을 구족하시고
생각과 지혜가 다 좋고 교묘하여
대장부 사자처럼 걸으심을 봅니다.

疏

二는 行七步時에 顯其具德이라

두 번째 게송은 칠보를 걸을 때에
그 공덕 구족하신 것을 나타낸 것이다.

經

或見紺靑目으로　觀察於十方하시고
有時現戲笑하시사 爲順衆生欲이니다

혹은 검푸른 눈으로
저 시방을 관찰하시고
어떤 때는 희롱하는 웃음을 나타내시어
중생의 욕망을 따르기 위함을 봅니다.

疏

三은 顧眄時에 觀方現笑라

세 번째 게송은 돌아볼[214] 때에
시방을 관찰하시고 웃음을 나타내신 것이다.

---

214 眄는 돌아볼 혜 자이다.

經

或見師子吼와 殊勝無比身으로
示現最後生하사 所說無非實하니다

혹은 사자의 목소리와
수승하여 비교할 데 없는 몸으로
최후생最後生을 시현하시어
설하신 바가 진실하지 아니함이 없음을 봅니다.

疏

四는 師子吼時에 說我獨尊이라

네 번째 게송은 사자후를 할 때에
오직 나 홀로 존귀하다고 설하신 것이다.

經

或有見出家하야　解脫一切縛하시고
修治諸佛行하사대 常樂觀寂滅하니다

혹 어떤 때는 출가하여
일체 속박을 해탈하시고
모든 부처님의 행을 닦아 다스리되
항상 즐겁게 적멸을 관찰하심을 봅니다.

疏

五는 出家時에 解縛修寂이라

다섯 번째 게송은 출가할 때에
속박을 벗고 적멸을 닦으신 것이다.

經

或見坐道場하사 覺知一切法하시고
到功德彼岸하사 癡暗煩惱盡하니다

혹은 도량에 앉아
일체법을 깨달아 아시고
공덕의 피안에 이르러
어리석은 어둠의 번뇌가 다함을 봅니다.

疏

六은 坐道場時에 障盡德圓이라

여섯 번째 게송은 도량에 앉을 때에
장애가 다하고 공덕이 원만하신 것이다.

經

或見勝丈夫가   具足大悲心하사
轉於妙法輪하야 度無量衆生하니다

혹은 수승한 대장부가
대비심을 구족하여
묘한 법륜을 전하시어
한량없는 중생을 제도하심을 봅니다.

疏

七은 轉法輪時에 因悲度物이라

일곱 번째 게송은 법륜을 전할 때에
대비를 인하여 중생을 제도하신 것이다.

經

或見師子吼와　　威光最殊特하사
超一切世間하시니　神通力無等이니다

혹은 사자의 소리와
위신력의 광명이 가장 수승하고 특이하여
일체 세간을 뛰어났으니
신통력이 같을 이가 없음을 봅니다.

疏

八은 現神通時에 調彼難調라

여덟 번째 게송은 신통을 나타낼 때에
저 조복하기 어려운 중생을 조복하신 것이다.

經

或見心寂靜이　　如世燈永滅이나
種種現神通하시니 十力能如是니이다

혹은 마음이 적정한 것이
마치 세간의 등불이 영원히 사라진 것과 같지만
가지가지 신통을 나타내시니
십력이 능히 이와 같음을 봅니다.

疏

九는 示入涅槃이나 不妨神用이라 又下二句는 亦總結前九가 皆是
神通이라 並有深意하니 如第八會하나라

아홉 번째 게송은 열반에 들어감을 시현하시지만 신통묘용에 방해롭
지 않는 것이다.
또 아래에 두 구절은 또한 앞에 아홉 게송이 다 신통임을 모두
맺는 것이다.
아울러 깊은 뜻이 있나니
제팔회와 같다.

鈔

如第八會者는 卽五十九經에 各有十意하니 說者應引하리라

제팔회와 같다고 한 것은 곧 오십구경에 각각 열 가지 뜻이 있나니
강설하는 사람은 응당히 인용하여 증거할 것이다.

經

爾時光明이 過百世界하야 遍照東方千世界하며 南西北方과 四
維上下도 亦復如是하시니 彼一一世界中에 皆有百億閻浮提와
乃至百億色究竟天호대 其中所有가 悉皆明現하니라 彼一一閻
浮提中에 悉見如來가 坐蓮華藏師子之座하사 十佛刹微塵數菩
薩의 所共圍遶하니 悉以佛神力故로 十方各有一大菩薩하야 一
一各與十佛刹微塵數諸菩薩俱하야 來詣佛所하니라 其大菩薩
은 謂文殊師利等이며 所從來國은 謂金色世界等이며 本所事佛
은 謂不動智如來等이니라

그때에 광명이 백 세계를 지나 동방으로 천 세계를 두루 비추며
남서 북방과 사유와 상·하도 또한 다시 이와 같이 비추시니,
저 낱낱 세계 가운데 다 백억 염부제와 내지 백억 색구경천이
있으되 그 가운데 있는 바가 다 밝게 나타났습니다.
저 낱낱 염부제 가운데 여래가 연꽃으로 갈무리한 사자의 자리에
앉아서 열 부처님의 세계에 작은 티끌 수만치 많은 보살에게 함께
에워싸인 바를 다 보니,
다 부처님의 신통력인 까닭으로, 시방에 각각 한 사람의 큰 보살이
있어서 낱낱이 각각 열 부처님의 세계에 작은 티끌 수만치 많은
모든 보살로 더불어 함께 와서 부처님의 처소에 나아갔습니다.
그 큰 보살은 말하자면 문수사리 등이며,
좇아온 바 국토는 말하자면 금색세계 등이며,

본래 섬긴 바 부처님은 말하자면 움직이지 않는 지혜여래 등입니다.

疏

第四重은 光照千界라

제사중第四重은 광명이 천 세계를 비추는 것이다.

經

爾時一切處에 文殊師利菩薩이 各於佛所에 同時發聲하야 說此
頌言호대

佛於甚深法에　通達無與等을
衆生不能了일새 次第爲開示하니다

그때에 일체 처소에 문수사리보살이 각각 부처님의 처소에서 동시
에 소리를 내어 이런 게송을 설하여 말하기를

부처님은 깊고도 깊은 법에
통달하여 더불어 같은 사람이 없는 것을
중생이 능히 알지 못하기에
차례로 그들을 위하여 열어 보이셨습니다.

疏

頌中엔 顯菩提體性이라 十頌分三하리니 初偈는 雙具悲智로 爲菩
提體요 次四는 三德內圓이요 後五는 卽體悲用이라 今初上半은
智深이요 下半은 悲濟라

게송 가운데는 보리의 자체성을 나타낸 것이다.
열 게송을 세 가지로 나누리니

처음에 게송은 자비와 지혜를 둘 다 구족한 것으로 보리의 자체성을 삼은 것이요

다음에 네 게송은 삼덕이 안으로 원만한 것이요

뒤에 다섯 게송은 자체에 즉한 대비의 작용이다.

지금은 처음으로 위에 반 게송은 지혜가 깊은 것이요,

아래 반 게송은 대비로 건지는 것이다.

經

我性未曾有하며 我所亦空寂거니
云何諸如來가 而得有其身이릿가

나의 본성은 일찍이 있은 적이 없으며
나의 처소도 또한 공적하거니
어떻게 모든 여래가
그 몸이 있음을 얻겠습니까.

疏

次四偈中에 一은 歎菩提의 永絶二我德이니 謂二我之見이 必因
於身일새 今觀於身이라 若我卽陰인댄 我卽生滅이요 若我異陰인
댄 以何相知리요 故但妄情이요 曾未暫有니라 旣無有我어니 誰是
我所며 我我所空거니 身從何有리요 無身之身은 顯法身德이라

다음에 네 게송 가운데 첫 번째 게송은 보리의 영원히 이아二我[215]를
끊은 공덕을 찬탄한 것이니,
말하자면 이아의 소견이 반드시 몸을 인유하기에 지금에 나의 몸[216]
을 관찰하는 것이다.

---

215 이아二我란, 즉온아卽蘊我와 이온아離蘊我이다.
216 나의 몸이란, 『잡화기』에 관찰하는 사람의 자신을 말하는 것이다 하였다.

만약 내가 곧 오음이라면 내가 곧 생·멸하는 것이요,

만약 내가 오음과 다르다면 무슨 모습으로써 알겠는가.

그런 까닭으로 다만 허망한 정[217]일뿐 일찍이 잠시도 있은 적이
없는 것이다.

이미 내(我)가 없거니 누가 이 나의 처소(我所)이며,

나와 나의 처소[218]가 공적하거니 몸이 무엇으로 좇아 있겠는가.

몸 없는 몸은 법신의 공덕을 나타낸 것이다.

鈔

今觀於身者는 卽中論法品中意니 論云호대 若我卽五陰인댄 我卽爲
生滅이요 若我異五陰인댄 卽非五陰相이라 若無有我者인댄 何得有
我所리요 內外我我所가 盡滅無有故로 諸受卽爲滅이요 受滅卽身滅
이요 業煩惱滅故로 名之爲解脫이니 業煩惱非實일새 入空戲論滅이
라하니라 釋曰上中論意는 正觀於身에 五陰之法이요 而如來品은 五
蘊上에 求如來며 亦就於我와 及我所說이니 則如自觀身實相하야 觀
佛亦然하니라 若了二我가 本自空寂인댄 則見法身이 堪然常住리라
疏中初二句는 卽論初兩句니 明卽陰無我라 陰是有爲의 生滅之法
이요 我卽是陰일새 故同生滅이라 次兩句는 是論第二兩句니 異陰無
我니라 而論主但云호대 則非五陰相이라하얏거니와 今云以何相知者

---

217 원문에 망정妄情이란, 정유리무情有理無의 뜻이다.

218 원문에 아我와 아소我所란, 아는 주主이고, 아소는 종從이다. 또 아는 자신이고,
    아소는 다른 사람이다.

는 是長行釋語니 謂凡一切法이 皆以相知有어니와 離陰有我인댄 卽
不以五陰爲相이니 爲用何相으로 知有我耶리요 故但妄情은 結成論
意니 妄情計有요 我性實無니 故云我性未曾有라하니라 旣無有我下
는 以我破所니 釋經我所亦空寂이니 卽論云호대 若無有我者인댄 何
得有我所리요하니라 我我所空下는 無我遣身이니 釋經下半에 云何
諸如來가 而得有其身이니 卽論內外我我所下에 一偈半文이라 無身
之身下는 結歸疏意니 三德內圓에 法身爲一耳라 故經云호대 佛以法
爲身하나니 淸淨如虛空이라하니라

지금에 나의 몸을 관찰한다고 한 것은 곧 『중론』 법품 가운데의
뜻이니,
『중론』에 말하기를
만약 내가 곧 오음이라면
내가 곧 생멸하는 것이요,
만약 내가 오음과 다르다면
곧 오음의 모습이 아닐 것이다.

만약 내가 없다고 한다면
어찌 나의 처소가 있음을 얻겠는가.
안과 밖과 나와 나의 처소가
다 사라져 없는 까닭으로

모든 수(諸受)가 곧 사라져 없고,

모든 수가 사라져 없음으로 곧 몸이 사라져 없고,

업의 번뇌가 사라져 없는 까닭으로

이름이 해탈이 되나니,

업의 번뇌는 진실이 아니기에

희론이 공한 적멸에 들어간다 하였다.

해석하여 말하면 위에 『중론』법품[219]의 뜻은 몸에 오음의 법을

바로 관찰하는 것이요

여래품은 오온상에 여래를 구하는 것이며[220]

또한 나와 나의 처소에 나아가 설한 것이니

곧 스스로[221] 몸의 실상을 관찰하는 것과 같아서 부처님을 관찰하는

---

219 『중론』이라고 한 것은 이것은 통명通名을 잡아 말한 것이고, 바로 아래
   여래품이라고 한 것은 이것은 별명別名을 잡아 말한 것이라고 『잡화기』는
   말하나, 『중론』이라 한 것은 『중론』의 법품이다. 따라서 나는 『중론』의
   법품이라고 바로 번역하였다.

220 오온상에 여래를 구하는 것이라고 한 등은, 『잡화기』에 말하기를 말하자면
   법품의 뜻이니 바로 몸의 오음에 나아가 즉하고 다름을 관찰함에 원래
   아와 아소가 없는 것이요, 만약 여래품이라면 곧 비록 오온상에서 여래를
   구하여 얻지 못할지라도 역시 아와 아소에 나아가 말하기에 지금으로 더불어
   같나니, 저 여래품에 말하기를 만약 여래가 오온음五蘊陰을 인하여 있다면
   곧 자성이 없는 것이고, 자성이 없는 까닭으로 아도 아소도 없는 까닭이라
   하였다. 위에 즉하고 다르다고 한 것은 내가 오음에 즉하여 하나이고, 내가
   오음과 분리되어 다르다는 의미이다.

221 곧 스스로라고 한 등은 『잡화기』에 곧 『중론』법품의 뜻이라 하고, 부처님을
   관찰하는 것드라고 한 등은 『잡화기』에 곧 여래품의 뜻이라 하고, 그 아래

것도 또한 그러한 것이다.

만약 이아二我가 본래 스스로 공적한 줄 안다면 곧 법신이 담연하여 상주함을 볼 것이다.

소문疏文 가운데 처음에 두 구절[222]은 곧 『중론』의 처음 두 구절[223]이니 곧 오음상에 내가 없음을 밝힌 것이다.

오음은 이 유위의 생멸하는 법이요 나(我)는 곧 오음이기에 그런 까닭으로 다 같이 생멸하는 것이다.

다음에 두 구절[224]은 이 『중론』의 제 두 번째 두 구절[225]이니 오음과 달라 내(我)가 없는 것이다.

그러나 논주[226]는 다만 말하기를 곧 오음의 모습이 아니다 하였거니와 지금 소문에서 무슨 모습으로 알겠는가 한 것은 이것은 장행문을 해석한 말이니,

---

만약 이아二我가 본래 공적한 줄 안다면이라고 한 등은 『잡화기』에 위에 『중론』의 두 품에 뜻을 모두 맺는 것이다 하였다.

222 원문에 소중초이구疏中初二句라고 한 것은 약아즉음若我卽陰인댄 아즉생멸我卽生滅이다.

223 원문에 논초양구論初兩句라고 한 것은 약아즉오음若我卽五陰인댄 아즉위생멸我卽爲生滅이다.

224 원문에 차양구次兩句라고 한 것은 약아이음若我異陰인댄 이하상이以何相異이다.

225 원문에 논제이양구論第二兩句는 약아이오음若我異五陰인댄 즉비오음상則非五陰相이다.

226 논주論主는 『중론中論』의 저자著者이니 용수보살龍樹菩薩을 말한다.

말하자면 무릇 일체법이 다 모습(相)으로써 있는 줄 알거니와 오음을 떠나 내가 있다고 한다면 곧 오음으로써 모습을 삼은 것이 아니니, 무슨 모습으로써 내가 있는 줄 알겠는가.

그런 까닭으로 다만 망정일 뿐이라고 한 것은『중론』의 뜻을 맺어 성립한 것이니,
허망한 정으로 있다고 계교할 뿐 나의 본성은 진실로 없는 것이니 그런 까닭으로 말하기를 나의 본성은 일찍이 있은 적이 없다고 하였다.

이미 내가 없다고 한 아래는 나로써 나의 처소까지 깨뜨리는 것이니, 지금 경에 나의 처소도 또한 공적하다고 한 것을 해석한 것이니, 곧 논에 말하기를 만약 내가 없다고 한다면 어찌 나의 처소가 있음을 얻겠는가 하였다.

나와 나의 처소가 공적하다고 한 아래는 무아로써 몸을 보내는 것이니,
지금 경의 아래 반 게송에 어떻게 모든 여래가 그 몸이 있음을 얻겠는가 한 것을 해석한 것이니,
곧『중론』에 안과 밖과 나와 나의 처소라는 아래에 한 게송 반의 문장이다.

몸 없는 몸이라고 한 아래는 소疏[227]의 뜻에 귀결하는 것이니,

삼덕이 안으로 원만함에 법신이 그 하나가 될 뿐이다.
그런 까닭으로 경에 말하기를[228] 부처님은 법으로써 몸을 삼나니
청정하기가 허공과 같다고 하였다.

---

227 소疏 자는 경經 자가 좋다고 古人이 말하였다.
228 경에 운운은 여래현상품 게송이다.

經

解脫明行者가　無數無等倫이니
世間諸因量으로　求過不可得이니다

해탈자 밝은 행자[229]가
수도 없고 비등할 수도 짝할 수도 없나니
세간에 모든 인因과 모든 양量[230]으로
부처님의 허물을 구하여도[231] 가히 얻을 수 없습니다.

疏

二는 顯解脫般若德이니 涅槃二十五云호대 貪瞋癡心을 永斷滅
故로 心善解脫이요 於一切法에 知無障礙故로 慧善解脫이라하니
라 涅槃엔 略有一百八句하야 以顯深廣이라

두 번째 게송은 해탈과 반야의 공덕을 나타낸 것이니,
『열반경』이십오권에 말하기를 탐진치의 마음을 영원히 끊어 소멸한
까닭으로 심선해탈心善解脫이요,

---

229 원문에 명행明行은 반야般若의 공덕(德)이니, 해탈자解脫者 명행자明行者는
　　곧 부처님을 말한다.
230 원문에 제인諸因은 삼인三因이고, 제량諸量은 삼량三量이다.
231 원문에 구과求過라 한 과過는 부처님의 허물이니, 여기서 부처님은 해탈자解脫
　　者 명행자明行者이다.

일체법에 장애가 없는 줄 아는 까닭으로 혜선해탈慧善解脫이라 하였다.

『열반경』[232]에는 대략 일백여덟 구절을 두어서 깊고도 넓은 것을 나타내었다.

鈔

二에 顯解脫般若德者는 卽三德之二也니 先釋解脫德에 引於涅槃이 略有二種하니 卽二十五經高貴德王菩薩品第八功德中一義라 經云호대 云何菩薩心善解脫이닛가 貪瞋癡心을 永斷滅故로 是名菩薩心善解脫이라하니라 若瑜伽八十五云호대 由三種相하야 當知心善解脫이니 一은 於諸行遍了知故요 二는 於彼相應煩惱를 斷得作證故요 三은 煩惱斷已에 於一切處에 離愛住故라 經云호대 云何菩薩慧善解脫이닛가 菩薩摩訶薩이 於一切法에 知無障礙가 是名菩薩慧善解脫이니 因慧解脫하야 昔所不聞을 而今得聞하며 昔所不見을 而今得見하며 昔所不至를 而今得至라하니라 釋曰心善解脫은 卽滅定障이요 慧善解脫은 卽脫智障이니 二障旣除하야 脩然無繫일새 故名解脫이라 涅槃下經에 重復問起하야 以顯前義하니 謂心定有貪等인댄 則不可脫이요 定無貪等인댄 卽不須脫이니 欲明相有性無인 此二無礙하야사 方名解脫이라

두 번째 게송은 해탈과 반야의 공덕을 나타낸 것이라고 한 것은

---

232 『열반경涅槃經』은 제오권이라고 초문鈔文에 말하고 있다.

곧 삼덕에 두 가지 공덕이니

먼저는 해탈의 공덕을 해석함에 『열반경』을 인용한 것이 간략하게 두 가지가 있나니,

곧 열반 이십오경[233] 고귀덕왕보살품의 제 여덟 번째 공덕 가운데 한 뜻이다.

『열반경』에 말하기를 어떤 것이 보살의 심선해탈입니까.

탐진치의 마음을 영원히 끊어 소멸한 까닭으로 이 이름이 보살의 심선해탈이다 하였다.

만약 『유가사지론』 팔십오권에 말한 것이라면 세 가지 모습을[234] 인유하여야 마땅히 심선해탈을 알 것이니

첫 번째는 모든 행을 두루 아는 까닭이요

두 번째는 저 상응하는 번뇌를 끊어 증득함을 얻는 까닭이요

세 번째는 번뇌를 끊은 뒤에 일체 처소에서 애욕에 머무름을 떠나는 까닭이다.

『열반경』에 말하기를 어떤 것이 보살의 혜선해탈입니까.

보살마하살이 일체법에 장애가 없는 줄 아는 것이 이 이름이 보살의 혜선해탈이니

혜선해탈을 인하여 옛날에 듣지 못한 바를 지금에 들음을 얻으며

옛날에 보지 못한 바를 지금에 봄을 얻으며

---

233 이십오경二十五經이란, 남장경은 이십이경二十二經이다.

234 세 가지 모습이라고 한 등은, 『잡화기』에 말하기를 뒤에 두 가지는 그 뜻이 같지만, 그러나 다만 처음에 한 가지만 도리어 이 가운데 혜선해탈慧善解脫에 해당하는 것이다 하였다.

옛날에 이르지 못한 바를 지금에 이름을 얻는다 하였다.

해석하여 말하면 심선해탈은 곧 정장定障[235]을 소멸한 것이요

혜선해탈은 곧 지장智障[236]을 해탈한 것이니

이장二障을 이미 제멸하여 소연儵然[237]히 얽매임이 없기에 그런 까닭으로 이름을 해탈이라 하는 것이다.

『열반경』이 아래 경에 거듭 다시 물음을 일으켜 앞의 뜻을 나타내었으니

말하자면 마음에[238] 결정코 탐심 등이 있다면 곧 가히 해탈한 것이 아니요

결정코 탐심 등이 없다면 곧 해탈을 구할 것이 아니니

모습(相)으로는 있고 자성(性)으로는 없는 것 이 두 가지가 걸림이 없어야 바야흐로 이름을 해탈이라 함을 밝히고자 한 것이다.

涅槃에 略有一百八句者는 即第五經의 廣釋三德에 解脫之德을 迦葉問言호대 世尊이시여 何等名爲涅槃이닛가 善男子야 夫涅槃者는 名爲解脫이라하니 先示其體가 亦色非色이라 下迦葉重請에 明解脫相호대 爾時에 迦葉菩薩이 復白佛言호대 世尊이시여 唯願哀愍하사

---

235 정장定障은 번뇌장煩惱障이다.

236 지장智障은 소지장所知障이다.

237 소연儵然은 매이지 않고 자유로운 모습이다.

238 말하자면 마음에 운운은, 『잡화기』에 말하기를 저 『열반경』 가운데 응당 두 가지 거듭 나타내는 문장이 갖추어져 있지만, 그러나 지금에는 다만 심선해탈 하나만 인용하였을 뿐이다 하였다.

重垂廣說大般涅槃과 解脫之義하소서 佛讚迦葉하사대 善哉善哉라
善男子야 眞解脫者는 名曰遠離一切繫縛이니라 若眞解脫이 離諸繫
縛인댄 則無有生하며 亦無和合하나니 譬如父母가 和合生子어니와
眞解脫者는 則不如是니라 是故解脫은 名曰不生이니라 迦葉아 譬如
醍醐가 其性淸淨하야 如來亦爾하야 非因父母의 和合而生하고 其性
淸淨이니 所以示現有父母者는 爲欲化度諸衆生故니라 眞解脫者는
卽是如來니 如來解脫은 無二無別이니라 譬如春月에 下諸種子하야
得暖潤氣하면 尋便出生거니와 眞解脫者는 則不如是라하니 此是一
句니라 餘如彼經하니라 然依遠公云인댄 以義相從에 有九十四句어
니와 隨別細分에 有一百九句하니 第二十二의 無逼切中에 別有七句
하고 第二十三의 無動義中에 有四句하고 第二十四의 希有義中에
有其二句하고 第二十五의 虛寂義中에 亦有兩句하고 第四十의 甚深
義中에 有其二句하고 第五十一의 平等義中에 亦有兩句하고 第六十
七의 無窄狹中에 有其三句하고 餘各有一일새 是故分爲一百九句라
하니라 今言一百八者는 卽於二十二의 無逼切中에 但有六句나 以遠
公은 見七喩일새 故分爲七거니와 而第三句云호대 云何逼切이며 不
逼切耶아 譬如凡夫가 我慢自高하야 而捉蛇虎毒蟲은 是名逼切이요
不逼切者는 如轉輪王의 所有神珠가 能伏毒蟲은 名不逼切이라하니
六句가 皆是無逼切義나 唯此一句가 兼明逼切하야 以顯無逼이라 看
似兩句나 實是一句니 表除百八煩惱라 亦同楞伽의 百八句問이라

『열반경』에는 대략 일백여덟 구절을 두었다고 한 것은 곧 제오경에
삼덕[239]을 폭넓게 해석함에 해탈의 공덕을 가섭보살이 물어 말하기를

세존이시여, 어떤 등이 이름이 열반이 됩니까.

선남자야, 대저 열반이라는 것은 이름이 해탈이다 하였으니,

먼저 그 자체가 또한 색이며 비색[240]임을 보인 것이다.

그 아래에 가섭보살이 거듭 청함[241]에 해탈의 모습을 밝히되, 그때에 가섭보살이 다시 부처님께 여쭈어 말하기를 세존이시여, 오직 원컨대 어여삐 여겨 대반열반과 해탈을 폭넓게 설한 뜻을 거듭 내려 주소서.

부처님이 가섭보살을 찬탄하시기를 착하고 착하도다. 선남자야, 참다운 해탈은 이름을 일체 얽어 매임을 멀리 떠났다 말하는 것이다.

만약 참다운 해탈이 모든 얽어 매임을 떠났다고 한다면 곧 생긴 적도 없으며 또한 화합한 적도 없나니,

비유하자면 부모가 화합하여 자식을 낳는 것과 같거니와, 참다운 해탈은 곧 이와 같지 않는 것이다.

이런 까닭으로 해탈은 이름을 불생不生이라 말하는 것이다.

가섭아, 비유하자면 제호가 그 자성이 청정한 것과 같아서, 여래도 또한 그러하여 부모의 화합을 인하여 생긴 것이 아니고 그 자성이 청정한 것이니,

그런 까닭으로 부모가 있음을 시현한 것은 모든 중생을 교화하여 제도하고자 하기 위한 까닭이다.

---

239 삼덕三德 아래에 북장경北藏經에는 中 자가 있다.

240 색色은 相이고, 비색非色은 性이다.

241 가섭보살이 거듭 청한다고 한 것은, 가섭이 먼저 열반을 청하고, 여기에 해탈을 거듭 청하였다는 것이다.

참다운 해탈은 곧 여래이니 여래와 해탈은 둘일 수도 없고 다를 수도 없다.

비유하자면 봄날에 모든 종자를 심는 것과 같아서 따뜻하고 젖은 기운을 얻으면 이윽고[242] 문득 생겨나거니와, 참다운 해탈은 곧 이와 같지 않는 것이다 하였으니

이것은 한 구절이다.

나머지는 저 『열반경』에서 설한 것과 같다.

그러나 원공遠公을 의지하여 말한다면 뜻으로써 서로 좇음에 구십네 구절이 있거니와 별설을 따라 자세히 나눔에 일백아홉 구절이 있나니,

제 스물두 번째 무핍절無逼切[243]의 뜻 가운데 따로 일곱 구절이 있고

제 스물세 번째 무동無動의 뜻 가운데 네 구절이 이고

제 스물네 번째 희유希有의 뜻 가운데 두 구절이 있고

제 스물다섯 번째 허적虛寂의 뜻 가운데 또한 두 구절이 있고

제 마흔 번째 심심甚深의 뜻 가운데 두 구절이 없고

제 쉰한 번째 평등平等의 뜻 가운데 또한 두 구절이 있고

제 예순일곱 번째 무착협無窄狹의 뜻 가운데 세 구절이 있고

나머지는 각각 한 구절씩만 있기에 이런 까닭으로 나누어 일백아홉 구절이 된다 하였다.

---

242 심尋 자는, 여기서는 이윽고 심 자이다.

243 핍절逼切은 핍박하여 절복함을 말한다. 지금 여기는 그것이 없다는 것이다.

지금에 말하기를 일백여덟 구절이라고 한 것은 곧 스물두 번째 무픱절의 뜻 가운데 다만 여섯 구절²⁴⁴만 있으나, 원공은 칠유七喩를 나타내었기에 그런 까닭으로 나누어 일곱 구절을 삼았거니와, 그러나 제삼구에 말하기를 어떤 것이 픱절이며 불픱절인가. 비유하자면 범부가 아만이 스스로 높아서 뱀과 호랑이와 독충을 잡는 것과 같은 것은 이 이름이 픱절이요,

불픱절이라고 한 것은 마치 전륜왕이 소유한 신비한 구슬이 능히 독충을 절복하는 것과 같은 것은 이름이 불픱절이라 하였으니, 여섯 구절이 다 무픱절의 뜻이지만 오직 이 한 구절만 이 픱절을 겸하여 밝혀 무픱절을 나타내었다.

바라봄에 두 구절인 것 같지만 진실로는 한 구절이니,
백팔번뇌를 제거함을 표한 것이다.
또한 『능가경』에 백팔구의 질문과도 같다.

疏

言明行者는 卽般若德이니 若作明行足釋인댄 卽禪慧德이라 瑜伽
三十八云호대 明謂三明이요 行謂止觀二品이라하며 涅槃十六又

---

244 무픱절의 뜻 가운데 다만 여섯 구절이라고 한 것은 곧 여섯 가지 비유이니 첫 번째 비유는 하열동한등夏熱冬寒等이요, 두 번째 비유는 포식어육우포유飽食魚肉又飽乳요, 세 번째 비유는 감로甘露요, 네 번째 비유는 윤왕신주輪王神珠요, 다섯 번째 비유는 허공虛空이요, 여섯 번째 비유는 일월불픱중생日月不逼衆生이다.

云호대 明者는 三明이니 一은 菩薩明이요 二는 佛明이요 三은 無明
明이라 菩薩明者는 卽是般若波羅蜜이요 佛明者는 卽是佛眼이요
無明明者는 卽畢竟空이라하니 然皆般若니 因果理智異耳니라 足
有二義하니 一은 脚足義니 約因이요 二는 圓足義니 約果니 此文略
無니라

밝은 행자라고 말한 것은 곧 반야의 공덕이니
만약 명행족으로 해석한다면 곧 선혜의 공덕[245]이다.
『유가론』 삼십팔권에 말하기를 명明은 삼명을 말하는 것이요
행行은 지止와 관觀의 두 품을 말하는 것이다 하였으며
『열반경』 십육권에 또 말하기를 명明이라는 것은 삼명이니
첫 번째는 보살명이요
두 번째는 불명이요
세 번째는 무명명이다.
보살명이라고 한 것은 곧 반야바라밀이요,
불명이라고 한 것은 곧 불안이요,
무명명이라고 한 것은 곧 필경공畢竟空이다 하였으니
그러나 다 반야이지만 인과와 이지理智가 다를 뿐이다.
족足은 두 가지 뜻이 있나니
첫 번째는 각족脚足의 뜻이니 원인을 잡은 것이요
두 번째는 원족圓足[246]의 뜻이니 과보를 잡은 것이니,

---

245 선혜의 공덕이라고 한 것은, 『잡화기』에 말하기를 지관止觀은 이 선禪이고
   명明은 이 혜慧이다 하였다.

이 경문에는 생략되고 없다.[247]

鈔

言明行者는 卽般若德은 朗照萬法일새 故稱明行者니 卽如來는 具三
德人이라 若作明行足釋者는 重釋明行二字니 卽十號之一이라 先引
瑜伽는 由有止觀하야 云禪慧德이라 彼後更有釋호대 極善圓滿으로
以釋足義니 得滿足義나 無脚足義일새 故疏不引하니라 涅槃十六下
는 北經十八이니 先釋明하고 後釋行하니 前中先引經이라 彼有四釋
하니 今當第四라 就行修證入釋이니 明卽證入之體니라 後然皆般若
下는 是疏釋經이니 菩薩明者는 因中證智요 佛明者는 果中證智니
上二皆智라 無明明者는 是所證理니 智卽觀照요 理卽實相이라 智度
論云호대 說智及智處를 俱名爲般若라하니 卽斯義也니라

밝은 행자라고 말한 것은 곧 반야의 공덕이라고 한 것은 만법을
밝게 비추기에 그런 까닭으로 밝은 행자라 부르는 것이니,
곧 여래는 삼덕을 갖춘 사람이라는 것이다.

만약 명행족으로 해석을 한다고 한 것은 거듭 명·행이라는 두 글자를
해석한 것이니,

---

246 원족圓足은 만족滿足의 뜻이다.
247 이 경문에는 생략되고 없다고 한 것은 이 경문經文엔 족足의 뜻이 없다는
    것이다.

곧 열 가지 이름의 하나이다.

먼저 『유가론』을 인용한 것은 지止와 관觀이 있음을 인유하여 선혜의 공덕을 말한 것이다.

저 뒤에 다시 어떤 사람이 해석하기를 지극한 선善이 원만함으로써 족足의 뜻을 해석하였으니,

만족滿足[248]의 뜻은 얻었으나 각족의 뜻이 없기에 그런 까닭으로 소문(疏)에서는 인용하지 아니하였다.[249]

『열반경』 십육권이라고 한 아래는 북장경은 십팔권이니,

먼저는 명明을 해석하였고 뒤에는 행行을 해석하였으니 앞의 가운데 먼저는 이 경을 인용하였다.[250]

저기에 네 가지 해석[251]이 있나니

지금에는 제 네 번째에 해당한다.

행·수·증·입에 나아가 해석한 것이니

명明은 곧 증입의 자체이다.

---

248 만족滿足은 곧 원족圓足의 뜻이다.

249 그런 까닭으로 소문에서는 인용하지 않았다고 한 것은, 『잡화기』에 말하기를 지금 소문에 두 가지 뜻을 함께 인용할 것이지만 그러나 저 각족이라는 한 가지 뜻이 빠진 까닭으로 소문에서는 인용하지 않았다는 것이다 하였다.

250 원문에 선인경先引經이라고 한 것은 즉 先釋明中에 이 『열반경涅槃經』을 인용하였다.

251 네 가지 해석이라고 한 것은 一釋은 차장전면칠행此丈前面七行이고, 二釋과 三釋과 四釋은 차장후면일행此丈后面一行과 五行과 九行이다. 第四釋은 금소소인今疏所引이라 한 이하이다.

뒤에 그러나 다 반야라고 한 아래는 소가疏家가 경을 해석한 것이니
보살명이라고 한 것은 원인(因)[252] 가운데 증득한 지혜요,
불명이라고 한 것은 과보(果)[253] 가운데 증득한 지혜이니
위에 두 가지는 다 지혜이다.
무명명이라고 한 것은 이것은 증득할 바 진리이니
지혜는 곧 관조반야요, 진리는 곧 실상반야이다.
『지도론』에 말하기를 지혜와 그리고 지혜의 처소를 함께 이름하여
반야가 된다고 설한다 하였으니
곧 이 뜻이다.

足有二義者는 卽釋行字니 此中에 略無足字는 行字所攝이라 然經四
釋이 不出二義하니 第一釋云호대 明者는 名得無量善果요 行名脚足
이라 善果者는 名無上菩提요 脚足者는 名爲戒慧니 乘戒慧足하야
得大菩提가 名明行足이라하니라 釋曰此則據果尋因釋이니 以明爲
果하고 以行爲足이라 行卽是足이니 脚足義也라 行足不分이 是今經
意니라 二者는 經云호대 又復明者는 名呪요 行者는 名吉이요 足者는
名果니 善男子야 是世間義니라 呪者는 名爲解脫이요 吉者는 名無上
菩提요 果者는 名大涅槃이라하니라 釋曰此偏就果德釋이나 然以世
間으로 況於出世며 此以涅槃爲足이니 是滿足義며 亦智斷總別耳니
라 三者는 經云호대 又復明者는 名光이요 行者는 名業이요 足者는

---

252 원인(因)은 보살菩薩이다.
253 과보(果)는 불佛이다.

名果니 善男子야 是名世間義니라 光者는 名不放逸이요 業者는 名六
波羅蜜이요 果者는 名無上菩提라하니라 釋曰此卽從因趣果釋이니
謂明行은 皆因이요 以足爲果라 前釋三은 皆是果어니와 此獨菩提가
是果耳니라 今疏所引은 卽當第四니 但引釋明이라 彼釋行足云호대
行者는 於無量劫에 爲衆生故로 修諸善業이요 足者는 明見佛性이라
하니라 釋曰此亦滿足으로 釋足하야 以足爲果하고 以行爲因이니 行足
義開어니와 今經無足일새 故取初釋의 行足合義하고 不引此文하니라

발은 두 가지 뜻이 있다고 한 것은 곧 행行이라는 글자를 해석한
것이니

이 경 가운데 족足이라는 글자가 생략되고 없는 것은 행이라는
글자에 섭속되어 있는 바이다.

그러나 경에 네 가지 해석이 두 가지 뜻[254]을 벗어나지 않나니

첫 번째 해석에 말하기를 명明이라는 것은 이름이 한량없는 선과善果
를 얻는 것이요

행行이라는 것은 이름이 각족脚足이다.

선과라고 한 것은 이름이 더 이상 없는 보리요

각족이라고 한 것은 이름이 계혜戒慧가 되나니,

계혜의 다리를 타서 대보리를 얻는 것이 이름이 명행족이라 하였다.

해석하여 말하면 이것은 곧 과보(果)를 의거하여 원인(因)을 찾아
해석한 것이니,

---

254 두 가지 뜻이란, 『잡화기』에 인·과라 하였다.

명明으로써 과보를 삼고 행行으로써 족足을 삼았다.

행은 곧 족이니 각족의 뜻이다.

그러나 행과 족을 나누지 않는 것이 이것이 지금 경의 뜻이다.²⁵⁵

두 번째 해석은 경에 말하기를 또 다시 명이라고 한 것은 이름이
주呪요,

행이라고 한 것은 이름이 길吉이요,

족足이라고 한 것은 이름이 과보이니

선남자야, 이것이 이름이 세간의 뜻이다.

주呪라고 한 것은 이름이 해탈이요,

길吉이라고 한 것은 이름이 더 이상 없는 보리요,

과보라고 한 것은 이름이 대열반이다 하였다.

해석하여 말하면 이것은 치우쳐 과덕에 나아가 해석한 것이나 그러
나 세간으로써 출세간에 비유한 것이며

이것은 열반으로써 다리(足)를 삼은 것이니

만족의 뜻이며 또한 지덕·단덕²⁵⁶의 뜻이며 총·별의 뜻이다.

세 번째 해석은 경에 말하기를 또 다시 명이라고 한 것은 이름이

---

255 이것이 지금 경의 뜻이라고 한 것은,『잡화기』에 말하기를 말하자면 행行과
족足을 나누지 않는 것이 지금 경의 뜻과 같다는 것일 뿐, 지금 경에 다만
각족脚足의 한 가지 뜻만 인용한 것을 말하는 것은 아니다 하였다.

256 지덕·단덕이라고 한 등은,『잡화기』에 해탈은 이 단덕이고 보리는 이 지덕이
니 다 별別이 되고, 열반은 이 총總이 되는 것이다 하였다.

광光이요,

행이라고 한 것은 이름이 업이요,

족이라고 한 것은 이름이 과보이니

선남자야, 이 이름이 세간의 뜻이다.

광이라고 한 것은 이름이 불방일이요,

업이라고 한 것은 이름이 육바라밀이요,

과보라고 한 것은 이름이 더 이상 없는 보리다 하였다.

해석하여 말하면 이것은 곧 원인을 좇아 과보에 나아가 해석한 것이니

말하자면 명과 행은 다 원인이요,

족은 과보가 되는 것이다.

앞에 해석한 세 가지는 다 과보이거니와 여기는 오직 보리만이 과보이다.

지금 소에서 인용한 바는 곧 제 네 번째 해석에 해당하나니,

다만 명明을 해석한 것만 인용하였을 뿐이다.

저기에 행과 족을 해석하여 말하기를 행이라고 한 것은 한량없는 세월에 중생을 위한 까닭으로 모든 선업을 닦은 것이요

족이라고 한 것은 불성을 밝게 보는 것이다 하였다.

해석하여 말하면 이것도 또한 만족으로 족足을 해석하여 족으로써 과보를 삼고 행으로써 원인을 삼았으니, 행과 족의 뜻을 연 것이어니와

지금 경에는 족足이 없기에 그런 까닭으로 처음 해석에 행과 족을 합한 뜻만 취하고 이 문장을 인용하지는 않았다.

疏

無數下는 顯其離過라 非有爲故로 無數요 超下位故로 無等거니
豈是因明으로 能求其過리요 因明立量은 依世俗하야 分別定有定
無일새 故曰世間이어니와 今體絶有無일새 故彼莫能過也니라 如
說佛聲이 非定有故로 不同外道立常하며 從法性生하야 離造作
故로 不同菩薩의 所立無常하나니 三科皆爾어니 豈將佛德하야 判
屬無常이리요 諸因量者는 謂諸因諸量과 及自他共等의 三種比
量이니 比量이 雖有三支五分이나 因是量主일새 故曰因量이라하
니라

수도 없다고 한 아래는 그 부처님은 허물을 떠난 것을 나타낸 것이다.
유위有爲가 아닌 까닭으로 수도 없고, 하위를 초월한 까닭으로 비등
할 수 없거니 어찌 인명因明[257]으로 능히 그 부처님의 허물을 구하겠
는가.
인명으로 수량을 세운 것은 세속을 의지하여 결정코 있다 결정코
없다 분별하기에 그런 까닭으로 말하기를 세간이라 하였거니와
지금에 부처님의 몸은 있고 없음을 끊었기에[258] 그런 까닭으로 저
외도들이 능히 허물할 수 없는 것이다.
부처님의 소리가 결정코 있지 않는 까닭으로 외도가 세운 바 영원하

257 인명因明은 논리학論理學이다.
258 지금에 부처님의 몸은 있고 없음을 끊었다고 한 것은 부처님의 몸은 법法으로
　　몸을 삼았기에 유무有無를 떠났다는 것이다.

다고 한 것과는 같지 않으며,

법성을 좇아 생겨나 조작을 떠난 까닭으로 보살이 세운 바 무상하다고 한 것과는 같지 않다고 설한 것과 같나니,

삼과三科[259]가 다 그러하거니 어찌 부처님의 공덕을 가져 무상에 속한다 판단하겠는가.

모든 인因과 모든 양量이라고 한 것은 말하자면 모든 인과 모든 양과 그리고 자비량·타비량·공비량 등 세 가지 비량比量이니, 비량이 비록 삼지三支에 오분五分[260]이 있으나 인因은 이 양量의 주체이기에 그런 까닭으로 말하기를 인량因量이라 한 것이다.

鈔

無數下는 顯其離過는 卽下三句라 於中有四니 一은 總明이요 二에 因明立量下는 釋世間義요 三에 如說佛聲下는 指事以明求過不得이니 定有則常이어니와 今非定有일새 不同外常이요 因緣造作인댄 卽

---

259 삼과三科는 오온五蘊과 십이처十二處와 십팔계十八界이다. 『잡화기』에 삼과가 다 그러하다고 한 것은, 이 가운데는 다만 십이처 가운데 성聲의 한 법만 잡아 허물을 떠나는 것을 밝힌 까닭으로 나머지 과科를 모두 판단하는 것이다 하였다.

260 삼지三支는 宗과 因과 譬(喩)이고, 오분五分은 입의언立義言과 인언因言과 비여언譬如言과 합비언合譬言과 결정언決定言이다. 『잡화기』는 종宗, 인因, 유喩, 합합, 결結이 오분이니 그 뜻은 추자권秋字卷 79장, 하 5행을 보라 하였다.

是無常이어니와 今從法性일새 故離造作하야 不同無常거니 何可求
過리요 四에 諸因量者下는 隨難牒釋이니 言諸因者는 謂卽生因了因
이요 言諸量者는 謂現量比量과 及聖言量이라 所言因者는 所由所以
와 順益待籍之義相也니 爲由有此所由所以와 順益待籍하야 宗果
方明일새 故說此等하야 名爲因也니라 此卽要是宗之所由며 亦是宗
之所以等이니 由此하야 卽顯與所立宗으로 一向一味하야 能建立宗
일새 故名因也니라 又因有三相하니 一은 遍是宗法性이요 二는 同品
定有性이요 三은 異品遍無性이니 如立聲是無常에 甁等은 爲同品이
요 虛空等은 爲異品하야 於同品定有요 異品遍無니라 是無常等은
因이요 同喩異喩는 皆名喩也니라

수도 없다고 한 아래는 그 부처님은 허물을 떠난 것을 나타낸 것이라
고 한 것은 곧 게송의 아래 삼구이다.
그 가운데 네 가지가 있나니
첫 번째는 한꺼번에 밝힌 것이요
두 번째 인명으로 수량을 세운 것이라고 한 아래는 세간의 뜻을
해석한 것이요
세 번째 부처님의 소리라고 한 아래는 사실[261]을 가리켜 허물을
구하여도 얻을 수 없음을 밝힌 것이니,
결정코 있다고 한다면 곧 영원하다는 것이어니와 지금에는 결정코
있는 것이 아니기에 외도가 영원하다고 한 것과는 같지 않는 것이요,

---

261 사실이란, 곧 여설불성如說佛聲 운운이다.

인연으로 조작된 것이라고 한다면 곧 무상하다는 것이어니와 지금에
는 법성을 좇아 나왔기에 그런 까닭으로 조작을 떠나 무상하다는
것과는 같지 않거니 어찌 가히 허물을 구하겠는가.

네 번째 모든 인과 모든 양이라고 한 것이라 한 아래는 비난함을
따라 첩석한 것이니,

모든 인이라고 말한 것은 말하자면 생인生因과 요인了因이요

모든 양이라고 말한 것은 말하자면 현량現量과 비량比量과 그리고
성언량聖言量이다.

말한 바 인이라고 한 것은 소유所由와 소이所以와 따라 이익케 하는
것과 기다려 의지하는 뜻의 모습이니

이 소유와 소이와 따라 이익케 하는²⁶² 것과 기다려 의지하는 것이
있음을 인유하여 종과宗果가 바야흐로 밝아지기에 그런 까닭으로
이런 등을 설하여 이름을 인이라 한 것이다.

이것은 곧 요컨대 종宗의 소유이며 또한 종의 소이인 등이니,

이것을 인유하여 곧 세울 바 종宗으로 더불어 일향에 한맛이어서
능히 종宗을 건립함을 나타내기에 그런 까닭으로 이름을 인이라
한 것이다.

또 인因에 삼상三相²⁶³이 있나니

---

262 따라 이익케 한다고 한 등은, 『잡화기』에 이 인因이 종宗으로 더불어 따라
   이익케 하는 바가 있으며 기다려 의지하는 바가 있는 까닭이다 하였다.
263 삼상三相이라고 한 것은 보편적으로 말하면, 첫 번째 변시종법성은 因은
   모든 종법宗法의 자성(性)이 되는 것이고, 두 번째 동품정유성은 因은 동품의
   전부에는 통하지 않지만 일부분에는 결정코 반드시 통하여 있는 자성이

첫 번째는 온전히[264] 종법宗法의 자성이요

두 번째는 동품同品[265]은 결정코 있는 자성이요

세 번째는 이품異品[266]은 온전히 없는 자성이니

마치 소리가[267] 무상함을 세움에 병缾[268] 등은 동품이 되고, 허공[269]

되는 것이고, 세 번째 이품변무성은 因은 이품과는 온전히 관계가 없는 자성이 되는 것이다 하겠다.

『잡화기』에 말하기를 첫 번째 온전히 종법의 자성이라고 한 것은 말하자면 능히 세우는 因이 온전히 이 종법이니, 아래 지은 바 因이 온전히 이 무상이라 한 것과 같다. 이것은 총상이고 아래 두 가지는 별상이다. 두 번째 동품은 결정코 있는 자성이라고 한 것은 말하자면 因이 宗과 더불어 같나니, 곧 종은 인을 인유하여 있기에 종은 인이 없으면 있을 수 없는 것이니 무상이 지은 바로 因을 삼아야 바야흐로 있음을 얻는 것과 같은 까닭이다. 동품이라고 말한 것은 합하여 한 모습인 까닭이다. 세 번째는 이품은 온전히 없는 자성이라고 한 것은 동품과 다른 것이니, 말하자면 능히 세우는 곳에 온전히 동품의 세울 바가 없는 것이니 만약 호리라도 있다면 곧 온전히 없는 것이 아니다 하였다.

264 변遍은 全의 뜻이고, 성性은 因의 뜻이다.

265 동품同品이라고 한 것은 무상종無常宗과 무상유無常喩니 역시무상亦是無常인 까닭으로 동품同品이라 말하는 것이다.

266 이품異品이라고 한 것은 三支가 무상등無常等 三으로 더불어 다른 까닭으로 이품異品이라 하는 것이다.

267 마치 소리 운운은, 『잡화기』에 종宗과 유喩를 들어 그윽이 인因을 취한 것이다 하였다.

268 缾은 瓶 자와 같은 글자이다.

269 허공 운운은 유喩를 들어 그윽이 종과 인을 취한 것이다고 『잡화기』는 말한다.

등은 이품이 되는 것과 같아서 동품은 결정코 있는 것이요,
이품은 온전히 없는 것이다.

이 무상등은 인因이요

동유와 이유異喩는 다 이름이 유喩이다.[270]

及自他共下는 因明第二의 疏中廣說거니와 今略示之하리라 如薩婆
多가 立無表色에 自立量云호대 我無表色은 定是實色이니 許色性故
라 如許色聲等은 此卽自比量이니 謂自立義하야 令他解了니라 二에
他比量者는 於他立中에 出宗因過니 如大乘에 破薩婆多云호대 汝無
表色은 非定實色이니 許無對故라 如心心所니라 三에 共比量者는
於他立中에 出比量過니라 因爲量主者는 此卽彼中에 三支有闕妨이
니 問이라 夫論立量은 三支圓滿거늘 果明不擧하고 獨唱因明고 答이
라 有二解하니 一은 云對敵申量하야 卽能立에 三支具足이니 敵者起
智所由는 並得稱因이요 所生敵智는 卽號爲明이니 理智合擧일새 故
說因明이라 二는 云就比量中하야 有許未許하니 爲成未許하야 必有
能成이니 卽能成은 是因이요 所成은 是果라 宗由因顯하야 義得分明

---

270 이 무상 등은 인이고 동유와 이유는 다 이름이 유라고 한 것은,『잡화기』에
말하기를 무상의 인因에는 동유·이유가 다 이름이 유이고 상常의 인因에도
동유·이유가 다 이름이 유라고 말하는 것이니, 무상의 인에도 이유가 또한
이름이 유라고 한 것은 병甁 등이 이 공이 아님을 밝힌 것이니, 마치 무를
상대하여 유를 말하여야 유가 이에 지극함을 이루는 것과 같아서 이유를
상대하여 동유를 밝혀야 세우는 법이 지극함을 이루어 동유의 허물을 떠나는
것이다 하였다.

이니 此卽因果雙彰이라 理無違妨이라하니 上之二義에 正以後義가
因爲量主라하니라 又經中云호대 世間諸因量者는 亦可世間相違로
求過不得也니라

그리고 자비량·타비량·공비량이라고 한 아래는『인명론』제이권[271]
소문 가운데 폭넓게 설하였거니와, 지금에는 간략하게 나타내어
보이겠다.

저 살바다부가[272] 무표색을 세움에 스스로 양量을 세워 말하기를
우리들이 말하는 무표색은 결정코 이 실색實色이니

색의 자성을 허락하는 까닭이다.

마치 색과 소리 등을[273] 허락하는 것과 같다고 한 것은 이것은 곧
자비량自比量이니,

말하자면 스스로 뜻을 세워 다른 사람으로 하여금 알게 하는 것이다.

두 번째 타비량他比量은 저 살바다가 양量을 세우는 가운데 종宗과
인因의 허물을 설출한 것이니,

저 대승에서 살바다를 파하여 말하기를 그대들이 말하는 무표색은

---

271 『인명론』제이권 소문이라고 한 등은 지금에 행할 바는 아니니, 계界의
　　해석은 시時를 밝힘에 있는 까닭이다. 역시『잡화기』의 말이다.

272 살바다 운운은,『잡화기』에 말하기를 이 가운데 살바다(소승)는 흡사하게
　　능히 세우는 것이고, 대승은 진실로 능히 깨뜨리는 것이니 각각 삼지三支를
　　갖추고 있다. 문장과 같이 가히 이해할 것이다 하였다.

273 마치 색과 소리 등이라고 한 등은 유표색으로써 비유한 것이라고『잡화기』는
　　말한다.

결정코 실색이 아니니 상대가 없음을 허락하는 까닭이다. 심心과 심소心所와 같다고 한 것이다.

세 번째 공비량共比量은[274] 저 살바다가 양量을 세우는 가운데 비량의 허물을 설출한 것이다.

인은 이 양의 주체라고 한 것은 이것은 저 가운데 삼지三支가 빠진 것이 있다고 방해한 것이니

묻겠다.

대저 『인명론』에서 양을 세운 것은 삼지가 원만하거늘 과명果明은 거론하지 않고 유독 인명因明만 주창主唱하는가.

답하겠다.

두 가지 해석이 있나니[275]

첫 번째는 말하기를 대적하여 양을 펴서 곧 능입能立에 삼지를 구족하는 것이니,

대적할 사람이 지혜를 일으키는 소유所由는 아울러 인因이라고 이름함을 얻을 것이요

---

274 세 번째 공비량이라고 한 것은, 『잡화기』에 말하기를 말하자면 저 살바다가 양을 세우는 가운데 그 비량의 허물을 설출하고 공상共相으로 그 양을 논하여 다시 비량을 세운 것이다 하였다.

275 두 가지 해석이 있다고 한 것은, 『잡화기』에 말하기를 두 가지 해석 가운데 처음의 뜻에 말하기를 삼지를 구족하여 저를 대적하여 양을 펴야 저 지혜가 바야흐로 생기하기에 삼지는 모두 능히 생기하는 인이 되는 것이니 곧 이치(理)이고, 대적하는 지혜는 이에 생기할 바 과가 되는 것이니 곧 지혜(智)이다. 뒤에 뜻은 가히 이해할 수 있을 것이다 하였다.

생기한 바 대적할 지혜는 곧 명明이라 이름함을 얻을 것이니,
이理와 지智를 합하여 들었기에 그런 까닭으로 인명因明이라 말하는
것이다.

두 번째는 말하기를 비량 가운데 나아가서 허락하고 허락하지 아니
함이 있나니,

허락하지 아니함을 성립하기 위하여 반드시 능성能成이 있나니 곧
능성은 이 인이요, 소성은 이 과[276]이다.

종宗은 인因을 인유하여 나타나 뜻이 분명함을 얻나니 이것은 곧
인·과를 함께 밝힌 것이다.

진리(理)에는 서로 어김으로 방해함이 없다 하였으니
위의 두 가지 뜻에 바로 뒤의 뜻이 인은 양의 주체가 된다고 한
것이다.

또 이 경 가운데 말하기를 세간에 모든 인과 모든 양이라고 한
것은 또한 가히 세간에 서로 어기는 것으로 허물을 구하여도[277]
얻을 수 없다는 것이다.

---

276 과果는 곧 종宗이니, 앞에서 종과宗果라 하였다.

277 세간에 서로 어기는 것으로 허물을 구한다고 한 등은, 『잡화기』에 말하기를
   이것은 서른두 가지 허물 가운데 하나이다. 정淨과 부정不淨은 세간에서
   함께 아는 바이거늘, 만약 그 정을 말한다면 이것은 세간에 서로 어기는
   것과 같아서 대개 부처님이 본래 허물이 없는 것은 세간에서 함께 아는
   바이거늘 만약 그 허물이 있다고 말한다면 이것은 세간에 서로 어기는
   것과 같다. 비록 세간에 서로 어기는 것으로써 그 허물 벗어나기를 구할지라
   도 또한 가히 얻을 수 없다 하였다.

經

佛非世間蘊과　界處生死法이니
數法不能成일새 故號人師子이니다

부처님은 세간의 오온과
십팔계와 십이처와 생사의 법이 아니니
수數의 법으로 능히 이루어지는 것이 아니기에
그런 까닭으로 사람 가운데 사자와 같은 분이라 이름합니다.

疏

三에 一偈는 歎佛超絶三科德이라 蘊者는 聚義니 謂是有爲生死
果相이요 界者는 種族義니 謂是愛著生死因相이요 處者는 生門義
니 謂諸識內外緣相이라 然不離色心이라 俱舍論云호대 愚根樂三
故로 說蘊處界三이라하니라 蘊等有二하니 一者는 有漏니 是世數
法이라 佛非此成이요 二는 是無漏니 則佛非無라 因滅無常色等하
야 獲常色等故며 如來妙色은 常安隱故니라

세 번째 한 게송은 부처님의 삼과三科[278]를 초월하여 끊은 공덕을
찬탄한 것이다.
온蘊이라는 것은 취취의 뜻이니,

---

[278] 삼과三科는 오온, 십이처, 십팔계이다.

말하자면 이것은 유위생사의 과상果相이요

계界라는 것은 말하자면 종족의 뜻이니,

말하자면 이것은 애착생사의 인상因相이요

처處라는 것은 생문生門의 뜻이니,

말하자면 모든 식의 안과 밖에 인연상이다.

그러나 모두 다 색과 심을 떠나지 않는다 할 것이다.

『구사론』[279]에 말하기를 어리석음(愚)과 근기(根)와 좋아함(樂)의 세 가지가 있는 까닭으로 오온과 십이처와 십팔계의 세 가지를 설한다 하였다.

온蘊 등에 두 가지가 있나니

첫 번째는 유루이니

이것은 세간의 수법數法이다. 부처는 이것으로 이루어지는 것이 아니요

두 번째는 무루이니

곧 부처는 없지 않는 것이다.[280] 무상의 색 등을 소멸함을 인하여 영원한 색 등을 얻은 까닭이며

여래의 묘한 색신은 항상 안은한 까닭이다.

鈔

蘊者는 聚義等者는 俱舍界品文이니 彼論問云호대 蘊處界等의 別義
云何고 頌曰호대 聚生門種族이 是蘊處界義라하니라 釋曰初句는 釋
義요 次句는 結成이라 聚謂積聚니 卽是蘊義라 諸有於色에 若過去와
若未來와 若現在와 若內若外와 若麤若細와 若劣若勝과 若近若遠과
如是一切를 略爲一聚를 說名爲色蘊이라하니라 言麤細者는 可見有
對는 爲麤요 餘二는 爲細며 又不可見이나 有對는 望上爲細요 望不可
見無對에 爲麤라 三은 唯是細니라 染汚는 名劣이요 不染汚는 名勝이
요 現在는 名近이요 過未는 名遠이니 餘蘊例然하니라 但麤細一門이
有異하니 謂意識相應四蘊은 爲細요 五識相應四蘊은 爲麤니 依五根
故니라 或約九地인댄 下地는 爲麤요 上地는 爲細니라 言生門者는
處義니 謂六根六境이 是心心所의 生長門處니라 言種族者는 界義니
論有兩釋이라 一에 族者는 謂種族也니 是生本義라 謂十八界가 爲同
類因하야 各生自類인 等流果故니 是法生本이라 二에 族은 類義니
十八種法의 種類自性이 各別不同也라

온蘊이라는 것은 취취의 뜻이라고 한 등은 『구사론』 계품의 문장[281]
이니

저 『구사론』에 물어 말하기를 온과 처와 계 등의 다른 뜻은 어떠합
니까.

게송에 말하기를 취의 뜻과 생문의 뜻과 종족의 뜻이

---

281 운云 자는 문文 자가 좋다.

이 온, 처, 계의 뜻이라 하였다.

해석하여 말하면 처음 구절은 뜻을 해석한 것[282]이요,

다음 구절은 맺어서 성립한 것이다.

취취는 말하자면 쌓아 모으는 것이니

곧 이것은 온蘊의 뜻이다.

모든 있는 바 색[283]에 혹 과거와 혹 미래와 혹 현재와 혹 안과 혹 밖과 혹 거친 것과 혹 세밀한 것과 혹 하열한 것과 혹 수승한 것과 혹 가까운 것과 혹 먼 것과 이와 같은 일체를 간략하게 하나로 쌓아 모으는 것을 이름하여 색온色蘊이라 말한다 하였다.

거친 것과 세밀한 것이라고 말한 것은 가히 볼 수 있고 상대가 있는 색은[284] 거친 것이 되고

나머지 둘[285]은 세밀한 것이 되며

---

282 원문에 초구석의初句釋義라고 한 것은 초구初句는 취생문종족聚生門種族이요, 석의釋義는 온蘊·처處·계界의 뜻을 해석한다는 것이다.

283 원문에 제유어색諸有於色이라고 한 것은 논論에는 제소유색諸所有色이라 하였다.

284 가히 볼 수 있고 상대가 있는 색이라고 한 등은 검자권劍字卷 55장 하, 3행 이하를 보면 자세하게 설명하고 있으니 참고할 것이다. 그리고 『불교사전』에도 잘 설명하고 있으니 살펴볼 것이다.

285 나머지 둘이라고 한 것은 세 가지 가운데 뒤에 두 가지이니 一은 가견유대색可見有對色이니 현색등顯色等으로 거친 것이다. 二는 불가견유대색不可見有對色이니 사진四塵과 오근五根이요, 三은 불가견무대색不可見無對色이니 무표색無表色으로 이 두 가지는 세밀한 것이다. 유대有對의 대對에 두 가지 뜻이 있나니 대애對礙와 대경對境이다.

또 가히 볼 수 없으나 상대가 있는 색은 위에 가히 볼 수 있고

상대가 있는 색을 바라봄에 세밀한 것이 되고,

아래 가히 볼 수도 없고 상대도 없는 색을 바라봄에 거친 것이

되는 것이다.

세 번째는 오직 세밀한 것뿐이다.[286]

오염된 것은 이름이 하열한 것이요

오염되지 아니한 것은 이름이 수승한 것이요

현재는 이름이 가까운 것이요

과거와 미래는 이름이 먼 것이니,

나머지 온蘊도 예가 그러한 것이다.

다만 거칠고 세밀한 한 문門만이 다름이 있나니,

말하자면 제육 의식으로 상응하는 사온四蘊은 세밀한 것이 되고[287]

나머지 오식五識으로 상응하는 사온四蘊은 거친 것이 되는 것이니

오근五根을 의지하는 까닭이다.

혹 구지九地를 잡는다면 하지下地는 거친 것이 되고,

상지上地는 세밀한 것이 되는 것이다.[288]

---

286 세 번째는 오직 세밀한 것뿐이라고 한 것은 가견유대색과 불가견유대색과
    불가견무대색에 대하여 여기서는 위에서와 달리 오직 제 세 번째만 세밀하다
    하였다.

287 사온四蘊은 세밀한 것이 된다고 한 것은, 『구사론』에 말하기를 오직 의근만을
    의지하는 까닭으로 세밀한 것이라 하였다.

288 구지九地는 삼계구지三界九地이다. 하지下地는 욕계欲界이고, 상지上地는 색
    계色界와 무색계無色界이니 색계色界에서 보는 상지上地는 무색계無色界이다.

생문生門이라고 말한 것은 처處의 뜻이니,
말하자면 육근과 육경이 이 심과 심소를 생장하는 문門의 처소(處)인
것이다.

종족이라고 말한 것[289]은 계界의 뜻이니
『구사론』에 두 가지 해석이 있다.
첫 번째 족族은 말하자면 종족이니
법을 출생하는 근본의 뜻이다.
말하자면 십팔계가 동류인同類因[290]이 되어 각각 자류自類[291]인 등류
과等類果[292]를 출생하는 까닭이니
이것은 법을 출생하는 근본이다.
두 번째 족은 종류의 뜻이니

---

289 종족이라고 한 것은, 『구사론』에 말하기를 종족의 뜻은 마치 한 산중에
  금, 은, 동, 철 등이 있는 것을 설하여 수많은 세계라 이름하는 것과 같고,
  마치 한 몸 가운데 혹 한 몸이 상속하고 있으며, 혹 십팔류十八類의 종족이
  있기에 십팔계라 이름하는 것과 같다 하였다. 이 가운데 종족이라고 한
  것은 법을 출생하는 근본의 뜻이니, 저 눈 등이 무슨 법을 출생하는 근본이
  되는가. 말하자면 자기의 종류인 동류인이 되는 까닭이다. 이상은 『잡화
  기』의 말이다.
290 동류인同類因이라고 한 것은 원인이 과보와 다르지 않는 것이다.
291 자류自類라고 한 것은 안眼의 근경根境은 안식을 생기하는 등등이다.
292 등류과等類果라고 한 것은 과보가 원인과 다르지 않는 것이니 안등眼等
  근진根塵의 원인이 안식 등을 생기한즉 인과의 유형이 같은 까닭으로 말하기
  를 동류인 동류과라 한 것이다.

열여덟 가지 법의 종류의 자성이 각각 달라서 같지 않는 것이다.

俱舍論云下는 此之半偈는 論明教起不同이니 謂愚有三이라 一은 愚
心所爲我요 二는 愚色이요 三은 雙愚心色이니 如次配三이라 言根有
三者는 謂上根은 聞略得悟일새 故說五蘊하고 中根은 聞中일새 說十
二處하고 下根은 聞廣方了일새 說十八界라 言樂三者는 謂樂略說蘊
하고 樂中說處하고 樂廣說界라 因滅無常色은 卽涅槃三十八이니 如
下當引하니라 如來妙色이 常安隱故는 但要此句어니와 具有一偈云
인댄 妙色湛然常安隱하사 不爲時節劫數遷이어니와 大聖曠劫行慈
悲일새 獲得金剛不壞體라하니라

『구사론』이라고 한 아래는 여기에 반 게송[293]은 『구사론』에서 교기敎
起가 같지 아니함을 밝힌 것이니,
말하자면 어리석음(愚)에 세 가지가 있다.
첫 번째는 심소에 어리석어 나를 삼는 것이요
두 번째는 색에 어리석어 나를 삼는 것이요
세 번째는 마음과 색에 함께 어리석어 나를 삼는 것이니
차례와 같이 온·처·계에 배속하였다.

근기에 세 가지가 있다고 말한 것은 말하자면 상근기는 간략하게

---

293 여기에 반 게송이라고 한 것은 소문疏文에서 말한 우근요삼고愚根樂三故로
설온처계삼說蘊處界三이라 한 『구사론俱舍論』 게송이다.

듣고 깨달음을 얻기에 그런 까닭으로 오온을 설하고,

중근기는 중간쯤 듣고 깨달음을 얻기에 십이처를 설하고,

하근기는 폭넓게 들어야 바야흐로 요달하기에 십팔계를 설하는 것이다.

좋아함에 세 가지가 있다고 말한 것은 말하자면 간략한 것을 좋아하기에 오온을 설하고,

중간을 좋아하기에 십이처를 설하고,

넓은 것을 좋아하기에 십팔계를 설하는 것이다.

무상의 색을 소멸함을 인하여라고 한 것은 곧 『열반경』삼십팔권이니

아래에 마땅히 인용한 것과 같다.[294]

여래의 묘한 색신은 항상 안은한 까닭이라고 한 것은 다만 이 구절만 필요하거니와, 한 게송에 갖추고 있는 것을 말하면

묘한 색신은 담연하고 항상 안은하여

시절과 세월의 수에 옮겨감이 되지 않거니와

부처님은 광대한 세월토록 자비를 행하였기에

금강의 무너지지 않는 몸을 얻었다 하였다.

---

294 아래에 마땅히 인용한 것과 같다고 한 것은, 가까이로는 소문疏文에 이 부분 다음 문장을 말한다.

經

其性本空寂하야 內外俱解脫하야
離一切妄念하니 無等法如是니이다

그 자성은[295] 본래 공적하여
안과 밖으로 함께 해탈하여
일체 망념을 떠났으니
비등할 수 없는 이의 법이 이와 같습니다.

疏

四는 歎佛超離根境德이니 境智雙寂하야 契彼性空하며 根塵兩亡
하야 內外解脫하며 亦常照內外하야 脫於無知하야 空尚不存거니
妄從何起리요

네 번째는 부처님의 육근과 육경의 뛰어난 공덕을 찬탄한 것이니
경계와 지혜가 함께 공적하여 저 성공性空에 계합하였으며,
육근과 육진을 둘 다 잊어 안과 밖으로 해탈하였으며,

---

295 그 자성이라고 한 등은,『잡화기』에 말하기를 앞에 게송은 법신의 공덕을
해석하여 성립한 것이고, 여기 게송은 반야의 공덕과 해탈의 공덕을 해석하여
성립한 것이니 고요한 것은 이 해탈의 공덕이고, 비추는 것은 이 반야의
공덕인 까닭이다 하였다. 앞에 게송이란 영인본 화엄 4책, p.584, 8행 불비세
간佛非世間 운운이다.

또 항상 안과 밖을 비추어 알 것이 없는 데까지 해탈하여 공도 오히려 두지 않거니 망념이 어디로 좇아 일어나겠는가.

鈔

四에 歎佛超絶根境德者는 卽是初句에 其性本空寂이니 何法不寂컨대 獨歎如來고할새 故疏答云호대 境智雙寂하야 契彼性空이라하니 故爲佛德이라 所以로 無心於物하야도 境則未亡하며 攝境歸心하야도 心又未寂이어니와 今佛寂然하야 方契性空이니 此以第二句로 成上第一句니라 次言根塵兩亡하야 內外解脫은 卽上句로 釋下句니 由契性空일새 故亡根塵이니 心所知法이 一切皆空일새 故亡塵也요 能知之心도 亦不可得일새 故亡根也니라 由內亡故로 根不能繫하고 由外亡故로 境豈能牽이리요 眞解脫也니 斯乃解脫惑障이라 次云亦常照者는 此智障解脫이니 上寂此照니 寂照無二가 眞佛心也니라 空尙不存者는 擧況釋第三句니 空爲所契라도 尙不當心거든 妄念空華어니 豈當佛意리요

네 번째 부처님의 육근과 육경을 뛰어난 공덕을 찬탄한 것이라고 한 것은 곧 이것은 처음 구절에 그 자성은 본래[296] 공적하다고 한 것이니,

---

296 처음 구절에 그 자성은 본래라고 한 등은, 『잡화기』에 말하기를 처음 구절은 바로 이것은 육근과 육경을 떠난 뜻이고, 아래 세 구절은 다만 이것은 육근과 육경을 떠난 이익인 까닭이다 하였다.

무슨 법인들 공적하지 않건대 오직 여래만 찬탄하는가 하기에 그런 까닭으로 소문에 답하여 말하기를 경계와 지혜가 함께 공적하여 저 성공에 계합한다 하였으니,

그런 까닭으로 부처님의 공덕이 되는 것이다.

그런 까닭으로 만물에 무심하여도 경계는 곧 잊지 못하였으며 경계를 섭수하여 마음에 돌아갔어도 마음은 또한 공적하지 못하였거니와,

지금에는 부처님이 공적[297]하여 바야흐로 성공에 계합한 것이니 이것은 제 두 번째 구절로써 위에 제일 첫 번째 구절을 성립한 것이다.

다음에 육근과 육진을 둘 다 잊어 안과 밖으로 해탈하였다고 말한 것은 곧 위에 구절로 아래 구절[298]을 해석한 것이니[299] 성공에 계합함을 인유하기에 그런 까닭으로 육근과 육진을 잊게 되나니

마음의 알 바 법이 일체가 다 공하기에 그런 까닭으로 육진을 잊게 되고,

능히 아는 마음도 또한 가히 얻을 수 없기에 그런 까닭으로 육근을

---

297 원문에 적조寂照는 적연寂然이 좋다.

298 위에 구절은 제일구이고, 아래 구절은 제이구이다.

299 위에 구절로 아래 구절을 해석한 것이라고 한 등은, 『잡화기』에 육근과 육진을 둘 다 잊는다는 소문이 곧 경문에 그 자성은 본래 공적하다는 첫 구절인 까닭이다 하였다.

잊게 되는 것이다.

안으로 잊음을 인유한 까닭으로 육근이 능히 얽어 맬 수가 없고, 밖으로 잊음을 인유한 까닭으로 경계인들 어찌 능히 끌고 가겠는가. 참다운 해탈이니 이것은 이에 혹장惑障을 해탈한 것이다.

다음에 또한 항상 안과 밖을 비춘다고 말한 것은 이것은 지장智障을 해탈한 것이니

이 위에는 공적이요, 여기는 상조常照이니 공적과 상조가 둘이 없는 것이 참다운 부처님의 마음이다.

공도 오히려 두지 않는다고 한 것은 비유를 들어 제 세 번째 구절을 해석한 것이니,

공으로 계합할 바를 삼을지라도 오히려 마음에 합당하지 않거든 망념은 허공의 꽃과 같거니 어찌 부처님의 마음에 합당하겠는가.

疏

又上四偈에 初一은 法身故常이요 二는 無過故樂이요 三은 數不能成故로 自在稱我요 四는 解脫故淨이라

또 위의 네 게송에 처음에 한 게송은 법신인 까닭으로 영원한 것이요 두 번째 게송은 허물이 없는 까닭으로 좋아하는 것이요 세 번째 게송은 수의 법(數法)으로 능히 이루어지는 것이 아닌 까닭으

로 자재自在를 나라고 이름하는 것이요

네 번째 게송은 해탈한 까닭으로 청정한 것이다.

經

體性常不動하고 無我無來去나
而能寤世間하야 無邊悉調伏하니다

체성은 항상 움직이지 않고
나도 없고 오고감도 없지만
능히 세간을 깨달아
끝없는 사람을 다 조복하십니다.

疏

後五는 卽體悲用이라 於中初偈는 不動普應德이니 上半不動이요
下半普應이라 二我永亡하야 稱性不動하고 智周法界어니 何有去
來리요

뒤에 다섯 게송은 자체에 즉한 대비의 작용이다.
그 가운데 처음 게송은 움직이지 않고 널리 응하는 공덕이니
위에 반 게송은 움직이지 않는 것이요,
아래 반 게송은 널리 응하는 것이다.
이아二我가 영원히 없어져서 체성에 칭합하여 움직이지 않고 지혜가
법계에 두루하거니 어찌 가고 옴이 있겠는가.

經

常樂觀寂滅이　一相無有二하야
其心不增減이나　現無量神力하니다

항상 즐겁게 적멸이
한 모습이고 두 모습이 없는 줄 관찰하여
그 마음이 더하고 덜함이 없지만
한량없는 신통력을 나타내십니다.

疏

次偈는 動寂無二德이니 三句入寂이요 一句起用이라 一相은 是表
니 所謂無相이요 無二는 是遮니 體不可分이라 又無二者는 非對有
說無也라 觀無始終일새 故心不增減이요 三輪之化일새 云無量神
力이라하니라

다음 게송은 움직이고 고요한 것이 둘이 없는 공덕이니
위에 세 구절은 적멸에 들어가는 것이요
아래 한 구절은 작용을 일으키는 것이다.
한 모습이라고 한 것은 이것은 표表이니
말하자면 모습이 없다는 것이요
두 모습이 없다고 한 것은 이것은 막는 것이니
체성은 가히 나눌 수 없다는 것이다.

또 두 모습이 없다고 한 것은 유를 상대하여 무를 설한 것이 아니라는
것이다.

시작도 끝도 없음을 관찰하기에 그런 까닭으로 마음이 더하고 덜함
이 없다 한 것이요

삼륜三輪[300]으로 교화하기에[301] 한량없는 신통력이라 말한 것이다.

---

300 삼륜三輪이란, 역시 신통과 기심記心과 교계敎誡이다.
301 원문에 지화之化라 한 아래에 『잡화기』에는 화법다문고결化法多聞故結이라는
   여섯 글자가 빠졌으니 소본을 볼 것이다 하였다.

經

不作諸衆生의　業報因緣行이나
而能了無礙시니 善逝法如是니이다

모든 중생의
업보와 인연의 행을 짓지 않았지만
그러나 능히 걸림 없이 아시니
선서의 법이 이와 같습니다.

疏

次偈는 無染了機라

다음 게송은 오염됨이 없이 중생의 근기를 아는 것이다.

経

種種諸衆生이　流轉於十方거늘
如來不分別하고 度脫無邊類케하니다

가지가지 모든 중생이
시방에 유전하거늘
여래가 분별하지 않고
끝없는 그 부류들을 제도하여 해탈케 하십니다.

疏

次偈는 度心平等이라

다음 게송은 제도하는 마음이 평등한 것이다.

經

諸佛眞金色은　非有遍諸有하사
隨衆生心樂하야 爲說寂滅法하니다

모든 부처님의 참다운 황금색신은
있는 것이 아니지만 삼유三有에 두루하여
중생들의 마음에 좋아함을 따라서
적멸의 법을 설하십니다.

疏

後偈는 無生現生이니 智契非有나 悲心遍生하야 隨機引之하야 令
歸常寂이라

뒤에 게송은 태어난 적이 없지만 태어난 것을 나타낸 것이니,
지혜로 계합하여 있는 것이 아니지만 대비심으로 중생에게 두루하여
근기를 따라 그들을 인도하여 하여금 영원한 적멸에 돌아가게 하는
것이다.

經

爾時光明이 過千世界하야 遍照東方十千世界하며 南西北方과
四維上下도 亦復如是하시니 彼一一世界中에 皆有百億閻浮提
와 乃至百億色究竟天호대 其中所有가 悉皆明現하니라 彼一一
閻浮提中에 悉見如來가 坐蓮華藏師子之座하사 十佛刹微塵數
菩薩의 所共圍遶하니 悉以佛神力故로 十方各有一大菩薩하야
一一各與十佛刹微塵數諸菩薩俱하야 來詣佛所하니라 其大菩
薩은 謂文殊師利等이며 所從來國은 謂金色世界等이며 本所事
佛은 謂不動智如來等이니라

그때에 광명이 천 세계를 지나 동방으로 십천 세계를 두루 비추며
남서 북방과 사유와 상·하도 또한 다시 이와 같이 비추시니,
저 낱낱세계 가운데 다 백억 염부제와 내지 백억 색구경천이 있으되
그 가운데 있는 바가 다 밝게 나타났습니다.
저 낱낱 염부제 가운데 여래가 연꽃으로 갈무리한 사자의 자리에
앉아서 열 부처님의 세계에 작은 티끌 수만치 많은 보살에게 함께
에워싸인 바를 다 보니,
다 부처님의 신통력인 까닭으로 시방에 각각 한 사람의 큰 보살이
있어서 낱낱이 각각 열 부처님의 세계에 작은 티끌 수만치 많은
보살로 더불어 함께 와서 부처님의 처소에 나아갔습니다.
그 큰 보살은 말하자면 문수사리 등이며,
좇아온 바 국토는 말하자면 금색세계 등이며,

본래 섬긴 바 부처님은 말하자면 움직이지 않는 지혜여래 등입
니다.

疏

第五重은 光照十千界라

제오중은 광명이 십천 세계를 비추는 것이다.

経

爾時一切處에 文殊師利菩薩이 各於佛所에 同時發聲하야 說此
頌言호대

發起大悲心하야　　救護諸衆生하사
永出人天衆하시니 如是業應作이니다

그때에 일체 처소에 문수사리보살이 각각 부처님의 처소에서 동시
에 소리를 내어 이런 게송을 설하여 말하기를

대비의 마음을 일으켜
모든 중생을 구호하여
영원히 인간과 천상의 대중에서 벗어나게 하시니
이와 같은 업을 응당 지을 것입니다.

疏

頌中엔 明菩提因行이라 文有十行호대 皆三句는 辨相이요 一句는
勸修니 雖皆作業이나 而展轉深細라 略分爲五하리니 初一에 大悲
下는 救業이니 不求自利일새 故云永出人天이라하나라

게송 가운데는 보리의 인행을[302] 밝힌[303] 것이다.
문장에 십행이 있지만 다 위에 세 구절은 모습을 분별한 것이요

뒤에 한 구절은 수행하기를 권한 것이니,

비록 다 업을 짓지만 전전히 깊고 섬세한 것이다.[304]

간략하게 나누어 다섯 가지로 하리니

처음 한 게송에 대비라고 한 아래는 구호하는 업이니

자리自利를 구하지 않기에 영원히 인간과 천상의 대중에서 벗어나게

한다 한 것이다.

---

302 보리의 인행이라고 한 등은, 『잡화기』에 말하기를 이것은 앞에 보리의
　　인행으로 더불어 서로 다른 것은 앞에는 곧 중생이 이 보리를 구하는 인연이
　　고, 여기는 곧 십행이 이 보리를 얻는 행업인 까닭이다 하였다.

303 원문에 명등明等이라 한 등等은 없는 것이 좋다.

304 전전히 깊고 섬세한 것이라고 한 것은, 『잡화기』에 말하기를 곧 아래 전전히
　　해석한 것이 이것이다 하였다. 여기서 아래란, 바로 아래 다섯 가지로 해석한
　　것이다.

經

意常信樂佛하야　其心不退轉하사
親近諸如來하시니　如是業應作이니다

생각에 항상 부처님을 믿고 좋아하여
그 마음이 물러나지 아니하여
모든 여래를 친근하시니
이와 같은 업을 응당 지을 것입니다.

疏

次四는 修智上攀業이니 一信二樂이요 三念四學이라 又初一은 長
時修니 常信不轉故니라

다음에 네 게송은 지혜를 닦은 위에 반연하는 업이니
첫 번째 게송은 믿는 것이요
두 번째 게송은 좋아하는 것이요
세 번째 게송은 생각하는 것이요
네 번째 게송은 배우는 것이다.
또 처음에 한 게송은 장시간 수행하는 것이니
항상 믿어 물러나지 않는 까닭이다.

鈔

次四는 修智下는 疏有二意하니 前意는 各別一行이요 後意는 通修諸
行이라 文雖局一이나 義乃兼通이니 如長時修는 謂長時信과 長時樂
과 長時念과 長時學이니 下三亦然하니라 若約所信念等인댄 皆佛功
德이라

다음에 네 게송은 지혜를 닦는다고 한 아래는 소문에 두 가지 뜻이
있나니
앞에 뜻은 각각 달리 한 행씩 닦는 것이요
뒤에 뜻은 모든 행[305]을 통틀어 닦는 것이다.
문장은 비록 한 행에 국한하였지만 뜻은 이에 모든 행을 겸하여
통하나니
장시간 수행한다고 한 것과 같은 것은 말하자면 장시간 믿는 것과
장시간 좋아하는 것과 장시간 생각하는 것과 장시간 배우는 것이니
아래에 세 가지[306]도 또한 그러한 것이다.
만약 믿을 바와 생각할 바 등을 잡는다면[307] 다 부처님의 공덕이다.

---

305 모든 행이라고 한 것은 信, 樂, 念, 學을 말한다.
306 아래에 세 가지라고 한 것은 은중수殷重修와 무간수無間修와 무여수無餘修
이다.
307 믿을 바라고 한 등은 此上은 능신자등能信者等이요, 今此는 소신불덕등所信佛
德等이다.

經

志樂佛功德하야　其心永不退하야
住於淸凉慧하시니 如是業應作이니다

생각에 부처님의 공덕을 좋아하여
그 마음이 영원히 물러나지 아니하여
청량한 지혜에 머무시니
이와 같은 업을 응당 지을 것입니다.

疏

次一은 慇重修니 志樂不退故라 淸凉慧者는 無惑熱故라

다음에 한 게송은 은근하고 정중하게 닦는 것이니
생각에 부처님의 공덕을 좋아하여 물러나지 않는 까닭이다.
청량한 지혜라고 한 것은 미혹의 열뇌가 없는 까닭이다.

經

一切威儀中에　　常念佛功德호대
畫夜無暫斷하시니 如是業應作이니다

일체 위의 가운데
항상 부처님의 공덕을 생각하되
낮과 밤으로 잠시도 끊어짐이 없게 하시니
이와 같은 업을 응당 지을 것입니다.

疏

次偈는 無間修니 不暫斷故라

다음에 게송은 간단없이 닦는 것이니
잠시도 끊어지지 않게 하는 까닭이다.

經

觀無邊三世하야　學彼佛功德호대
常無厭倦心하시니 如是業應作이니다

끝없는 삼세를 관찰하여
저 부처님의 공덕을 배우되
항상 싫어하거나 게으른 마음이 없으시니
이와 같은 업을 응당 지을 것입니다.

疏

後偈는 無餘修니 常遍學故라

뒤에 게송은 남김없이 닦는 것이니
항상 두루 배우는 까닭이다.

經

觀身如實相하야　一切皆寂滅하야
離我無我著하시니 如是業應作이니다

몸의 여실한 모습[308]을 관찰하여
일체가 다 적멸하여
유아有我와 무아無我의 집착을 떠났으니
이와 같은 업을 응당 지을 것입니다.

疏

三에 有一偈는 內照業이라 觀身實相者는 如淨名에 觀佛前際不
來等하며 又如法華에 不顚倒等이라

세 번째 한 게송이 있는 것은 안으로 관조하는 업이다.
몸의 여실한 모습을 관찰한다고 한 것은 『정명경』에 부처님은 전제
에 오신 것도 아니라고 관찰한 등과 같으며
또 『법화경』에 꺼꾸러진 것도 아니라고 한 등과 같다.

鈔

如淨名者는 卽見阿閦佛品이니 佛問維摩詰하사대 汝欲見如來하니

---

308 몸의 여실한 모습이라고 한 것은 색신의 자체 실상이다.

爲以何等觀如來乎아 維摩詰言호대 如自觀身實相하야 觀佛亦然하
니다 我觀佛如來호대 前際不來하며 後際不去하며 今則不住하며 不
觀色하며 不觀色如하며 不觀色性하며 不觀受想行識하며 不觀受想
行識如하며 不觀受想行識性하며 非四大起하야 同於虛空하며 六入
無積하야 眼耳鼻舌身心已過하며 不在三界하야 三垢已離하야 順三
脫門하며 三明與無明等하야 不一相不異相이며 不自相不他相이며
非無相非取相이며 不此岸不彼岸이며 不中流나 而化衆生하며 觀於
寂滅이나 而不永滅等이라하니 彼以觀身實相으로 用觀如來어니와 今
但自觀이니 爲小異耳언정 眞實觀同이라 又法華者는 卽安樂行品第
二親近處니 經云호대 文殊師利야 又菩薩摩訶薩이 觀一切法空의
如實相은 不顚倒하며 不動不退不轉하나니 如虛空의 無所有性하야
一切語言道斷하며 不生不出不起하며 無名無相하야 實無所有하며
無量無邊하며 無礙無障로대 但以因緣有하며 從顚倒生일새 故說常
樂觀如是法相이 是名菩薩摩訶薩의 第二親近處라하니라 釋曰上經
은 皆觀實相호대 卽理實相也니 云皆寂滅이라

『정명경』과 같다고 한 것은 견아촉불품이니,
부처님이 유마힐에게 묻기를 그대가 여래를 보고자 하니
어떤 등으로 여래를 보고자 하는가.
유마힐이 말하기를 스스로 몸의 실상을 관찰함과 같아서 부처님을
관찰하는 것도 또한 그러합니다.
저가 여래를 관찰하되 전제에 오신 것도 아니며
후제에 가시는 것도 아니며

지금에 곧 머무시는 것도 아니며

색을 관찰하지도 아니하며

색의 여실한[309] 자체를 관찰하지도 아니하며

색의 자성[310]을 관찰하지도 아니하며

수상행식을 관찰하지도 아니하며

수상행식의 여실한 자체를 관찰하지도 아니하며

수상행식의 자성을 관찰하지도 아니하며

사대로 생기한 적이 없어 허공과 같으며

육입으로 쌓은 적이 없어[311] 안眼, 이耳, 비鼻, 설舌, 신身, 심心[312]을 이미 지났으며

삼계에 있지 않아 삼구[313]를 이미 떠나 삼해탈문門을 따르며

삼명이 무명으로 더불어 같아 일상도 아니며

이상異相도 아니며

자상自相도 아니며

타상他相도 아니며

---

309 색여色如라고 한 것은, 『잡화기』에 색신의 자체가 곧 여실함을 말하는 것이다 하였다.

310 색의 자성이라고 한 것은, 『잡화기』에 이것은 공의 뜻이라 하였다.

311 육입으로 쌓은 적이 없다고 한 것은, 『잡화기』에 대개 육입이 쌓이고 모여 육근을 이루지만 그러나 지금에는 공으로 관찰하는 까닭으로 쌓은 적이 없다고 말하는 것이다 하였다.

312 심心은 意이다.

313 삼구三垢는 현행現行, 종자種子, 습기習氣이다. 여자권餘字卷 16장, 상, 2행을 볼 것이다.

무상도 아니며

취상取相도 아니며

차안도 아니며

피안도 아니며

중류中流도 아니지만 중생을 교화하며

적멸을 관찰하되 영원히 사라지지 않습니다 한 등이라 하였으니

저 『정명경』에는 스스로 몸의 실상을 관찰함으로써 여래를 관찰함에

이용하였거니와

지금에는 다만 스스로 관찰하는 것이니

조금 다름이 될 뿐 진실로 관찰하는 것은 같다 하겠다.

또 『법화경』과 같다고 한 것은 곧 안락행품 제 두 번째 친근하는

처소이니,

경에 말하기를[314] 문수사리야, 또 보살마하살이 일체법이 공한 여실

한 모습은 꺼꾸러진 것도 아니며

움직이는 것도 아니며

물러나는 것도 아니며

유전하는 것도 아님을 관찰하나니

마치 허공이 있는 바 자성이 없는 것과 같아서 일체 언어의 길이

끊어졌으며

---

314 경에 말하였다고 한 것은 『법화경』 안락행품으로, 고본으로는 『법화경』
　　제오권 6장에 있다.

생긴 적도 없고 나온 적도 없고 일어난 적도 없으며

이름도 없고 모습도 없어 진실로 있는 바가 없으며

양도 없고 끝도 없으며

걸림도 없고 장애도 없지만 다만 인연으로 있으며

전도로 좇아 생기하였기에 그런 까닭으로 말하기를[315] 항상 이와 같은 법을 즐겁게 관찰하는 것이 이것이 이름이 보살마하살의 제 두 번째 친근하는 처소라 하였다.

해석하여 말하면 상경[316]은 다 실상을 관찰하되 이理에 즉한 실상이니 다 적멸을 말한 것이다.

疏

中論法品云호대 諸法實相者는 心行言語斷하며 無生亦無滅하야 寂滅如涅槃이라하니 卽上半也라 又云호대 諸佛或說我하며 或說 於無我나 諸法實相中엔 無我無非我라하니 卽下半也라

『중론』 법품에 말하기를

모든 법의 실상이라고 한 것은

마음 갈 길과 언어의 길이 끊어졌으며,

---

315 그런 까닭으로 말하였다고 한 것은, 『잡화기』에 원인을 좇는 까닭으로 말하기를 생기함이 있는 것을 상相 등의 법이라 이름한다 하였다.

316 상경이라고 한 것은 바로 위에 인용한 『정명경』과 『법화경』을 모두 가리키는 말이다.

생긴 적도 없고 또한 사라진 적도 없어서
적멸하기가 열반과 같다 하였으니
곧 이 경의 위에 반 게송[317]이다.

또 말하기를
모든 부처님이 혹 아我를 설하며
혹 무아를 설하지만
모든 법의 실상 가운데는
아我도 없고 무아(非我)도 없다 하였으니
곧 이 경의 아래 반 게송[318]이다.

鈔

中論法品下는 引論全釋一偈라 然順今經이나 引論乃倒하니 今先具
引論文하고 然後釋義하리라 論云호대 諸佛或說我하며 或說於無我
나 諸法實相中엔 無我無非我니라 諸法實相者는 心行言語斷하며 無
生亦無滅하야 寂滅如涅槃하니라 一切實非實이며 亦實亦非實이며
非實非非實이 是名諸佛法이니라 自知不隨他하고 寂滅無戲論하며
無異無分別하면 是則名實相이니라 若法從緣生인댄 不卽不異因이
니 是故名實相은 不斷亦不常이니라 不一亦不異하며 不常亦不斷이
是名諸世尊의 敎化甘露味라하니라 釋曰此有六偈하니 大分爲四하

---

317 원문에 상반上半이란, 이 『화엄경』의 위에 반 게송이라는 말이다.
318 원문에 하반下半이란, 이 『화엄경』의 아래 반 게송이라는 것이다.

리라 初三은 明實相之體요 次一은 智契實相이요 三有一偈는 名實相
之由요 四有一偈는 明實相之敎라 初三中에 初一은 明實相雙非요
次一은 明其深寂이요 後一은 語其體圓이라 又三은 是橫廣이요 二는
是竪深이요 初一은 非深非廣이라 又初一은 對我說實相이요 二는 約
性顯實相이요 三은 該通性相하야 明實相이니 以實是性이요 非實是
相故라 略知大旨니라 今之所用은 但用二偈니 初以竪深으로 釋經上
半이라 以心絶動搖하고 言亡四句일새 故云心行言語斷이라하고 理
圓言偏하야 理與言絶일새 故云言語道斷이라하니 以欲言其有나 無
狀無形하며 欲言其無나 聖以之靈이라 故口欲辯이나 而辭喪하고 心
以取相爲行이나 實相無相이니 故絶心行之處라하니라 是則心將緣
이나 而慮息이니 以起心動念하면 不會理故라 故體無生이니 旣法本
不生인댄 今何有滅이리요 無生無滅이 卽是寂滅이라 言如涅槃者는
擧喩以顯이라 然實相之體는 卽性淨涅槃이나 而人知涅槃이 寂滅不
生하고 不知實相寂滅일새 故以涅槃爲喩하니 若了實相이 卽是涅槃
인댄 涅槃之相도 亦叵得也니라 次以雙非實相으로 釋經下半의 離我
無我著이니 實相無我일새 不可著我며 亦無無我일새 亦不著無我니
라 若著二無我理인댄 未免於著이니라

『중론』 법품이라고 한 아래는 『중론』을 인용하여 온전히 한 게송을
해석한 것이다.
그러나 지금에 경을 따라 해석하였지만 논을 인용한 것이 이에
거꾸로 되었으니,[319]
지금에 먼저 논문을 갖추어 인용하고 그런 뒤에 그 뜻을 해석하겠다.

『중론』에 말하기를[320]

모든 부처님이 혹 아我를 설하며

혹 무아를 설하지만,

모든 법의 실상 가운데는

아我도 없고 무아(非我)도 없다.

모든 법의 실상이라고 한 것은

마음 갈 길과 언어의 길이 끊어졌으며,

생긴 적도 없고 또한 사라진 적도 없어서

적멸하기가 열반과 같다.[321]

일체 실상은 실상이 아니며,

또한 실상이기도 하고 또한 실상 아니기도 하며,

실상 아니기도 하고 실상 아니지도 않는 것이

이 이름이 모든 불법이다.[322]

스스로 다른 이를 따르지 않고

---

319 논을 인용한 것이 이에 거꾸로 되어 있다고 한 것은, 소문疏文에는 제법실상諸
　　法實相 운운云云이 먼저 있으나, 『중론中論』에는 제불혹설아諸佛或說我 운운
　　이 먼저 있기에 하는 말이다.

320 논운하論云下는 六偈이니, 此는 第一偈이다.

321 第二偈이다.

322 第三偈이다.

적멸하여 희론이 없으며,

이론도 없고 분별도 없는 줄 알면

이것이 곧 이름이 실상이다.[323]

만약 법이 인연으로 좇아 생기하였다면

즉하지도 않고 다르지도 않는 인연이니,

이런 까닭으로 실상이라고 이름한 것은

단멸하는 것도 아니고 또한 상주하는 것도 아니다.[324]

하나도 아니고 또한 다른 것도 아니며

상주하는 것도 아니고 단멸하는 것도 아닌 것이

이것이 이름이 모든 세존이

교화하는 감로의 맛이다 하였다.[325]

해석하여 말하면 여기에 여섯 게송이 있나니

크게 나누어 네 가지로 하겠다.

처음에 세 게송은 실상의 자체를 밝힌 것이요

다음에 한 게송은 지혜가 실상에 계합하는 것이요

세 번째 한 게송이 있는 것은 실상의 이유[326]를 밝힌 것이요

---

323 第四偈이다.

324 第五偈이다.

325 第六偈이다.

326 원문에 실상지유實相之由라고 한 것은 부즉불리不卽不離가 곧 실상實相의

네 번째 한 게송은 실상의 교화를 밝힌 것이다.

처음 세 게송 가운데 처음에 한 게송은 실상에는 둘이 없음[327]을 밝힌 것이요
다음에 한 게송은 그 실상의 깊고도 적멸함을 밝힌 것이요
뒤에 한 게송은 그 실상의 자체가 원만함을 말한 것이다.
또 세 번째 게송은 횡으로 넓은 것이요
두 번째 게송은 수竪로 깊은 것이요
처음에 한 게송은 깊지도 않고 넓지도 않는 것이다.

또 처음에 한 게송은 아我를 상대하여 실상을 설한 것이요
두 번째 게송은 자성을 잡아서 실상을 나타낸 것이요
세 번째 게송은 자성과 모습을 해통하여 실상을 밝힌 것이니
실상이라는 것은 자성이요, 실상이 아니라는 것은 모습인 까닭이다.
간략하게 대지大旨를 알 수 있을 것이다.
지금에 인용한 바는 다만 두 게송만 인용[328]하였으니,
처음에 게송은 수竪의 깊은 것으로써 이 경의 위에 반 게송을 해석한 것이다.
마음은 움직임을 끊었고 말은 사구四句를 잃었기에 그런 까닭으로

_____

이유이다.

327 원문에 쌍비雙非라고 한 것은 아我도 없고 무아(非我)도 없다는 것이다.
328 원문에 단용이게但用二偈라고 한 것은 곧 소문疏文에 제법실상자諸法實相者 운운云云한 一頌과 제불혹설아諸佛或說我 운운한 一頌의 두 게송이다.

말하기를 마음의 갈 길과 언어의 길이 끊어졌다 하였고,
진리는 원만하고 말은 치우쳐 진리가 말로 더불어 끊어졌기에 그런
까닭으로 말하기를 언어의 길이 끊어졌다 하였으니
그 있음을 말하고자 하지만 형상도 없고 형체도 없으며,
그 없음을 말하고자 하지만 성인은 그것으로써 신령한 것이다.
그런 까닭으로 입으로 말하고자 하지만 말을 잃었고,
마음으로 모습을 취하여 행하려 하지만 실상은 모습이 없나니
그런 까닭으로 마음 갈 곳이 끊어졌다 하였다.
이것은 곧 마음은 장차 반연하지만 반연하는 생각이 쉰 것이니,
마음을 일으키고 생각을 움직이면 진리를 알 수 없는 까닭이다.
그런 까닭으로 모든 법의 자체는 생기한 적이 없나니,
이미 법이 본래로 생기한 적이 없다면 지금에 어찌 소멸할 것이
있겠는가.
생기한 적도 없고 소멸한 적도 없는 것이 곧 적멸이다.
열반과 같다고 말한 것은 비유를 들어 나타낸 것이다.[329]
그러나 실상의 자체는 곧 성정열반[330]이지만 사람들이 열반이 적멸하
여 생기한 적이 없는 줄만 알고 실상의 적멸을 알지 못하기에 그런
까닭으로 열반으로써 비유를 삼았으니,

---

329 원문에 거유이현擧喩以顯이라고 한 것은 적멸寂滅을 열반涅槃에 비유하여
   현시하였다는 것이다.
330 성정열반性淨涅槃은 삼종열반三種涅槃 가운데 하나이니 원정열반圓淨涅槃,
   방편정열반方便淨涅槃을 합하여 삼종열반이라 한다. 『불교사전』을 참고할
   것이다.

만약 실상이 곧 이 열반인줄 안다면 열반의 모습도 또한 얻을 것이
없을 것이다.

다음에 게송은 둘 다 없는 실상으로써 이 경의 아래 반 게송에
유아와 무아의 집착을 떠났다고 한 것을 해석한 것이니,
실상은 무아이기에 가히 아我에 집착할 것이 아니며 또한 무아도
없기에 또한 무아에도 집착할 것이 아니다.
만약 두 가지 무아의 이치에 집착한다면 아직 집착을 면한 것이
아니다.

疏

又離我者는 超凡夫요 離無我者는 超二乘일새 故能悲濟니라

또 유아를 떠났다고 한 것은 범부를 뛰어난 것이요
무아를 떠났다고 한 것은 이승을 뛰어난 것이기에 그런 까닭으로
능히 대비로써 제도하는 것이다.

鈔

又離我者下는 上來엔 直就體明이요 此下엔 對人以顯이니 不著無我
하면 則不趣證일새 故能悲濟니라

또 유아를 떠났다고 한 것이라고 한 아래는 이 위로 오면서는 바로

자체에 나아가 밝힌 것이요,

이 아래는 사람을 상대하여 나타낸 것이니,

무아에 집착하지 않는다면 곧 깨달음(證)에 나아가지 않기에 그런 까닭으로 능히 대비로 제도한다는 것이다.

疏

然我無我가 通有四句하니 一은 唯有我요 二는 唯無我요 三者는 雙辯이니 卽生死無我며 涅槃有我요 四는 雙非니 上二가 互形奪故니라

그러나 유아와 무아가 모두 네 구절이 있나니

첫 번째 구절은 오직 유아뿐이요

두 번째 구절은 오직 무아뿐이요

세 번째 구절은 둘 다 말한 것이니,

곧 생사는 무아며 열반은 유아요

네 번째 구절은 둘 다 없는[331] 것이니,

위에 둘이 서로 모습을 빼앗는 까닭이다.

鈔

然我無我下는 復以四句로 會融이니 釋此四句에 略有三意라 一은

---

331 원문에 쌍비雙非는, 性은 無－無我이고, 相은 有－有我이다.

對人以顯하야 成前對人이니 謂唯我는 卽凡夫요 無我는 卽二乘이요
雙辯은 對小說大라 涅槃云無我者는 所謂生死요 我者는 謂大涅槃이
라하니 二乘之人은 但見無我하고 不見於我니라 雙非는 卽泯絶大小
니라 二者는 直就大乘性相이니 亦有此四라 初句는 唯一眞我가 逈然
獨立이요 次句는 對病顯實이니 我法皆空이요 雙辯句는 眞妄雙觀하
야 不壞性相이요 雙非句는 性相融卽이니 故互奪兩亡이라 三者는 但
約觀照니 第一句는 知諸衆生이 妄執有我요 二는 稱理而觀하야 離於
二我요 三은 亦雙照性相이요 四는 卽眞妄形奪이니 與第二釋異者는
此初句는 有我나 此是妄我요 第二初我는 乃無我法中에 有眞我耳니라

그러나 유아와 무아라고 한 아래는 다시 네 구절로써 회융會融한
것이니
이 네 구절을 해석함에 간략하게 세 가지 뜻이 있다.
첫 번째는 사람을 상대하여 나타내어 앞에 사람을 상대한 것을
성립한 것이니
말하자면 오직 유아뿐이라고 한 것은 곧 범부요
무아뿐이라고 한 것은 곧 이승이요
둘 다 말한 것이라고 한 것은 소승을 상대하여 대승을 말한 것이다.
『열반경』에 말하기를 무아라고 한 것은 말하자면 생사요
유아라고 한 것은 말하자면 대열반이라 하였으니
이승의 사람들은 다만 무아만 보고 유아는 보지 않는다.
둘 다 없다고 한 것은 곧 대승과 소승을 끊어 없애는 것이다.

두 번째는 바로 대승의 자성과 모습에 나아가 설한 것이니
또한 여기에도 네 구절이 있다.

처음 구절은[332] 오직 하나의 진아眞我만이 멀리 뛰어나 독립한 것이요

다음 구절은 병을 상대하여 진실을 나타낸 것이니 아我와 법法이
다 공한 것이요

세 번째 둘 다 말한다는 구절은 진실과 허망을 둘 다 관찰하여
자성과 모습을 무너뜨리지 않는 것이요

네 번째 둘 다 없다는 구절은 자성과 모습이 융합하여 즉한 것이니
그런 까닭으로 서로 빼앗아 둘 다 잃는 것이다.

세 번째는 다만 관조觀照를 잡은 것이니

제일 첫 번째 구절은 모든 중생이 내가 있다고 허망하게 집착하는
것을 아는 것이요

두 번째 구절은 진리에 칭합하여 관찰하여 이아二我를 떠나는 것
이요

세 번째 구절은 또한 자성과 모습을 둘 다 관조하는 것이요

네 번째 구절은 곧 진실과 허망의 모습을 빼앗는 것이니

---

332 처음 구절은 운운은 네 구절 가운데 처음 구절은 유아이고, 다음 구절은
무아이고, 뒤에 두 구절은 문장에 잘 나타나 있다. 여기에 네 구절이 있다
한 것은 처음에 두 구절을 반드시 자성과 모습에 나누어 배속하여야 이에
네 구절을 이루는 것은 아니라고 『잡화기』는 말한다. 그 이유는 처음에
두 구절은 유아·무아로 배속하였고, 뒤에 두 구절은 자성과 모습으로 배속하
였기에 하는 말이다.

제 두 번째 해석으로 더불어 다른 것은 여기에 처음 구절은 유아이지
만 이것은 이 허망한 아我요

제 두 번째 처음 구절에 유아는 이에 아와 법이 없는 가운데 진아가
있는 것이다.

經

等觀衆生心호대　不起諸分別하고
入於眞實境하시니 如是業應作이니다

중생의 마음을 똑같이 관찰하지만
모든 분별을 일으키지 않고
진실한 경계에 들어가시니
이와 같은 업을 응당 지을 것입니다.

疏

四에 一偈는 等觀業이니 大悲同體를 所以等觀이라하며 見眞息妄을 不起分別이라하며 妄盡契如를 名入眞實이라하니라

네 번째 한 게송은 똑같이 관찰하는 업이니
대비로 중생과 한 몸인 것을 똑같이 관찰하는 바라 하며,
진실을 보아 허망함을 쉬는 것을 분별을 일으키지 않는다 하며,
허망이 다하여 진여에 계합하는 것을 진실에 들어간다 이름하는 것이다.

經

悉擧無邊界하고　普飮一切海는
此神通智力이시니 如是業應作이니다

思惟諸國土하사　色與非色相의
一切悉能知하시니 如是業應作이니다

十方國土塵에　　一塵爲一佛이라도
悉能知其數하시니 如是業應作이니다

끝없는 세계를 다 들고
널리 일체 바닷물을 마시는 것은
이것은 신통과 지혜의 힘이시니
이와 같은 업을 응당 지을 것입니다.

모든 국토를 사유하여
색상과 더불어 색상이 아닌
일체를 다 능히 아시니
이와 같은 업을 응당 지을 것입니다.

시방 국토의 티끌에
한 티끌로 한 부처님을 삼아도

다 능히 그 수를 아시니
이와 같은 업을 응당 지을 것입니다.

疏

五에 後三偈는 大用業이니 初偈는 神足通이요 後二는 法智通이라
於中初一은 知土니 法性土는 爲非色이요 餘皆爲色이니 此二融卽
을 皆悉委知라 後一은 知佛이라 又十展轉者인댄 初悲欲救生이니
當云何救고 信樂近佛이라 樂其何法고 樂佛功德이니 佛以功德으
로 成其身故라 空樂何益고 當念念修學이니 學他가 不如自觀하고
自觀이 不及物我齊致라 入眞滯寂인댄 當起大用이니 用何所爲고
當擬窮十方界하야 入諸佛海니라

다섯 번째 뒤에 세 게송은 큰 작용의 업이니
처음에 한 게송은 신족통이요
뒤에 두 게송은 법지통이다.
그 법지통 가운데 처음에 한 게송은 국토를 아는 것이니
법성토는 색상 아닌 것이 되고 나머지 국토는 다 색상이 되나니,
이 두 가지가 융합하고 즉하여 하나가 됨을 다 자세히 아는 것이다.
뒤에 한 게송[333]은 부처님을 아는 것이다.

또 열 가지 전전展轉이라면 처음에 대비로 중생을 구호하고자 하는

---

[333] 뒤에 한 게송이란, 제삼게第三偈이다.

것이니,

마땅히 어떻게 구호하고자 하는가.

부처님을 믿고 좋아하여 친근하게 하는 것이다.

어떤 법을 좋아하게 하는가.

부처님의 공덕을 좋아하게 하는 것이니

부처님은 공덕으로써 그 몸을 이룬 까닭이다.

한갓 좋아하기만 하면 무슨 이익이 있겠는가.

마땅히 생각 생각에 스스로 닦아 배울지니 다른 사람에게 배우는 것이 스스로 관조함만 같지 못하고, 스스로 관조하는 것이 만물과 내가 제평함을 이룸에 미치지 못하는 것이다.

진여에 들어갔으나 적멸에 머물러[334] 있다면 마땅히 큰 작용을 일으킬 것이니,

작용을 일으켜서 무엇을 하려는가.

마땅히 시방세계를 헤아려 다하여 모든 부처님의 바다에 들어가게 하려는 것이다.

---

334 滯는 머무를 체 자이다.

經

爾時光明이 過十千世界하야 遍照東方百千世界하며 南西北方
과 四維上下도 亦復如是하시니 彼一一世界中에 皆有百億閻浮
提와 乃至百億色究竟天호대 其中所有가 悉皆明現하니라 彼一
一閻浮提中에 悉見如來가 坐蓮華藏師子之座하사 十佛刹微塵
數菩薩의 所共圍遶하니 悉以佛神力故로 十方各有一大菩薩하
야 一一各與十佛刹微塵數諸菩薩俱하야 來詣佛所하니라 其大
菩薩은 謂文殊師利等이며 所從來國은 謂金色世界等이며 本所
事佛은 謂不動智如來等이니라

그때에 광명이 십천 세계를 지나 동방으로 백천 세계를 두루 비추며
남서 북방과 사유와 상하도 또한 다시 이와 같이 비추시니,
저 낱낱 세계 가운데 다 백억 염부제와 내지 백억 색구경천이
있으되 그 가운데 있는 바가 다 밝게 나타났습니다.
저 낱낱 염부제 가운데 여래가 연꽃으로 갈무리한 사자의 자리에
앉아서 열 부처님의 세계에 작은 티끌 수만치 많은 보살에게 함께
에워싸인 바를 다 보니,
다 부처님의 신통력인 까닭으로 시방에 각각 한 사람의 큰 보살이
있어서 낱낱이 각각 열 부처님의 세계에 작은 티끌 수만치 많은
모든 보살로 더불어 함께 와서 부처님의 처소에 나아갔습니다.
그 큰 보살은 말하자면 문수사리 등이며,
좇아온 바 국토는 말하자면 금색세계 등이며,

본래 섬긴 바 부처님은 말하자면 움직이지 않는 지혜여래 등입
니다.

疏

第六重은 照百千界라 卽第二에 答佛威德問이니 威德約身故라

제육중은 광명이 백천 세계를 비추는 것이다.
곧 제 두 번째 부처님 위덕의 질문[335]에 답한 것이니
위덕은 몸을 잡은 까닭이다.

---

335 원문에 불위덕문佛威德問은 위의 사십문四十問 중에 一이다.

經

爾時 一切處에 文殊師利菩薩이 各於佛所에 同時發聲하야 說此
頌言호대

若以威德色種族으로 而見人中調御師인댄
是爲病眼顚倒見이니 彼不能知最勝法이니다

그때에 일체 처소에 문수사리보살이 각각 부처님의 처소에서 동시
에 소리를 내어 이런 게송을 설하여 말하기를

만약 위덕과[336] 색상과 종족으로써
사람 가운데 조어사를 보고자 한다면
이것은 병든 눈으로 거꾸로 보는 것이 되나니
저 사람은 능히 최상의 수승한 법을 알 수 없을 것입니다.

疏

前五는 法身이요 後五는 智身이라 前中分二리니 初一은 揀迷니
謂以威德은 則自在熾盛이요 色相은 則端嚴吉祥이요 種族은 則名
稱尊貴라 雖是薄伽나 而見從外來하야 取相인댄 乖於最勝일새 故

---

336 원문에 약이위덕若以威德 운운한 一偈는『금강경金剛經』에 약이색견아若以色
見我 운운한 게송과 그 뜻이 같다 하겠다.

爲倒見이니 猶眼有病일새 故見外空華하야 執內爲外하며 謂空爲
有니라

앞에 다섯 게송은 법신이요
뒤에 다섯 게송은 지신이다.
앞의 법신 가운데 두 가지로 분류하리니
처음에 한 게송은 미혹함을 가린 것이니
말하자면 위덕은 곧 자재하고 치성한 것이요
색상은 곧 단엄하고 길상한 것이요
종족은 곧 이름이 소문나고 존귀한 것이다.
비록 박가범이지만 밖으로 좇아 와서 색상 취할 것을 본다면[337]
최상으로 수승한 법에 어기기에 그런 까닭으로 거꾸로 보는 것이니
비유하자면 눈에 병이 있기에 그런 까닭으로 밖으로 허공의 꽃을
보아서 안을 집착하여 밖을 삼으며
허공을 일러 있다 하는 것과 같은 것이다.

鈔

初一揀迷는 以初句下五字로 爲三節하야 攝佛地論의 歎佛偈니 偈云
호대 自在熾盛與端嚴하고 名稱吉祥及尊貴한 如是六種義差別이나

---

337 원문에 견종외래취상見從外來取相이라고 한 것은, 부처는 本來로 相을 취할
  것이 없다. 있다면 잘못 보는 것이다. 『잡화기』는 위를 향해서는 외래‘하야
  吐이고, 당구當句에 나아가서는 외래‘어나’ 吐라 하였다.

應知總名薄伽梵이라하니 今文具用은 此翻六義하야 以顯眞佛의 最
勝之法이라 初는 以自在와 熾盛二德으로 釋其威德이니 論云自在者
는 永不繫屬諸煩惱故요 熾盛者는 猛焰智光으로 所燒煉故라하니 此
內威德이니 由內具此智斷二德하야 外攝群魔하며 制諸外道니라 二
는 以端嚴吉祥으로 釋於色字니 色卽色相이니 論云端嚴者는 三十二
相으로 所莊嚴故요 吉祥者는 一切世間이 親近供養하야 咸稱歎故라
하니라 三은 以名稱尊貴로 釋種族字니 論云名稱者는 一切殊勝한
功德圓滿을 無不知故요 尊貴者는 具一切功德하야 常起方便하야 利
益世間하며 安樂一切하사대 無懈廢故라하니라 此上二德에 前是功
德이요 後是大悲니라 悲智功德이 爲佛種族이니 謂佛以功德으로 爲
種性故며 佛以大悲로 爲根本故며 爲出生故니 卽內種族故로 能悲
現刹帝利種이라 雖是薄伽下는 釋後半호대 躡上而釋이니 謂上之六
義가 號爲薄伽나 依此而取인댄 未免顚倒리라 見從外來는 卽不了唯
心이니 是起信文云호대 見從外來하야 取色分齊라하니라 取相二字
는 向上하야 成心外取相이요 若就當句인댄 設取心佛이라도 亦爲取
相이니 不了眞佛의 無相相故니라 言顚倒者는 顚者頂也니 頂合在上
거늘 向下卽倒니 如是合無어늘 爲有라하며 合內어늘 爲外라호미 皆名
顚倒니라 故擧空華喩가 通二義니라

처음에 한 게송은 미혹함을 가린 것이라고 한 것은 처음 구절에
아래 다섯 글자로써 삼절을 삼아[338]『불지론』에 탄불게歎佛偈를 섭

수한 것이니,

탄불게송에 말하기를

자재하고 치성한 것과 단엄하고

이름이 소문난 것과 길상하고 그리고 존귀한

이와 같은 여섯 가지 뜻이 차별하지만

응당히 모두 다 박가범이라고 이름하는 줄 알아야 할 것이다 하였으니,

지금에 『불지론』문을 갖추어 인용한 것은 이 여섯 가지 뜻을 번역하여 참다운 부처님의 최상으로 수승한 법을 나타내기 위한 것이다.

처음에는 자재하고 치성한 두 가지 공덕으로써 여기에 위덕이라는 글자를 해석한 것이니,

『불지론』에 말하기를 자재하다고 한 것은 영원히 모든 번뇌에 매이거나 묶이지 않는 까닭이요,

치성하다고 한 것은 맹렬한 불꽃의 지혜 광명으로 태워 단련한 바인 까닭이다 하였으니,

이것은 안의 위덕이니 안으로 이 지덕과 단덕의 두 가지 공덕을 갖춤을 인유하여 밖으로 수많은 마군을 섭수하며 모든 외도를 제복하는 것이다.

두 번째는 단엄하고 길상한 것으로써 색이라는 글자를 해석한 것

색色 한 글자가 二節이고, 종족種族 두 글자가 三節이다. 원문에 初句下란 初句에 약이이자하若以二字下이다.

이니,

색은 곧 색상이니『불지론』에 말하기를 단엄하다고 한 것은 삼십이 상으로 장엄한 바인 까닭이요,

길상하다고 한 것은 일체 세간 사람들이 친근하고 공양하여 다 칭탄하는 까닭이다 하였다.

세 번째는 이름이 소문나고 존귀한 것으로써 종족이라는 글자를 해석한 것이니,

『불지론』에 말하기를 이름이 소문났다고 한 것은 일체 수승한 공덕 이 원만함을 알지 못하는 이가 없는 까닭이요,

존귀하다고 한 것은 일체 공덕을 갖추어 항상 방편을 일으켜 세간의 중생을 이익케 하며 일체중생을 안락케 하시지만 게을러서 포기하는 법이 없는 까닭이다 하였다.

이 위의 두 가지 공덕에 앞에 것은 공덕이요,

뒤에 것은 대비이다.

대비와 지혜의 공덕이 부처님의 종족이 되는 것이니

말하자면 부처님은 공덕으로써 종성을 삼는 까닭이며,

부처님은 대비로써 근본을 삼는 까닭이며,

출생함을 삼는 까닭이니,

곧 안의 종족[339]인 까닭으로 능히 대비로 찰제리 종족을 나타낸

---

339 원문에 내종족內種族이라고 한 것은 비공덕悲功德이니 내비보살內備菩薩이요,
현찰제리現利帝利라고 한 것은 외종족外種族이니 외현성문外現聲聞이다.

것이다.

비록 박가범이라고 한 아래는 뒤에 반 게송을 해석하되 위를 밟아서[340] 해석한 것이니,
말하자면 위에 여섯 가지 뜻이 박가범을 이름한 것이지만 이 뜻을 의지하여 취하려 한다면 거꾸로 보는 것을 면치 못할 것이다.

밖으로 좇아 와서 색상 취할 것을 본다고 한 것은 곧 오직 마음임을 알지 못한 것이니,
이것은 『기신론』 문장에 말하기를 밖으로 좇아 와서 색상의 분제를 취할 것을 본다 하였다.
취取·상相이라는 두 글자는 위를 향해서는 마음 밖에 색상 취하는 것을 성립한 것이요
만약 당구當句에 나아간다면 설사 마음에 부처님을 취할지라도 또한 색상을 취하는 것이 되나니,
참다운 부처님의 색상 없는 색상을 알지 못한 까닭이다.
꺼꾸러졌다(顚倒)고 말한 것은 전顚[341]이라는 것은 꼭대기(頂)이니 꼭대기는 위에 있어야 합당하거늘 아래로 향해 있으면 곧 꺼꾸러진(倒) 것이니, 이와 같이 없는 것이 합당하거늘 있다고 하며, 안이 합당하거늘 밖이라고 하는 것이 다 이름하여 꺼꾸러진(顚倒) 것이다.

---

340 후반后半은 此經의 차송此頌에 후반송后半頌이고, 섭상躡上이라 한 上은 곧 위에 六義이다.
341 전顚이란, 전말顚末의 전顚이니 꼭대기라는 뜻이다. 즉 정상頂上을 말한다.

그런 까닭으로 허공 꽃의 비유가 두 가지 뜻[342]에 통함을 거론한 것이다.

---

342 두 가지 뜻(二義)이란, 첫 번째는 내외內外이고 두 번째는 공유空有이다.

經

如來色形諸相等을　　一切世間莫能測이니
億那由劫共思量하야도 色相威德轉無邊이니다

여래의 색과 형과 삼십이상 등을
일체 세간의 중생들은 능히 측량할 수 없나니
억 나유타 세월(劫)에 함께 사량하여도
색과 형과 삼십이상의 위덕은 전전히 끝이 없습니다.

疏

後四는 示悟顯最勝法이니 初偈는 明如來色相無邊故로 超情莫
測이라 無邊有二하니 一은 深故니 隨一一相하야 稱眞無邊이요
二는 廣故니 謂具十蓮華藏塵數之相이라

뒤에 네 게송은 깨달음을 시현하여 최상의 수승한 법을 나타낸
것이니,
처음에 게송은 여래의 색과 형[343]과 삼십이상이 끝이 없는 까닭으로
유정을 뛰어나 측량하기 어려움을 밝힌 것이다.
끝이 없다고 한 것은 두 가지 뜻이 있나니
첫 번째는 깊은 까닭이니

---

343 원문에 색상色相이라고 한 것은 경문을 의지한다면 색色 자 다음에 형形
　　자가 있어야 하기에 형 자를 넣어 번역하였다.

낱낱 상相을 따라 진여에 칭합하여 끝이 없는 것이요

두 번째는 넓은 까닭이니

말하자면 십 연화장 미진수의 상을 갖춘 것이다.

經

如來非以相爲體라　　但是無相寂滅法이어니와
身相威儀悉具足하시니 世間隨樂皆得見이니다

여래는 모든 상으로 자체를 삼는 것이 아니라
다만 무상한 적멸의 법으로 자체를 삼거니와
신상의 위의를 다 구족하고 계시니
세간의 중생들이 좋아함을 따라 다 봄을 얻습니다.

疏

次偈는 釋上二義니 前半은 釋深이니 相卽無相故요 後半은 釋廣이
니 無相之相故라 廣復有二하니 一은 無限因成이요 二는 應機普現
이니 謂色無定色은 若金剛之合朱紫요 形無定形은 猶光影之任
修短이요 相無定相은 似明鏡之對妍媸일새 故隨樂皆見이라

다음에 게송은 위에 처음 게송의 두 가지 뜻을 해석한 것이니,
앞에 반 게송은 깊은 뜻을 해석한 것이니
상相이 곧 무상無相인 까닭이요
뒤에 반 게송은 넓은 뜻을 해석한 것이니
무상의 상인 까닭이다.
넓은 뜻에 다시 두 가지가 있나니
첫 번째는 한량없는 인연으로 이룬 것이요

두 번째는 근기에 응대하여 널리 나타낸 것이니

말하자면 색이 결정된 색이 없는 것은 마치 금강이 붉고 검푸름에 합하는 것과 같고,[344]

형形이 결정된 형이 없는 것은 마치 빛의 그림자가 길고 짧음에 임하는 것과 같고,

상相이 결정된 상이 없는 것은 마치 밝은 거울이 곱고 추함[345]에 응대하는 것과 같기에 그런 까닭으로 좋아함을 따라 다 본다 하였다.

鈔

一에 無限因成者는 此中無文하고 含在隨樂見中이라 上普興雲幢主水神偈云호대 淸淨慈門刹塵數가 共生如來一妙相하니 一一諸相莫不然일새 是故見者無厭足이라하니 此一慈門도 已無量矣거든 況於諸門이리요하니라 出現寶光主海神云호대 不可思議大劫海에 供養一切諸如來하고 普以功德施群生일새 是故端嚴最無比라하니 卽施門無量也니라 普發迅流主河神云호대 如來往昔爲衆生하야 修治法海無邊行이라하니 卽無限因也니라 如是等은 或一切因이 共成一相하며 或一切因이 成一切相等일새 故云無限이라하니라 二에 應機普現者下는 擧三喩하야 別喩色形諸相이라

---

344 마치 금강이 붉고 검푸름에 합하는 것과 같다고 한 것은 육색六色의 금강에 속하는 것과 같나니, 대개 그 색이 붉은 것과 검푸른 것이 합하여 이루어졌다면 곧 그 색이 붉다고 결정할 수도 없고 검푸르다고 결정할 수도 없는 것이다. 이상은 『잡화기』의 말이다.

345 媸는 嫷와 같은 자이니 추할 치 자이다.

첫 번째 한없는 인연으로 이룬 것이라고 한 것은 이 가운데는 이 문장이 없고, 좋아함을 따라 본다고 한 가운데 포함되어 있다.

위에 보홍운당 주수신의 게송에 말하기를

청정한 자문慈門의 세계 미진수가

함께 여래의 한 묘상妙相을 출생하나니

낱낱 모든 상이 그렇지 아니함이 없기에

이런 까닭으로 보는 사람이 싫어하거나 만족함이 없다 하였으니,

이것은 한 자문慈門도 한량이 없거든 하물며 모든 자문이겠는가 한 것이다.

출현보광 주해신이 말하기를

가히 사의할 수 없는 큰 세월의 바다에

일체 모든 여래에게 공양하고

널리 공덕으로써 중생에게 보시하였기에

이런 까닭으로 단엄함이 최상으로 비교할 데가 없다 하였으니,

곧 시문施門이 한량이 없다는 것이다.

보발신유 주하신이 말하기를

여래가 지나간 옛날에 중생을 위하여

진리의 바다에 끝없는 행을 닦아 다스렸다 하였으니,

곧 한량없는 인연인 것이다.

이와 같은 등은 혹 일체 인연이 함께 한 상(一相)을 이루며

혹 일체 인연이 일체상一切相을 이루는 등이기에 그런 까닭으로

말하기를 한량이 없다 한 것이다.

두 번째 근기에 응대하여 널리 나타낸 것이라고 한 것은 아래에
세 가지 비유[346]를 들어서 색과 형과 삼십이상의 삼법三法에 따로
비유한 것이다.

---

346 원문에 삼유三喩라고 한 것은 금강유金剛喩와 광영유光影喩와 명경유明鏡喩
   이다.

經

佛法微妙難可量이며 一切言說莫能及이니
非是和合非不合이며 體性寂滅無諸相이니다

불법은 미묘하여 가히 헤아리기 어려우며
일체 연설로 능히 미칠 수 없나니
이는 화합하는 것도 아니고 화합하지 않는 것도 아니며
자체성이 적멸하여 모든 상이 없는 것입니다.

疏

三에 一偈는 明所證超情하야 以成前義라 前半은 正顯이니 謂欲言
其有나 體相寂滅하고 欲言其無나 色相無邊일새 故止言微妙니라
唯智方契일새 故心慮叵量이요 理圓言偏일새 故言說莫及이라 後
半은 重釋이니 謂應緣非不合이요 住體非和合이며 又緣起修成일
새 非不合이요 契眞相盡일새 非和合이며 又緣卽非緣일새 故非和
合이요 非緣卽緣일새 故非不合이라 合相離故로 無諸相이요 非合
亦離일새 體寂滅也니라

세 번째 한 게송은 증득한 바가 범정을 초월하였음을 밝혀 앞에
뜻을 성립한 것이다.
앞에 반 게송은 바로 나타낸 것이니
말하자면 그 있음을 말하고자 하나 자체상이 적멸하고, 그 없음을

말하고자 하나 색상이 끝이 없기에 그런 까닭으로 오직 미묘하다[347]
고 말한 것이다.

오직 지혜라야 바야흐로 계합하기에 그런 까닭으로 마음으로 헤아릴
수 없고, 진리는 원만하고 언설은 치우치기에 그런 까닭으로 언설로
미칠 수 없다고 한 것이다.

뒤에 반 게송은 거듭 해석한[348] 것이니

말하자면 인연에 응하였기에 화합하지 않는 것이 아니요,

자체성에 머물렀기에 화합하지 않는 것이며

또 인연을 일으켜 닦아 이루었기에 화합하지 않는 것이 아니요,

진상에 계합하여 다하였기에 화합하지 않는 것이며

또 인연은 곧 인연이 아니기에 그런 까닭으로 화합하지 않는 것이요,

인연이 아닌 것은 곧 인연이기에 그런 까닭으로 화합하지 않는
것이 아니다.

화합하는 모습을 떠난[349] 까닭으로 모든 상이 없는 것이요,

화합하지 않는 모습도 또한 떠났기에 자체성이 적멸한 것이다.

鈔

後半重釋者는 前半云호대 難可量은 則心行處滅이요 言說莫及은 則

---

347 止는 오직 지 자이고, 顯 자는 微 자의 잘못이다.
348 원문에 중석重釋이란, 위에 半頌을 거듭 해석한 것이다.
349 원문에 합상리合相離라고 한 것은, 합상合相이란 곧 경중經中에 화합和合이고,
　　이離란 경중經中에 비시화합非是和合이라 한 非 자의 뜻이다.

言語道斷이어늘 今重釋者에 何以寂滅諸相은 心言罔及耶아 釋意云
호대 寂滅은 是不和合義요 隨樂皆見은 是和合義니 今亦不可作合與
不合하야 而知而說일새 故重釋之라하니라 於中에 寄三身說이니 初는
約法身의 住體遍應釋이니 則前無相寂滅은 卽是住體요 隨樂皆見은
卽是遍應이니 故今以二義相奪일새 故非合不合이라하니라 其住體
遍應은 猶如虛空이 隨其竅隙하야 方圓大小니라 又緣起修成下는 約
報身의 修成契實說이니 如鑄金成像에 像全同金이니 亦互奪回說이
라 又緣卽非緣下는 約化身의 應緣說이니 猶如影像이 有而卽虛니
亦二相奪일새 不可得說이라 已釋上句요 合相離故下는 釋下句라

뒤에 반 게송은 거듭 해석한 것이라고 한 것은 앞의 반 게송에서
말하기를 가히 헤아리기 어렵다고 한 것은 곧 마음 갈 곳이 사라진
것이요
언설로 미칠 수 없다고 한 것은 곧 언어의 길이 끊어진 것이어늘,
지금에 거듭 해석함에 무슨 까닭으로 적멸의 모든 모습은 마음과
말로 미칠 수 없다고 하는가.
해석하는 뜻에 말하기를 적멸이라고 한 것은 화합하지 않는다는
뜻이요,
좋아함을 따라 다 본다고 한 것은 화합한다는 뜻이니
지금에도 또한 가히 화합하고 더불어 화합하지 아니함을 지어서
알려 하거나 설하려 하는 것이 아니기에 그런 까닭으로 거듭 해석한
다 한 것이다.
그 해석하는 가운데 삼신을 의지하여 설하였으니,

처음에는 법신이 자체성에 머무는 것과 두루 응하는 것을 잡아서 해석한 것이니

곧 앞에 모든 상이 없어 적멸하다고 한 것은 곧 자체성에 머무는 것이요,

좋아함을 따라 다 본다고 한 것은 곧 두루 응하는 것이니

그런 까닭으로 지금에는 두 가지 뜻이 서로 빼앗기에 그런 까닭으로 화합하는 것도 화합하지 않는 것도 아니다 하였다.

그 법신이 자체성에 머무는 것과 두루 응한다고 한 것은 비유하자면 허공이 구멍 난 틈을 따라서 모나고 둥글고 크고 작아지는 것[350]과 같다.

또 인연을 일으켜 닦아 이루었다고 한 아래는 보신이 닦아서 이루는 것과 진실에 계합하는[351] 것을 잡아서 설한 것이니,

마치 금을 부어 불상을 만듦[352]에 불상이 온전히 금인 것과 같나니, 또한 서로 빼앗기에 설하는[353] 것이 불가不可[354]한 것이다.

---

350 허공虛空은 법신法身에 비유하고, 모나고(方) 둥글고(圓) 크고(大) 작아지는 (小) 것은 응신應身에 비유한 것이다.

351 원문에 보신수성계실報身修成契實이라고 한 것은 석가모니가 보리수 하에서 수행하여 도를 성취한 것을 말한다.

352 鑄는 부어 만들 주 자이다.

353 설함이란, 合, 不合을 설하는 것이다.

354 叵는 불가할 파, 어려울 파 자이다.

또 인연은 곧 인연이 아니라고 한 아래는 화신이 인연에 응함을
잡아 설한 것이니,

비유하자면 영상이 있지만 곧 없는 것과 같나니

또한 두 가지가 서로 빼앗기에 가히 설함을 얻을 수 없는 것이다.[355]

이상은 위에 구절[356]을 해석한 것이요

화합하는 모습을 떠난 까닭이라고 함을 좇아 아래는 아래 구절[357]을
해석한 것이다.

---

355 가히 설함을 얻을 수 없다 한 그 설함이란 역시 合, 不合을 설하는 것을
말한다.

356 원문에 상구上句란, 下半偈의 上句이다.

357 원문에 하구下句란, 下半偈의 下句이다.

經

佛身無生超戲論하사 非是蘊聚差別法일새
得自在力決定見이니 所行無畏離言道이니다

부처님의 몸은 난 적도 없고 희론도 뛰어나
이 오온³⁵⁸의 차별한 법이 아니기에
자재한 힘을 얻어야 결정코 보나니
행하는 바³⁵⁹가 두려움이 없어 언어의 길을 떠났습니다.

疏

四에 有一偈는 明能證超絶하야 結歸佛身이라 上來에 體性寂滅은
遣有요 身相具足은 遣無요 非合不合은 遣俱有無로대 而復謂佛은
是非有非無인댄 還成戲論이라 中論云호대 戲論破慧眼으로 是皆
不見佛이라하니 故次遣之호대 謂妄惑不生일새 故非蘊聚이요 起
心則生일새 便成戲論이라

네 번째 한 게송이 있는 것은 능히 증득한³⁶⁰ 지혜는 희론을 뛰어나고
언어가 끊어졌음³⁶¹을 밝혀 부처님의 몸에 귀결한 것이다.

---

358 오온五蘊은 오취五聚, 온취蘊聚라고도 한다.
359 원문에 소행所行이란, 부처님의 행하는 바이다.
360 원문에 능증能證이란, 上來에는 오히려 소증所證이라 할 것이요, 차게此偈에
    아래 반송半頌이라야 바로 이 能證智라 할 것이다.

상래에 자체성이 적멸하다고 한 것은 있다는 것을 보내는 것이요
신상을 구족하였다고[362] 한 것은 없다는 것을 보내는 것이요
화합하는 것도 아니고 화합하지 않는 것도 아니라고 한 것은 함께
있기도 하고 없기도[363] 하다는 것을 보내야 할 것이지만, 다시 말하기
를 부처님은 있는 것도 아니고 없는 것도 아니라고 한다면 도리어
희론을 이룰 것이다.

『중론』[364]에 말하기를 희론은 지혜의 눈을 깨뜨리는 것으로
이는 다 부처님을 볼 수 없게 하는 것이다 하였으니,
그런 까닭으로 차례로 희론을 보내되 망혹으로 생겨난 것이 아니기
에 그런 까닭으로 오온이 아니요, 마음을 일으킴에 곧 생겨나기에
문득 희론을 이룬다 말하는 것이다.

鈔

中論云者는 卽如來品이니 此前에 更有一偈云호대 如是性空中엔 思
惟不可得거니 如來滅度後에 分別於有無리요하니 靑目釋云호대 諸
法實相性空일새 故不應於如來滅後에 思惟若有若無와 若有無俱
니라 如來從本已來로 畢竟空거니 何況滅後리요하니라 釋日此偈는

---

361 초절超絶이란, 희론을 초월한 것이 이것이다. 엄격히 논한다면 此偈에 위에
　　半頌까지도 所證이라 할 것이다.
362 원문에 신상구족身相具足이라 한 것은 영인본 화엄 4책, p.605에 신상위의실
　　구족身相威儀悉具足이라 한 것이다.
363 원문에 구유무俱有無라고 한 것은 곧 역유역무亦有亦無이다.
364 『중론』은 제사권 여래품如來品이다.

總遣三句라 次偈云호대 如來過戱論거늘 而人生戱論이니 戱論破慧
眼으로 是皆不見佛이라하니 此偈二意라 一者는 仍前破第三하야 此
破第四에 非有非無의 戱論謗句니 卽今疏文이라 二者는 總遣四句百
非니 謂起心動念이 皆成戱論으로 非局第四니라 故次疏云호대 妄惑
不生일새 故非蘊聚요 起心則生일새 便成戱論이라하니 彼靑目釋云
호대 戱論은 名憶念取相이니 分別此彼하야 言佛滅不滅等이라 是人
爲戱論으로 覆慧眼일새 故不能見如來法身이라하니라

『중론』에 말하기를이라고 한 것은 곧 제사권 여래품이니,
이 앞에 다시 한 게송이 있어 말하기를
이와 같이 자성이 공한 가운데는
사유함도 가히 얻을 수 없거니
여래가 열반하신 뒤에
있고 없음을 분별하겠는가 하였으니,
청목[365]이 해석하여 말하기를 모든 법의 실상은 자성이 공하였기에
그런 까닭으로 응당 여래가 열반하신 뒤에 혹 있고 혹 없는 것과
혹 있고 없는 것을 함께 사유하지 말 것이다.
여래는 본래로 좇아옴으로 필경에 공하였거니 어찌 하물며 열반하신
뒤이겠는가 하였다.
해석하여 말하면 이 게송은 삼구三句를 한꺼번에 보내는 것이다.

---

365 청목靑目은 바라문婆羅門 출신이다. 청목스님은 불멸후佛滅后 일천 년경에
태어났고, 용수보살龍樹菩薩의 『중론中論』에 해석을 붙였다.

다음 게송에 말하기를

여래는 희론을 지났거늘

사람들이 희론을 내나니,

희론은 지혜의 눈을 깨뜨리는 것으로

이는 다 부처님을 볼 수 없게 하는 것이다 하였으니,

이 게송은 두 가지 뜻이 있다.

첫 번째는 앞에 제삼구[366]를 깨뜨림을 인하여 여기에 제 네 번째 있지도 않고 없지도 않다는 희론방의 구절을 깨뜨리는 것이니 곧 지금의 소문疏文이다.

두 번째는 사구백비四句百非를 한꺼번에 보내는 것이니,

말하자면 마음을 일으키고 생각을 움직이는 것이 다 희론을 이루는 것으로 제사구에만 국한하는 것이 아니다.

그런 까닭으로 차례로 소문에 말하기를 망혹으로 생겨난 것이 아니기에 그런 까닭으로 오온이 아니요,

마음을 일으킴에 곧 생겨나기에 문득 희론을 이룬다 하였으니,

저 청목이 해석하여 말하기를 희론이라는 것은 이름이 기억하고 생각하여 그 모습(相)을 취하는 것이니,

이것과 저것을 분별하여 부처님이 열반하고 열반하지 않는 등을 말하는 것이다.

이런 사람은 희론으로 지혜의 눈을 덮게 되기에 그런 까닭으로 능히 여래의 법신을 볼 수 없다 하였다.

---

366 앞에 제삼구란, 역유역무亦有亦無이다.

疏

決定見者는 不隨境相일새 名自在力이요 有無가 不能累其神일새
故無畏也요 非言行處일새 爲絶言道니라

결정코 본다고 한 것은 경계의 모습을 따르지 않기에 이름을 자재한
힘이라 한 것이요
있고 없음이 능히 그 정신을 얽어매지 못하기에 그런 까닭으로
두려움이 없다 한 것이요
언행의 처소가 아니기에 언어의 길이 끊어졌다[367] 한 것이다.

鈔

決定見者下는 釋下半이니 謂決定見者는 則見法身이라 如來法身은
其相云何고 論云호대 如來所有性이 卽是世間性이니 如來無有性일
새 世間亦無性이라하니 眞妄無性이 卽佛法身이라 如是見者는 不隨
相轉이니 若隨相轉인댄 則不自在어니와 不隨相轉인댄 卽決定見하리
라 見同無性하야 能所雙寂거니 何有有無가 能累其神이리요 則不畏
有無等也니라

결정코 본다고 한 아래는 아래 반 게송을 해석한 것이니,
말하자면 결정코 본다고 한 것은 곧 법신을 본다는 것이다.

---

367 언어의 길이 끊어졌다고 한 것은, 게송에는 언어의 길을 떠났다고 하였다.
  절絶 자와 이離 자의 차이이다.

여래의 법신은 그 모습이 어떠합니까.

『중론』에 말하기를

여래가 소유한 자체성이

곧 세간의 자체성이니

여래가 자체성이 없기에

세간도 또한 자체성이 없다 하였으니,

진·망이 자체성이 없는 것이 곧 부처님의 법신인 것이다.

이와 같이 보는 사람은 모습을 따라 유전하지 않나니,

만약 모습을 따라 유전한다면 곧 자재라 할 수 없거니와 모습을

따라 유전하지 않는다면 곧 결정코 볼 것이다.

본다는 것은 다 자체성이 없어서[368] 능·소가 함께 적멸한 것이어니

어찌 있고 없음이 능히 그 정신을 얽어맴이 있겠는가.

곧 있고 없는 등에 두려움이 없는 것이다.

---

368 원문에 견동무성見同無性이라고 한 것은 소문疏文에 유무불능이하有無不能以
下의 문장이다.

經

身心悉平等하야 內外皆解脫하시고
永劫住正念하사 無著無所繫하니다

몸과 마음이 다 평등하여
안과 밖을 다 해탈하시고
영원한 세월토록 바른 생각에 머물러
집착함도 없고 매인 바도 없습니다.

疏

後五는 智身이라 於中에 初一은 知解脫智니 謂外身非業繫하고
內心無取著일새 爲皆解脫이라하며 常契等理일새 故云正念이라
하니라 又內脫二障하고 外用無羈하니 此明自在니라

뒤에 다섯 게송은 지신智身이다.
그 가운데 처음[369]에 한 게송은 해탈을 아는 지혜이니
말하자면 밖으로 몸이 업에 매이지 않고 안으로 마음이 취착이
없기에 다 해탈이라 하며,
항상 평등한 진리에 계합하기에 그런 까닭으로 말하기를 바른 생각
이라 하였다.

---

369 중초中初라고 한 아래에 일一 자가 있는 것이 좋다. 초문에는 있다.

또 안으로 이장二障을 해탈하고[370] 밖으로 작용에[371] 매임이 없나니, 이것은 자재를 밝힌 것이다.

鈔

初一知解脫智者는 此偈第四句는 結歎이나 疏總不別釋하고 四句交絡하고 相合而釋이니 謂初句身字로 合次句外字하고 初句心字로 合次句內字하야 云外身內心이라하니라 平等二字는 是身心理요 解脫二字는 通上身心內外나 而解脫不同하니 外身은 脫業繫苦相이니 卽以解脫字로 上取外身하고 下取第四句中에 無所繫字요 內心은 脫執取等相이니 卽以解脫字로 上取內心하고 下取第四句中에 無著二字라 心無取著은 卽爲能證이요 契上平等은 名爲正念이라 是第三句니 四句圓矣니라 又內脫二障은 更爲異解니 上解脫字를 別配身心은 皆離障解脫이어니와 今釋內解脫者는 離障解脫이요 外解脫者는 作用解脫이니 如淨名에 有解脫하니 名不可思議等이라

처음에 한 게송은 해탈을 아는 지혜라고 한 것은 이 게송의 제네 번째 구절은 맺어서 찬탄한 것이지만[372] 소문에서는 모두 따로

---

370 원문에 우내탈이장又內脫二障 운운은, 앞에서는 몸과 마음으로써 안과 밖에 따로 배대하고, 지금에는 몸과 마음을 함께 안의 작용作用에 묶어 몸을 삼았다. 『잡화기』는 몸과 마음을 안에 배속하고 작용을 밖을 삼는다고 하였으니 기억하여 볼 것이다.

371 원문에 외용外用이란, 외경계外境界의 작용作用이다.

372 맺어서 찬탄한 것이지만이라고 한 등은, 『잡화기』에 결탄'이로대' 별설'일새'

해석하지 않고 네 구절을 서로 잇고 서로 합하여 해석하였으니, 말하자면 처음 구절의 신身 자로 다음 구절의 외外 자에 합하고, 처음 구절의 심心 자로 다음 구절의 내內 자에 합하여 말하기를 밖으로 몸과 안으로 마음이라 하였다.

평등이라는 두 글자는 몸과 마음의 진리요

해탈이라는 두 글자는 위에 밖으로의 몸과 안으로의 마음에 통하지만 해탈이 같지 않나니

밖으로 몸은 업계고상을 해탈한 것이니

곧 해탈이라는 글자로써 위로는 밖으로 몸을 취하고 아래로는 제 네 번째 구절 가운데 매인 바도 없다(無所繫)는 글자를 취한 것이요

안으로 마음은 집취 등의 상相을 해탈한 것이니

곧 해탈이라는 글자로써 위로는 안으로 마음을 취하고 아래로는 제 네 번째 구절 가운데 집착함도 없다(無着)는 두 글자를 취한 것이다.

마음이 취착이 없는 것은 곧 능증能證[373]이 되고 위[374]에 평등에 계합하는 것은 이름이 바른 생각(正念)이 되는 것이다.

吐를 달고 말하기를 이 경문이 제 세 번째 구절에 해탈을 아는 지혜라는 뜻이 이미 성립함을 말하는 것이니, 곧 제 네 번째 구절은 응당 이것은 맺어서 찬탄한 것이지만, 그러나 소문에서는 이와 같이 따로 해석하지 않고 서로 잇고 합하여 해석하였다고 하였다. 그러나 별설'일새' 吐는 나는 별설'하고'라고 吐를 달았다. 그래야 뜻이 더 잘 나타난다.

373 능증能證이란 곧 해탈解脫이다.

374 위(上)란, 제일구第一句를 말하는 것이다.

이 바른 생각은 제 세 번째 구절이니
네 구절[375]이[376] 원만하게 갖추어졌다.

또 안으로 이장을 해탈하였다고 한 것은 다시 다른 해석을 한 것이니,
위[377]에 해탈이라는 글자를 따로 몸과 마음에 배속한 것은 다 이장해
탈離障解脫이거니와 지금의 해석에 안으로 해탈[378]하였다고 한 것은
이장해탈이요
밖으로 해탈하였다고 한 것은 작용해탈이니,
마치 『정명경』에 해탈이 있으니 이름이 불가사의라 한 등과 같다.

---

375 네 구절(四句)이란, 제삼구第三句 중에 사구四句의 뜻이다. 즉 이 게송의
제삼구가 이 게송의 사구 전체를 갖추고 있다는 것이다.

376 이 바른 생각은 제 세 번째 구절이니 네 구절이 운운한 것은, 이 게송
제삼구의 경문에 바른 생각이라고 한 말에 이미 이 게송 제사구에 집착함도
없다는 등의 뜻이 있는 까닭으로, 이 게송의 제삼구 가운데 이 게송의
네 구절의 뜻을 이미 스스로 다 원만하게 갖추어 조금도 모자라는 바가
없다는 것이다. 이상은 『잡화기』의 말이다.

377 위란, 외신비업外身非業이라 한 이하를 말한다.

378 원문에 내해탈內解脫이란, 소문疏文에 내탈이장內脫二障이요, 외해탈外解脫이
란 소문에 외용무기外用無羈이다.

經

意淨光明者는　　所行無染著하시고
智眼靡不周하사　廣大利衆生케하시니다

一身爲無量하고　無量復爲一하시며
了知諸世間하사　現形遍一切하시니다

此身無所從하고　亦無所積聚나
衆生分別故로　　見佛種種身하니다

心分別世間이나　是心無所有를
如來知此法하시니　如是見佛身이니다

뜻이 청정하고 빛이 밝은 이는
행하는 바가 물들거나 집착이 없으시고
지혜의 눈은 두루하지 아니함이 없어서
광대하게 중생을 이익케 하십니다.

한 몸을 한량없는 몸으로 하고
한량없는 몸을 다시 한 몸으로 하시며
모든 세간을 알아
형상을 나타내어 일체 처소에 두루하십니다.

이 몸은 좇아 온 바도 없고
또한 쌓아 모은 바도 없지만
중생이 분별한 까닭으로
부처님의 가지가지 몸을 봅니다.

마음이 세간을 분별하지만
이 마음은 있는 바가 없는 것을
여래만이 이 법을 아시나니
이와 같이 부처님의 몸을 볼 것입니다.

疏

下四는 大用自在니 展轉相釋하리라 初一은 以寂照智利生이니 意
淨은 寂也요 光明은 照也라 淨故無著하고 明故智周하나니 故能大
作佛事니라 次一은 云何利生이니 謂變化智自在라 上半은 一多無
礙요 下半은 隨器普現이라 次偈는 明一多所從이 以無生智로 隨
物而感이니 謂一身多身은 但由衆生의 分別心起일새 故無積無
從이니 其猶並安千器가 數步而千月不同하며 一道澄江이 萬里
而一月孤映하나라 情隔則法身成異하고 心通而玄旨必均하리니
云云은 自他언정 於佛何預리요 後偈는 復拂前迹이니 謂卽前分別
之器도 亦無所有어든 妄見之身을 豈當可得이리요 此法是佛所知
니 當依此理見佛이라 此後二句는 兼通結上이라

아래에 네 게송은 큰 작용이 자재한 것이니

전전히 서로 합하여 해석하겠다.

처음에 한 게송은 적조寂照의 지혜로써 중생을 이익케 하는 것이니

뜻이 청정하다고 한 것은 적寂이요,

빛이 밝다고 한 것은 조照이다.

청정한 까닭으로 집착이 없고, 밝은 까닭으로 지혜가 두루하나니

그런 까닭으로 능히 불사를 크게 짓는 것이다.

다음에 한 게송은 어떻게 중생을 이익케 하는가 한 것이니,

말하자면 변화하는 지혜가 자재한 것이다.

위에 반 게송은 일一과 다多가 걸림이 없는 것이요,

아래 반 게송은 중생의 그릇을 따라 널리 나타내는 것이다.

다음에 한 게송은 일과 다의 좇아온 바[379]가 무생지無生智로써 중생을 따라 감응함을 밝힌 것이니

말하자면 일신一身과 다신多身은 다만 중생의 분별심을 인유하여 일어나기에 그런 까닭으로 쌓아 모은 적도 좇아온 적도 없다 한 것이니

그것은 비유하자면 나란히 둔 천 개의 그릇[380]이 몇 걸음이지만

---

[379] 일과 다의 좇아온 바라고 한 것은, 『회현기』13권, 11장 이하를 본즉 좇아온 바가 없다고 말하였거니와 그러나 이 가운데는 무無라는 글자가 없어야 이에 옳은 뜻이니, 여기에 무無 자가 빠져 있다고 말하지는 말 것이다. 역시 『잡화기』의 말이다.

천 개의 달이 같지 아니하며

한 길의 맑은 강이[381] 만 리이지만 한 개의 달이 홀로 비치는 것과 같다.

마음이 막히면 곧 법신이 다름을 이루고 마음이 통하면 깊은 뜻이 반드시 균등하리니 이와 같은 등(云云)[382]은 저 중생을 따른 것일지언 정 부처님에게 무슨 관계가 있겠는가.

뒤에 게송은 다시 앞에 자취를 떨쳐버리는 것이니,

말하자면 곧 앞에 분별의 그릇도 또한 있는 바가 없거든 망견으로 보는 몸을 어찌 마땅히 가히 얻겠는가.

이 법은 부처님만이 아시는 바이니 마땅히 이 이치를 의지하여 부처님의 몸을 볼 것이다.

이 게송의 뒤에 두 구절은 겸하여 위에 뜻을 모두 맺는 것이다.

---

380 천 개의 그릇이란, 근기根機를 잡아 말한 것이다.

381 한 길의 맑은 강이란, 一江이니 역시 근기를 잡아 말한 것이다. 『잡화기』는 천 개의 그릇과 한 길의 강은 다 근기를 잡아 말한 것이라 하였다.

382 云云은 一多, 大小, 勝劣, 報化가 自於他衆生之心念也라. 又如此現一現多가 自於他衆生也라. 自는 從也라. 즉 하나와 많은 것과 크고 작은 것과 수승하고 하열한 것과 보신과 화신이 저 중생의 마음을 따른 것이다. 또 이와 같이 하나를 나타내고 많은 것을 나타내는 것이 저 중생을 따른 것이다. 자自 자는 종從 자의 뜻이다. 그러나 원문에 운운(云云)을 그대로 운운이라고 해석해도 좋다. 나는 뜻으로 이와 같은 등이라 번역하였다.

鈔

謂卽前分別之器等者는 上云月之一多는 由器有異요 佛之一多는
由感不同이라하얏거니와 今云心分別世間이나 是心無所有라하니 則
分別之器도 亦忘也라 其猶夢中에 見器中之月하야 豈唯月之不實이
리요 實亦器本自無니라 能現之器旣無인댄 所現之月安有리요 約法
可思니라 此法是佛下는 釋下半이니 依此見佛하면 則如佛見이리라

말하자면 곧 앞에 분별의 그릇이라고 한 등은 위에서는 말하기를
달의 일—과 다多는 그릇을 인유[383]하여 다름이 있고, 부처님의 일—과
다多는 감응함을 인유하여 같지 않다 하였거니와,
지금에는 말하기를 마음이 세간을 분별하지만 이 마음은 있는 바가
없다 하였으니,
곧 분별의 그릇도 또한 잊어야 한다는 것이다.
그것은 비유하자면 꿈 가운데서 그릇 가운데 달을 보는 것과 같아서,
어찌 오직 달만 진실이 아니겠는가.
진실로 또한 그릇도 본래 스스로 없는 것이다.
능히 나타내는 그릇이 이미 없다면 나타난 바 달이 어찌 있겠는가.
법을 잡아[384] 해석하는 것은 가히 생각하면 알 수 있을 것이다.

이 법은 부처님만이 아시는 바라고 한 아래는 아래 반 게송을 해석한

---

383 出 자는 由 자가 좋다. 타본他本에는 由 자이다.
384 원문에 약법約法이라고 한 것은, 그릇은 중생衆生이고, 달은 부처님이다.

것이니,

이 이치를 의지하여 부처님을 본다면 곧 부처님이 보는 것과 같을

것이다.

經

爾時光明이 過百千世界하야 遍照東方百萬世界하며 南西北方
과 四維上下도 亦復如是하시니 彼一一世界中에 皆有百億閻浮
提와 乃至百億色究竟天호대 其中所有가 悉皆明現하니라 彼一
一閻浮提中에 悉見如來가 坐蓮華藏師子之座하사 十佛刹微塵
數菩薩의 所共圍遶하니 悉以佛神力故로 十方各有 一大菩薩하
야 一一各與十佛刹微塵數諸菩薩俱하야 來詣佛所하니라 其大
菩薩은 謂文殊師利等이며 所從來國은 謂金色世界等이며 本所
事佛은 謂不動智如來等이니라

그때에 광명이 백천 세계를 지나 동방으로 백만 세계를 두루 비추며
남서 북방과 사유와 상하도 또한 다시 이와 같이 비추시니,
저 낱낱 세계 가운데 다 백억 염부제와 내지 백억 색구경천이
있으되 그 가운데 있는 바가 다 밝게 나타났습니다.
저 낱낱 염부제 가운데 다 여래가 연꽃으로 갈무리한 사자의 자리에
앉아서 열 부처님의 세계에 작은 티끌 수만치 많은 보살에게 함께
에워싸인 바를 보니,
다 부처님의 신통력인 까닭으로 시방에 각각 한 사람의 큰 보살이
있어서 낱낱이 각각 열 부처님의 세계에 작을 티끌 수만치 많은
보살로 더불어 함께 와서 부처님의 처소에 나아갔습니다.
그 큰 보살은 말하자면 문수사리 등이며,
좇아온 바 국토는 말하자면 금색세계 등이며,

본래 섬긴 바 부처님은 말하자면 움직이지 않는 지혜여래 등입니다.

疏

第七重은 光照十方百萬世界라 此下四段은 答法性問이니 佛以功德으로 爲法性故라 卽分爲四리니 初一은 總顯內外包攝德이요 二는 方便幹能德이요 三은 大悲救攝德이요 四는 因果圓遍德이라 今初段이라

제칠중은 광명이 시방의 백만 세계를 비추는 것이다.
이 아래에 사단四段은 법성의 질문[385]을 답한 것이니
부처님은 공덕으로써 법성을 삼는 까닭이다.
곧 나누어서 네 가지로 하리니
첫 번째는 안과 밖으로 포섭하는 공덕[386]을 한꺼번에 나타낸 것이요
두 번째는 방편으로 주간을 능란하게 하는 공덕이요
세 번째는 대비로 구호하여 섭수하는 공덕이요
네 번째는 인과가 원만하게 두루한 공덕이다.
지금은 초단初段이다.

---

385 법성의 질문이란, 앞의 사십문四十問 가운데 하나이다.
386 원문에 내외포섭덕內外包攝德이라고 한 것은, 백사십공덕百四十功德은 내덕內德이고, 처처處處에 그 법法을 전하는 것은 외덕外德이다. 또 四智·十力 등은 心에 속하므로 內德이고, 三十二相·八十種好 등은 身에 속하므로 外德이다고 『잡화기』는 말한다.

經

爾時一切處에 文殊師利菩薩이 各於佛所에 同時發聲하야 說此
頌言호대

如來最自在하시며　超世無所依하시며
具一切功德하시사　度脫於諸有케하시니다

無染無所著하시며　無想無依止하시며
體性不可量이시니　見者咸稱歎하니다

光明遍淸淨하시며　塵累悉鐲滌하시며
不動離二邊하시니　此是如來智니이다

그때에 일체 처소에 문수사리보살이 각각 부처님의 처소에서 동시
에 소리를 내어 이런 게송을 설하여 말하기를

여래는 가장 자재하시며
세간을 뛰어나 의지하는 바가 없으시며
일체 공덕을 구족하시어
제유諸有에 중생을 제도하여 해탈케 하십니다.

물듦도 없고 집착하는 바도 없으시며

생각[387]함도 없고 의지[388]함도 없으시며
그 자체성을 가히 헤아릴 수도 없으시니
보는 사람이 다 칭찬합니다.

광명이 두루 청정하시며
육진의 얽어 매임을 다 제거하여 없애시며[389]
움직이지 않고 이변二邊을 떠나시니
이것은 여래의 지혜입니다.

疏

偈中分二리니 前五는 歎佛法難思요 後五는 示入方便이라 今初分
三하리니 初三은 直就佛明이요 次一은 對機以辨이요 後一은 約法
以明이라 今初에 初一句는 所緣과 及一切種智清淨이니 於所緣과
所知中에 無礙智가 自在轉故요 次句는 所依清淨이니 煩惱習氣가
永無餘故요 三은 一切種心清淨이니 一切善根을 皆積集故요 四는
具大悲故라

---

387 생각이란, 나쁜 생각이다.
388 의지란, 이익과 명예이다
389 원문에 견척蠲滌이란, 제거하여 없애다. 蠲은 제거할 견 자이고, 滌湯은
   없앤다는 뜻이다. 또 蠲은 깨끗이 할 견, 滌은 씻을 척, 즉 깨끗이 씻는다는
   뜻이다.

게송 가운데 두 가지로 나누리니

앞에 다섯 게송은 불법의 사의하기 어려움을 찬탄한 것이요

뒤에 다섯 게송은 들어가게 하는 방편을 보인[390] 것이다.

지금은 처음으로 세 가지로 나누리니

처음에 세 게송은 바로 부처님께 나아가 밝힌 것이요

다음에 한 게송은 근기를 상대하여 분별한 것이요

뒤에 한 게송은 법을 잡아 밝힌 것이다.

지금은 처음 게송으로, 처음에 한 구절은 소연所緣과 그리고 일체종지가 청정한 것이니

소연과 소지 가운데 걸림 없는 지혜가 자재로 전하는 까닭이요

다음 구절은 소의所依가 청정한 것이니

번뇌와 습기가 영원히 남음이 없는 까닭이요

세 번째 구절은 일체종류의 마음이 청정한 것이니

일체 선근을 다 쌓아 모으는 까닭이요

네 번째 구절은 대비를 구족한 까닭이다.

鈔

初一句는 所緣者는 契經諸論에 皆說如來의 一百四十不共功德거니와 今依瑜伽四十九說하리라 論云호대 依如來住하며 及依如來의 到

---

390 원문에 시입방편示入方便이라고 한 것은 불보리佛菩提, 공덕功德, 교교敎, 의의義 등에 들어가는 방편을 현시한 것이라는 뜻이다.

究竟地인댄 諸佛世尊이 有百四十不共佛法이니 謂諸如來의 三十二
大人相과 八十種隨形好와 四一切種淸淨과 十力과 四無所畏와 三
念住와 三不護와 大悲와 無忘失法과 永害習氣와 及一切種妙智라하
얏거니와 今經略具하니 初三句中에 具四一切種淸淨이라 言四種者
는 一은 一切種所依淸淨이니 謂煩惱麤重과 幷諸習氣가 於自所依에
無餘永滅故며 又於自體에 如自所欲하야 取住捨中에 自在而轉이라
二는 一切種所緣淸淨이니 謂於種種으로 若化若變과 若所顯現의 一
切所緣에 皆自在轉故라 三은 一切種心淸淨이니 謂如前說하야 一切
心麤重이 永滅離故며 又於心中에 一切種善根을 皆積集故라 四는
一切種智淸淨이니 謂如前所說하야 一切無明品麤重이 永滅離故며
又遍一切所知境中에 知無障礙하야 智自在轉故라 上四中에 除第
二하고 皆有二釋하니라 今疏之中에도 皆具四淨이나 而文少略은 取
順經耳니라 初如來最自在句에 有二淸淨하니 所緣은 是第二요 一切
種智는 是第四니 於所緣中에 無礙轉은 釋第二에 所緣淸淨이요 於所
知中에 無礙智自在轉은 卽是第四에 一切智淸淨이라 彼論二釋에
今取後釋耳이니 此二가 皆是最自在義니라 次句所依淸淨者는 卽經
超世無所依니 是第一에 淨이니 可知라 三一切種心淸淨者는 卽經具
一切功德이니 是第三에 心淸淨이라 亦二釋中에 後釋이니 對論易知
니라

처음에 한 구절은 소연이라고 한 것은 계경과 모든 논에서 다 여래의
일백사십 가지 불공不共의 공덕을 설하였거니와, 지금에는 『유가론』
사십구권에 설한 것을 의지하겠다.

논에 말하기를 여래의 머무는 곳을[391] 의지하며 그리고 여래의 구경의 땅에 이름을 의지한다면 모든 부처님 세존이 일백사십 가지 불공의 불법이 있나니,

말하자면 모든 여래의 서른두 가지 대인상과 팔십 가지 수형호隨形好와 네 가지 일체종류의 청정과 열 가지 힘과 네 가지 두려움이 없는 것과 세 가지 염주念住[392]와 세 가지 불호不護와 대비와 잊어버리지 않는 법과 영원히 습기를 해치우는[393] 것과 그리고 일체종의 묘한 지혜라 하였거니와, 지금 경에는 간략하게 갖추었으니

처음 게송의 앞에 세 구절 가운데 네 가지 일체종류의 청정을 갖추었다.

네 가지 청정이라고 말한 것은 첫 번째는 일체종류의 소의所依가 청정한 것이니,

말하자면 번뇌의 추중과 아울러 모든 습기가 스스로 의지하는 바[394]에 남김없이 영원히 사라진 까닭이며,

또 저 여래의 자체[395]에 스스로 욕망하여 취하고 머물고 버리는

---

391 여래의 머무는 곳이라고 한 등은, 말하자면 백사십 공덕이 이 여래의 머무는 바 처소이며, 여래의 구경에 땅인 까닭이라고 『잡화기』는 말한다.

392 세 가지 염주(三念住)란, 憂·喜·捨이다.

393 영원히 습기를 해치운다고 한 것은 제 세 번째 게송 제이구第二句에 육진의 얽어 매임을 다 제거하여 없앤다고 한 것과 같다.

394 원문에 자소의自所依라고 한 것은 곧 번뇌煩惱와 습기習氣이다. 또 소의所依라고 한 것은 번뇌와 습기가 身을 의지하여 머무는 까닭으로 이미 소의所依의 身이 청정하다고 하였다면 그 뜻은 능의能依의 번뇌煩惱가 영원히 사라졌다는 것을 나타낸 것이다.

가운데 자재로 전하는[396] 것과 같다.

두 번째는 일체종류의 소연所緣이 청정한[397] 것이니

말하자면 가지가지로 혹 화현하고 혹 변화하는 것과 혹 나타낼 바 일체 소연에 다 자재롭게 전하는 까닭이다.

세 번째는 일체종류의 마음이 청정한 것이니,

말하자면 앞에서 설한 것과 같아서 일체 마음의 추중이 영원히 사라져 떠난 까닭이며,

또 마음 가운데 일체종류의 선근을 다 쌓아 모은 까닭이다.

네 번째는 일체종지가 청정한 것이니,

말하자면 앞에 설한 바와 같아서 일체 무명품無明品의 추중이 영원히 사라져 떠난 까닭이며,

또 모든 일체 소지의 경계 가운데 장애가 없음을 알아서 지혜가 자재로 전하는 까닭이다.

위에 네 가지 청정 가운데 제 두 번째만 제외하고는 다 두 가지 해석이 있었다.

지금 소문 가운데도 다 네 가지 청정을 구족하였지만 문장을 조금 생략한 것은 경에 따름을 취하였을 뿐이다.

처음 여래는 가장 자재하다고 한 구절에 두 가지 청정이 있나니 소에 소연이 청정하다고 한 것은 이것은 『유가론』의 제 두 번째요,

395 원문에 자체란, 불신佛身의 자체이다.

396 원문에 자재이전自在而轉이라고 한 것은 취하고자 하면 취하고, 머물고자 하면 머물고, 버리고자 하면 버리는 것이 자재自在의 뜻이다.

397 소연所緣이 청정하다고 한 것은 자재의 뜻이다.

소에 일체종지가 청정하다고 한 것은 이것은『유가론』제 네 번째
이니,

소에 소연 가운데 걸림 없이 전한다고 한 것은 논의 제 두 번째
소연이 청정하다고 한 것을 해석한 것이요

소에 소지 가운데 걸림 없는 지혜가 자재로 전한다고 한 것은 곧
이것은 논의 제 네 번째 일체종지가 청정하다고 한 것을 해석한
것이다.

저 논의 두 가지 해석에 지금에는 뒤의 해석[398]을 취한 것이니,
이 두 가지[399] 해석이 다 이 경의 가장 자재하다는 뜻이다.

다음 구절은 소의가 청정하다고 한 것은 곧 경에 세간을 뛰어나
의지할 바가 없으시다고 한 것이니,

이것은 논의 제일에 소의가 청정하다고 한 것을 해석한 것이니
가히 알 수가 있을 것이다.

세 번째 구절은 일체종류의 마음이 청정하다고 한 것은 곧 경에
일체 공덕을 구족하셨다고 한 것이니

이것은 논의 제 세 번째 일체종류의 마음이 청정하다고 한 것을
해석한 것이다.

또한 두 가지 해석 가운데 뒤의 해석이니[400]

---

398 원문에 후석後釋이란, 일체종지청정一切種智淸淨이다.

399 원문에 차이此二란, 소의청정所依淸淨과 일체종지청정一切種智淸淨이다.

400 중후中後라 한 후後 자 하에 석釋 자가 있어야 한다고『잡화기』는 말하나,

『유가론』[401]을 대조하면 쉽게 알 수가 있을 것이다.

疏

五는 無憂喜之雜染이니 安住捨故라 故無所著이라하니라 六은 惡想都絶하고 不依止名聞利養故라 七八二句는 體雖叵量이나 具相好일새 故稱歎이라

다섯 번째 구절[402]은 근심하고 기뻐하는 잡된 오염이 없는 것이니 사심捨心에 안주하는 까닭이다.
그런 까닭으로 집착하는 바도 없다 하였다.
여섯 번째 구절[403]은 나쁜 생각도 다 끊었고 명예와 소문과 이양도 의지하지 않는 까닭이다.
일곱 번째와 여덟 번째 두 구절[404]은 자체성은 비록 헤아릴 수 없지만 삼십이상과[405] 팔십종호를 구족하였기에 그런 까닭으로 보는 사람이

───────

없다 해도 뜻은 통한다 하겠다.
401 『유가론瑜伽論』은 역시 사십구권이다.
402 다섯 번째 구절이란, 第二偈의 初句를 말한다.
403 여섯 번째 구절이란, 第二偈의 第二句이다.
404 일곱 번째와 여덟 번째 두 구절이란, 역시 第二偈의 第三句와 第四句이다.
405 삼십이상 운운은, 『잡화기』에 삼십이상과 팔십종호를 합하면 백십이 상호相好가 되는 까닭으로 지금 계경과 모든 논에서 백사십 공덕을 구족하였다 말하는 것이다 하였다. 백사십 공덕은 영인본 화엄 4책, p.617, 8행과 9행에 있다.

다 칭찬하는 것이다.

鈔

五無憂喜者는 卽無染無所著이라 是三念住니 謂一者는 一心聽法
不憂요 二者는 一心聽法不喜요 三者는 常住捨心이니 謂有憂喜卽染
이요 不住捨卽著이어니와 今無染無著일새 故具三念住니라 六惡想
都絶下는 卽經無想無依止니 是三不護이니 一은 惡想都絶이요 二는
不依止名聞이요 三은 不依止利養이니 今無想은 成初一이요 無依止
는 成後二라

다섯 번째 구절은 근심하고 기뻐하는 잡된 오염이 없다고 한 것은
곧 경에 물듦도 없고 집착하는 바도 없다고 한 것이다.
이것은 『유가론』의 세 가지 염주이니,
말하자면 첫 번째는 일심으로 법문을 듣되 근심하지 않는 것이요
두 번째는 일심으로 법문을 듣되 기뻐하지 않는 것이요
세 번째는 항상 사심捨心에 머무는 것이니,
말하자면 근심하고 기뻐함이 있다면 곧 물들게 되고 사심에 머물지
않는다면 곧 집착하게 되거니와, 지금에는 물듦도 없고 집착하는
바도 없기에 그런 까닭으로 세 가지 염주를 갖춘 것이다.

여섯 번째 구절은 나쁜 생각도 다 끊었다고 한 아래는 곧 경에
생각함도 없고 의지함도 없다고 한 것을 해석한 것이다.

이것은 『유가론』의 세 가지 불호不護이니[406]

첫 번째는[407] 나쁜 생각을 다 끊는 것이요

두 번째는[408] 명예와 소문을 의지하지 않는 것이요

세 번째는[409] 이양을 의지하지 않는 것이니

지금에 생각함도 없다고 한 것은 처음에 하나[410]를 성립한 것이요

의지함도 없다고 한 것은 뒤에 둘[411]을 성립한 것이다.

疏

九는 智光遍覺이니 離倒名淨이라 身光可知라 十은 永害習氣故요

十一은 住正念故로 離邊이요 常明記故로 不動이니 亦是成上의

---

406 불호不護라고 한 것은 『유가론瑜伽論』에 아라한阿羅漢은 제악諸惡이 사라진
   듯하나 때가 되면 현행現行하여 문득 핍박하는 까닭으로 부지런히 수호守護
   해야 하지만, 모든 부처님은 잠복하는 모든 번뇌를 영원히 끊은 까닭으로
   수호할 것이 없다. 이상은 『유가론』의 뜻을 의인意引한 것이다.
   불호라고 한 것은 『잡화기』에 『유가론』 본론에 말하기를 아라한이 시간
   시간에 기억도 없는 더러운 악이 그때 다시 현행現行하여 그를 따라 문득
   핍박함이 있는 까닭으로 부지런히 더욱 더 수호해야 하지만 모든 부처님은
   더러운 악으로 지은 바 잠복하는 번뇌를 영원히 끊은 까닭으로 더 이상
   수호하지 않아도 된다 한다고 하였다.

407 첫 번째는 意이다.

408 두 번째는 口이다.

409 세 번째는 身이다.

410 처음에 하나(初一)란, 삼불호三不護에 初一이다.

411 뒤에 둘(後二)이란, 삼불호三不護에 後二이다.

智光所觀이라 故結云佛智라하니라 又此一偈는 卽四無所畏니 光
明은 卽正覺이요 淸淨은 卽出苦요 滌累는 漏盡과 及出障道無畏라
不動은 卽無畏之義니 外難하야도 不能傾故며 不墮勝負의 二邊故
니 是無畏智니라

아홉 번째[412] 구절은 지광智光[413]으로 두루 깨닫는 것이니
꺼꾸러진 생각을 떠나는 것이 이름이 청정이다.
신광身光[414]은 가히 알 수가 있을 것이다.
열 번째 구절은 영원히 습기를 해치우는 까닭이요
열한 번째 구절은 바른 생각에 머무는 까닭으로 이변을 떠나고
항상 분명하게 기억하는 까닭으로 움직이지 않나니,
역시 위에 지광으로 관찰한 바를 성립한 것이다.
그런 까닭으로 맺어서 말하기를 부처님의 지혜라 하였다.

또 이 세 번째 한 게송은 곧 네 가지 두려울 바가 없는 것이니
광명이라고 한 것은 곧 정각 무외요
청정이라고 한 것은 출고出苦 무외요
얽어 매임이라고 한 것은 누진 무외와 그리고 출[415]장도 무외이다.
움직이지 않는다고 한 것은 곧 무외의 뜻이니

---

412 아홉 번째(九)란, 第三偈의 初句이다.
413 지광智光은 經에 光明이다.
414 신광身光은 삼십이상三十二相과 팔십종호八十種好를 말한다.
415 원문에 급여及與라고 한 與 자는 出 자가 옳다.

외도들이 비난하여도 능히 움직이지 않는 까닭이며
이기고 지는 이변에 떨어지지 않는 까닭이니
이것이 두려움이 없는 지혜이다.

鈔

九智光遍覺은 卽一切種妙智요 十은 可知라 十一은 卽無忘失法이니
故常明記니라 又此一偈者는 謂光明遍淸淨等은 屬無畏라 無畏有
四하니 一은 一切智無畏요 二는 漏盡無畏요 三은 出障道無畏요 四는
出苦道無畏니 至十藏品當釋하리라 唯十力智만 在第三의 約法以顯
中이니 卽百四十功德具矣니라

아홉 번째 구절은 지광으로 두루 깨닫는 것이라고 한 것은 곧 일체종
류의 묘한 지혜요
열 번째 구절은 가히 알 수가 있을 것[416]이다.
열한 번째 구절은 곧 『유가론』에 잊어버리지 않는 법이니,
그런 까닭으로 항상 분명하게 기억하는 것이다.

또 이 세 번째 한 게송이라고 한 것은 말하자면 광명이 두루 청정하다
고 한 등[417]은 무외無畏에 배속한 것이다.

---

416 열 번째 구절은 가히 알 수가 있다고 한 것은 영해습기永害習氣임을 알
    수 있다는 것이다.
417 청정淸淨이라는 말 아래에 等 자가 있어야 옳다.

무외에 네 가지가 있나니

첫 번째는 일체지 무외요

두 번째는 누진 무외요

세 번째는 출장도 무외요

네 번째는 출고도 무외이니,

십장품에 이르러 마땅히 해석하겠다.[418]

오직 십력의 지혜만 제 세 번째 법을 잡아 나타낸 가운데[419] 있나니,

곧 일백사십 공덕이 갖추어졌다.

---

418 십장품에 이르러 마땅히 해석하겠다고 한 것은 십무진장품의 제 다섯 번째
　　 문장閱藏 가운데 사성제와 사사문과四沙門果와 사변四辯과 <u>사무소외</u>四無所畏
　　 (사무외)와 사념처와 사정근과 사신족과 오근과 오력과 칠각분과 팔성도분을
　　 설하고 있다. 그 가운데 사무소외이다.

419 제 세 번째 법을 잡아 나타낸 가운데라고 한 것은 이 아래 영인본 화엄
　　 4책, p.622, 4행에 있다.

經

若有見如來하고 身心離分別인댄
則於一切法에　永出諸疑滯리이다

만약 어떤 사람이 여래를 보고
몸과 마음에 분별을 떠난다면
곧 저 일체법에
영원히 모든 의심의 막힘에서 벗어날 것입니다.

疏

二에 一偈는 對機以辨이라 於中에 身心離分別者는 含於二意니
一은 約佛이니 以二業이 隨智慧行故요 二는 約機니 卽知上功德이
나 而能身心에 無分別者는 則得無疑益하리라

두 번째 한 게송은 근기를 상대하여 분별한 것이다.
그 가운데 몸과 마음에 분별을 떠났다고 한 것은 두 가지 뜻을
포함하고 있나니
첫 번째는 부처님을 잡은 것이니
이업420이 지혜를 따라 행하는421 까닭이요

---

420 원문에 三業은 二業이 아닌가 한다. 二業은 身과 心이 이것이다. 소본에
    삼업이라 한 것은 이업이 아닐까 염려한다고 『잡화기』는 말한다.
421 행등行等이라 한 等 자는 연자衍字이다.

두 번째는 중생의 근기를 잡은 것이니

곧 위에 공덕을 알지만 능히 몸과 마음에 분별이 없는 사람은 의심이

없는 이익을 얻을 것이다.

經

一切世間中에 處處轉法輪하사대
無性無所轉은 導師方便說이니다

일체 세간 가운데
곳곳에 법륜을 전하시지만
자체성도 없고 전하는 바도 없는 것은
도사가 방편으로 설하신 것입니다.

疏

三에 有一偈는 約法以顯이니 雖法界遍轉하사대 無性寂滅일새 故
無所轉이라하고 假以言宣일새 云方便說이라하니 其能轉智는 卽
十力智라

세 번째 한 게송이 있는 것은 법을 잡아서 나타낸 것이니,
비록 법계에 두루 전하시지만 자체성이 없어서 적멸하기에 그런
까닭으로 전하는 바가 없다 하였고,
거짓말로써 선설하기에 방편으로 설한다 말하였으니
그것을 능히 전하는 지혜는 곧 십력의 지혜인 것이다.

經

於法無疑惑하며 永絶諸戱論하야
不生分別心하면 是念佛菩提니이다

법에 의혹이 없으며
영원히 모든 희론을 끊어
분별하는 마음을 내지 않는다면
이것을 부처님의 보리를 생각하는 것이라 할 것입니다.

疏

後五는 示入方便者는 上來說佛은 不離功德菩提요 上所說法은
不離敎義니 次第令入이라 初偈는 令念菩提니 初句는 善決性相이
요 次二句는 契理絶想이니 以生分別想이 卽戱論故라 具斯二義인
댄 爲念菩提리라 故大般若云호대 覺法自性하야 離諸分別인댄 同
菩提故라하며 又心絶動搖하며 言亡戱論이라하니라 又瑜伽九十
五에 有六種戱論일새 故名爲諸라하니라

뒤에 다섯 게송은 들어가게 하는 방편을 보인 것이라고 한 것은
상래에 설한 바 부처님은 공덕과 보리를 떠나지 아니하였고,
상래에 설한 바 법은 교敎와 의義를 떠나지 아니하였으니
차례로 하여금 들어가게 하는 것[422]이다.

처음 게송은 하여금 보리를 생각케 하는 것이니

처음 구절은 자성과 모습을 잘 결정하는 것이요

다음에 두 구절은 진리에 계합하여 생각을 끊은 것이니

분별하는 생각을 내는 것이 곧 희론인 까닭이다.

이 두 가지 뜻을 구족한다면 보리를 생각하는 것이라 할 것이다.

그런 까닭으로 『대반야경』에 말하기를 법의 자성을 깨달아 모든

분별을 떠난다면 보리와 같은 까닭이다 하였으며,

또 마음에 동요도 끊었으며 말에 희론도 잊었다 하였다.

또 『유가론』 구십오권에 여섯 가지 희론이 있기에 그런 까닭으로

이름을 모든 희론이라 하였다.

鈔

故大般若下는 卽文殊分中이니 如前已引하니라 又心絶動搖는 亦是
此經次後那伽室利分이니 那伽云龍이니 卽龍吉祥菩薩이라 妙吉祥
菩薩이 欲入城乞食할재 龍吉祥問云호대 我欲入城하야 爲有情故로
巡行乞食하노이다 妙吉祥云호대 隨汝意往하라 然於行時에 勿得擧
足하며 勿得下足하며 勿屈勿伸하며 勿起於心하며 勿興戲論하며 勿

---

422 원문에 차제영입次第令入이라고 한 것은 初偈와 第四偈는 令入菩提요, 第二
偈는 令入敎요, 第三偈는 令入功德이요, 第五偈는 令入義이다. 즉 처음
게송과 제 네 번째 게송은 하여금 보리에 들어가게 하는 것이고, 제 두
번째 게송은 하여금 교敎에 들어가게 하는 것이고, 제 세 번째 게송은 하여금
공덕에 들어가게 하는 것이고, 제 다섯 번째 게송은 하여금 의義에 들어가게
하는 것이다. 『잡화기』도 이와 같이 말하였다.

生路想과 城邑想과 大小男女想하라 所以者何오 菩提는 遠離諸所有
想하야 無高無下하며 無卷無舒하며 心絶動搖하며 言忘戲論하며 無
有數量이라하니 今唯用後一對耳니라 又瑜伽九十五에 有六種戲論
者는 一은 顚倒戲論이요 二는 唐捐戲論이요 三은 諍競戲論이요 四는
於他分別勝劣戲論이요 五는 分別工巧와 養命戲論이요 六은 耽著世
間의 財食戲論이라하니 動搖尙無어니 斯六豈有리요

그런 까닭으로 『대반야경』이라고 한 아래는 대반야 문수분[423] 가운
데 설한 것이니
앞에서 이미 인용한 것과 같다.

또 마음에 동요도 끊었다고 한 것은 역시 이 『대반야경』의 이 다음
뒤에 나가실리분에 설한 것이니,
나가는 여기에서 말하면 용이니 곧 용길상 보살이다.
묘길상 보살이 성에 들어가 걸식하고자 할 즈음, 용길상이 물어
말하기를 저도 성에 들어가 유정들을 위한 까닭으로 순행하며 걸식
하고자 합니다.
묘길상이 말하기를 그대 뜻을 따라 걸식하러 가거라.
그러나 걸식을 행할 때에 다리를 들지도 말며
다리를 내리지도 말며,
허리를 굽히지도 말며

423 문수분文殊分이란, 대반야만수실리분大般若曼殊實利分이다.

허리를 펴지도 말며,

마음을 일으키지도 말며

희론을 일으키지도 말며,

길이라는 생각과 성읍이라는 생각과 크다 작다. 남자다 여자다라는
생각을 내지도 말라.

무슨 까닭인가.

보리는 모든 있는 바 생각을 멀리 떠나 높음도 없고 낮음도 없으며,

접음도 없고 폄도 없으며,

마음에 동요도 없으며

말에 희론도 잊었으며

수량도 없다 하였으니

지금 여기에서는 오직 뒤에 일대—對^{424}만 인용하였을 뿐이다.

또 『유가론』 구십오권에 여섯 가지 희론이 있다고 한 것은

첫 번째는 꺼꾸러진 희론이요

두 번째는 황당하게 던지는 희론이요

세 번째는 다투는 희론이요

네 번째는 다른 이의 수승하고 하열함을 분별하는 희론이요

다섯 번째는 공교와 양명을 분별하는 희론이요

여섯 번째는 세간의 재물과 음식에 탐착하는 희론이다 하였으니,

동요도 오히려 없거든 이 여섯 가지 희론이 어찌 있겠는가.

---

424 뒤에 일대—對란 마음에 동요도 없다(心絶動搖)한 것과 말에 희론도 잊었다(言
忘戲論) 한 것이다.

經

了知差別法하며 不著於言說하며
無有一與多인댄 是名隨佛敎이니다

차별한 법을 알며
언설에 집착하지 아니하며
일一과 더불어 다多에 대한 생각이 없다면
이것을 부처님의 가르침을 따른다 이름할 것입니다.

疏

次偈는 隨敎니 上二句는 了法亡言이요 次句는 得旨니 方名隨順이라

다음에 게송은 부처님의 가르침을 따르는 것이니
위에 두 구절은 법을 알고 말을 잃는 것이요
다음 구절은 뜻을 얻는 것이니
바야흐로 이름이 부처님의 가르침을 수순하는 것이다.

經

多中無一性하고 一亦無有多하야
如是二俱捨인댄 普入佛功德이리다

다多 가운데는 일一의 자성이 없고
일 가운데도 다多의 자성이 없어서
이와 같이 두 가지를 함께 버린다면
부처님의 공덕에 널리 들어갈 것입니다.

疏

次偈는 入佛功德이니 上二句는 雙存이니 一多相別故요 次句는
雙泯이니 相形奪故라 一因於多有인댄 多中應有一이며 多因於一
有인댄 一中應有多로대 今多中無一일새 一無從矣며 一中無多일
새 多無從矣니 故二俱捨也라하니라 而性相融通하야 入一이 卽是
入多일새 名普入也라하니라

다음에 게송은 부처님의 공덕에 들어가는 것이니
위에 두 구절은 둘 다 함께 존재하는 것이니 일과 다가 서로 다른
까닭이요
다음 구절은 둘 다 함께 없는 것이니 서로의 모습을 빼앗는 까닭이다.
일이 다를 인하여 있다면 다 가운데 응당 일이 있어야 할 것이며
다가 일을 인하여 있다면 일 가운데 응당 다가 있어야 할 것이지만,

지금에는 다 가운데 일이 없기에 일이 좋아온 바가 없으며

일 가운데 다가 없기에 다가 좋아온 바가 없나니

그런 까닭으로 둘을 함께 버린다 하였다.

그러나 자성과 모습[425]이 융통하여 일에 들어가는 것이 곧 다에

들어가는 것이기에 이름을 널리 들어간다[426] 하였다.

鈔

次偈는 入佛功德等者는 文有三段하니 初는 略釋經文이라

다음에 게송은 부처님의 공덕에 들어가는 것이라고 한 등은 문장에

삼단이 있나니

처음에는 경문을 간략하게 해석한 것이다.

---

[425] 자성과 모습이란, 다 사실을 잡아 말한 것이니, 곧 一은 자성(性)이고 多는 모습(相)이다.

[426] 원문에 보입普入이라고 한 것은, 하나에 들어가는 것이 곧 많은 것에 들어가는 것을 보입普入의 뜻이라 한다. 그러나 『잡화기』는 소본인즉 많은 것에 들어간다고 한 아래에 또 많은 것에 들어가는 것이 곧 이 하나에 들어가는 것이다는 구절이 있다. 그러나 만약 널리 들어간다는 뜻을 성립한다면 응당 다만 지금 소문에서 말한 한 구절만 취할 것이다 하였다. 지금 소문에 말한 한 구절이란 하나에 들어가는 것이 곧 이 많은 것에 들어간다는 것이다 한 것이다.

疏

然一多相依하야 互爲本末이 通有四義라 一은 相成義니 則一多
俱立에 以互相持일새 有力俱存也니 卽初二句라 二는 相害義니
形奪兩亡에 以相依故로 各無性也니 卽二俱捨가 是라 三은 互存
義니 以此持彼에 不壞彼而在此니 彼持此亦爾라 故上文云호대
一中解無量等이 是라 四는 互泯義니 以此持彼에 彼相盡而唯此
며 以彼持此에 此相盡而唯彼니 故下文云호대 知一卽多며 多復
卽一이 是也라 諸文이 各據一義일새 故不相違矣니라

그러나 일과 다가 서로 의지하여 서로 근본과 지말을 삼은 것이
모두 네 가지 뜻이 있다.
첫 번째는 서로 성립하는 뜻이니,
곧 일과 다를 함께 성립함에[427] 서로서로 의지하기에 힘이 있는
것이 함께 존재하는 것이니 곧 처음에 두 구절이다.
두 번째는 서로 해손하는 뜻이니,
곧 모습을 빼앗아 둘이 함께 없음에 서로 의지하는 까닭으로 각각
자성이 없는 것이니 곧 두 가지를 함께 버린다고 한 것이 이것이다.

---

427 원문에 일다구립一多俱立 운운은, 이것은 能持를 잡아 一과 多를 함께 成立하
는 뜻을 삼고, 四에 互泯은 所持를 잡아 서로 없는 뜻을 삼았다. 또 二에
相害와 四에 互泯이 다른 것은 相害는 依門을 잡아 말한 것이니 能依가
자성이 없는 것이요, 互泯은 持門을 잡아 말한 것이니 所持가 자성이 없는
것이다. 이상은 『잡화기』의 말이다.

세 번째는 서로 존재하는 뜻이니,

이것이 저것을 의지함에 저것을 무너뜨리지 않고 이것이 존재하는 것이니, 저것이 이것을 의지하는 것도 또한 그러한 것이다.

그런 까닭으로 위의 문장에서 일 가운데 무량을 안다고 한 등이 이것이다.

네 번째는 서로 없는 뜻이니,

이것이 저것을 의지함에 저의 모습이 다하여 오직 이 모습뿐이며, 저것이 이것을 의지함에 이 모습이 다하여 오직 저 모습뿐이니 그런 까닭으로 아래 문장[428]에 일이 곧 다이며 다가 곧 일인 줄 안다고 한 것이 이것이다.

모든 문장이 각각 한 가지 뜻만을 의지하기에 그런 까닭으로 서로 어기지 않는 것이다.

鈔

二에 然一多相依下는 束成四義니 以順經文이라

두 번째 그러나 일과 다가 서로 의지한다고 한 아래는 네 가지 뜻을 묶어서 성립한 것이니

이 경문을 따라 해석한 것이다.

---

[428] 아래 문장이란, 곧 십주경문十住經文이다.

疏

復總收之하야 以爲十義리니 一은 孤標獨立이요 二는 雙現同時요
三은 兩相俱亡이요 四는 自在無礙요 五는 去來不動이요 六은 無力
相持요 七은 彼此無知요 八은 力用交徹이요 九는 自性非有요 十은
究竟離言이라

다시 모두 거두어 열 가지 뜻으로 하리니
첫 번째는 홀로 독립함을 표한 것이요
두 번째는 둘이 동시임을 나타낸 것이요
세 번째는 두 모습이 함께 없는 것이요
네 번째는 자재하여 걸림이 없는 것이요
다섯 번째는 가고 옴에 동요하지 않는 것이요
여섯 번째는 힘이 없어 서로 의지하는 것이요
일곱 번째는 저것과 이것이 서로 알 수 없는 것이요
여덟 번째는 힘의 작용이 서로 사무치는 것이요
아홉 번째는 자성이 없는 것이요
열 번째는 구경에는 말을 떠난 것이다.

鈔

三에 復總收之下는 融成十門이라 一에 孤標獨立者는 卽前多中無一
性이요 一亦無有多라하니 二法互無일새 故得獨立하며 亦一卽多而
唯多요 多卽一而唯一이니 廢己同他일새 故云獨立이라하니라 二에

雙現同時는 卽下經云호대 知以一故衆이며 知以衆故一이니 無一卽
無多요 無多卽無一이라하니 故二雙現하야 更無前後가 如牛二角이
라 三에 兩相俱忘者는 卽前二俱捨也라 四에 自在無礙者는 欲一卽
一이니 不壞相故며 欲多卽多니 一卽多故라 一旣如此인댄 多亦準之
니라 常一常多며 常卽不卽일새 故云自在라하니라 五에 去來不動者
는 一入多而一在요 多入一而多存이 若兩鏡相入이나 而不動本相이
니 相卽亦然이니라 六에 無力相持者는 因一有多일새 多無力而持一이
요 因多有一일새 一無力而持多니라 七에 彼此無知者는 二互相依하
야 皆無體用일새 故不相知라 故覺首云호대 諸法無作用하고 亦無有
體性하나니 是故彼一切가 各各不相知라하니라 八에 力用交徹者는
卽前一中解無量하고 無量中解一이라하니라 九에 自性非有者는 互
爲因起일새 擧體性空이라 十에 究竟離言者는 不可言一이며 不可言
非一이며 不可言亦一亦非一이며 不可言非一非非一이며 不可言相
卽이니 以相入故며 不可言相入이니 以相卽故며 不可言卽入이니 不
壞相故며 不可言不卽不入이니 互交徹故라 口欲辯而辭喪이요 心將
緣而慮亡이라 唯證方知니 同果海故라 一多旣爾인댄 染淨等法이 無
不皆然이라

세 번째 다시 모두 거두어 열 가지 뜻으로 한다고 한 아래는 융합하여
십문을 성립한 것이다.
첫 번째 홀로 독립함을 표한 것이라고 한 것은 곧 앞[429]의 다多 가운

---

429 앞이란, 영인본 화엄 4책, p.624, 7행이다.

데는 일一의 자성이 없고, 일一 가운데도 또한 다多의 자성이 없다 한 것이니

두 가지 법이 서로 없기에 그런 까닭으로 독립한다고 함을 얻으며, 또 일이 곧 다이지만 그러나 오직 다多일 뿐이고, 다가 곧 일一이지만 그러나 오직 일一일 뿐이니

자기를 버리고 다른 이와 같아지기에[430] 그런 까닭으로 말하기를 독립한다 하였다.

두 번째 둘이 동시임을 나타낸 것이라고 한 것은 곧 아래 경에[431] 말하기를

일一인 까닭으로 중다衆多인 줄 알며,

중다인 까닭으로 일一인 줄 아나니

일이 없으면 곧 다가 없고,

다가 없으면 곧 일이 없다 하였으니

그런 까닭으로 둘이 함께 나타나 다시 전·후가 없는 것이 마치 소의 두 뿔과 같다.[432]

세 번째 두 모습이 함께 없는 것이라고 한 것[433]은 곧 앞에 두 가지를

---

430 원문에 폐기동타廢己同他란, 곧 하나가 된다는 뜻이다.

431 아래 경 운운은 수미정상게찬품이다.

432 원문에 여우이각如牛二角이란, 마치 소의 두 뿔이 동시에 나타나 있듯이 一과 多가 함께 나타나 있다는 것이다.

433 원문에 자하茖下라는 두 글자는 衍이다.

함께 버린다고 한 것이다.

네 번째 자재하여 걸림이 없는 것이라고 한 것은 일이고자 하면
곧 일一이니
일의 모습을 무너뜨리지 않는 까닭이며,
다이고자 하면 곧 다多이니
일이 곧 다인 까닭이다.
일이 이미 이와 같다면 다도 또한 여기에 기준할 것이다.
항상 일이고자 하지만 항상 다이며, 항상 즉하고자 하지만 즉하지
않기에 그런 까닭으로 말하기를 자재라 하였다.

다섯 번째 가고 옴에 동요하지 않는 것이라고 한 것은 일이 다에
들어가지만 일은 존재하고 다가 일에 들어가지만 다는 존재하는
것이 마치 두 거울이 서로 들어가지만 본래 거울의 모습을 움직이지
않는 것과 같나니,
서로 즉하는 것도 또한 그러한 것이다.

여섯 번째 힘이 없어 서로 의지하는 것이라고 한 것은 일을 인하여
다가 있기에 다는 힘이 없어 일을 의지[434]하고,
다를 인하여 일이 있기에 일은 힘이 없어 다를 의지하는 것이다.

---

434 원문에 지일持一이란, 一을 의지依持하는 것이니, 一을 의지하는 것이 그렇다
면 多를 의지하는 것도 그러한 것이다.

일곱 번째 저것과 이것이 서로 알 수 없는 것이라고 한 것은 둘이
서로서로 의지하여 다 자체와 작용이 없기에 그런 까닭으로 서로
알지 못하는 것이다.

그런 까닭으로 각수보살이 말하기를[435]

모든 법은 작용도 없고

또한 체성도 없나니

이런 까닭으로 저 일체가

각각 서로 알지 못한다 하였다.

여덟 번째 힘의 작용이 서로 사무치는 것이라고 한 것은 곧 앞[436]에
일 가운데 무량을 알고 무량 가운데 일을 안다고 한 것이다.

아홉 번째 자성이 없는 것이라고 한 것은 서로 인연하여 일어나기에
전체의 자성이 공한 것이다.

열 번째 구경에는 말을 떠난 것이라고 한 것은 가히 일이라고 말할
수도 없으며

가히 일이 아니라고 말할 수도 없으며,

가히 또한 일이기도 하고 또한 일이 아니기도 하다고 말할 수도
없으며,

---

[435] 각수보살 운운은 수미정상게찬품 게송이다.
[436] 앞이란, 영인본 화엄 4책, p.625, 8행이다.

가히 일도 아니고 일도 아닌 것도 아니라고 말할 수도 없으며,

가히 서로 즉한다고 말할 수도 없나니 서로 들어가는 까닭이며,

가히 서로 들어간다고 말할 수도 없나니 서로 즉하는 까닭이며,

가히 서로 즉하기도 하고 서로 들어가기도 한다고 말할 수도 없나니 그 모습을 무너뜨리지 않는 까닭이며,

가히 즉하지 아니하기도 하고 들어가지 아니하기도 한다고 말할 수도 없나니 서로서로 사무치는 까닭이다.

입으로 말하고자 하지만 말을 잃었고

마음으로 장차 반연하고자 하지만 생각이 없다.

오직 증득한 사람이라야 바야흐로 알 것이니

과해果海와 같은 까닭이다.

일과 다가 이미 그렇다면 더러운 법과 깨끗한 등의 법이 다 그렇지 아니함이 없을 것이다.

經

衆生及國土의　一切皆寂滅하야
無依無分別인댄 能入佛菩提리이다

중생과 그리고 국토의
일체가 다 적멸하여
의지하는 바도 없고 분별하는 바도 없다면
능히 부처님의 보리에 들어갈 것입니다.

疏

次偈는 入佛菩提니 依正皆寂일새 故無所依요 智契於斯일새 故無
分別이라

다음에 게송은 부처님의 보리에 들어가는 것이니
의보와 정보가 다 적멸하기에 그런 까닭으로 의지하는 바가 없고
지혜가 여기에 계합하기에 그런 까닭으로 분별하는 바가 없는 것
이다.

經

衆生及國土에　一異不可得이니
如是善觀察인댄 名知佛法義리이다

중생과 그리고 국토에
일과 이異를 가히 얻을 수 없나니
이와 같이 잘 관찰한다면
이름을 불법의 뜻을 알았다 할 것입니다.

疏

後偈는 知法義니 上明生土皆寂일새 不可言異요 依正兩殊일새
不可云一이라

뒤에 게송은 불법의 뜻을 아는 것이니
위에서 중생과 국토가 다 적멸함을 밝혔기에 가히 이異라고 말할
수 없고,
의보와 정보가 둘이 다르기에 가히 일一이라 말할 수 없는 것이다.

經

爾時光明이 過百萬世界하야 遍照東方一億世界하며 南西北方
과 四維上下도 亦復如是하시니 彼一一世界中에 皆有百億閻浮
提와 乃至百億色究竟天호대 其中所有가 悉皆明現하니라 彼一
一閻浮提中에 各見如來가 坐蓮華藏師子之座하사 十佛刹微塵
數菩薩의 所共圍遶하니 悉以佛神力故로 十方各有一大菩薩하
야 一一各與十佛刹微塵數諸菩薩俱하야 來詣佛所하니라 其大
菩薩은 謂文殊師利等이며 所從來國은 謂金色世界等이며 本所
事佛은 謂不動智如來等이니라

그때에 광명이 백만 세계를 지나 동방으로 일억 세계를 두루 비추며
남서 북방과 사유와 상하도 또한 다시 이와 같이 비추시니,
저 낱낱 세계 가운데 다 백억 염부제와 내지 백억 색구경천이
있으되 그 가운데 있는 바가 다 밝게 나타났습니다.
저 낱낱 염부제 가운데 각각 여래가 연꽃으로 갈무리한 사자의
자리에 앉아서 열 부처님의 세계에 작은 티끌 수만치 많은 보살에게
함께 에워싸인 바를 다 보니,
다 부처님의 신통력인 까닭으로 시방에 각각 한 사람의 큰 보살이
있어서 낱낱이 각각 열 부처님의 세계에 작은 티끌 수만치 많은
모든 보살로 더불어 함께 와서 부처님 처소에 나아갔습니다.
그 큰 보살은 말하자면 문수사리 등이며,
좇아온 바 국토는 말하자면 금색세계 등이며,

본래 섬긴 바 부처님은 말하자면 움직이지 않는 지혜여래 등입니다.

疏

第八重은 光照一億界라 前云百萬이나 今十倍於前하니 卽千萬이
爲一億也라

제팔중은 광명이 일억 세계를 비추는 것이다.
앞에서는 백만 세계라 말하였지만 지금에는 앞보다 십 배를 말하니
곧 천만이 일억이 되는 것이다.

經

爾時 一切處에 文殊師利菩薩이 各於佛所에 同時發聲하야 說此
頌言호대

그때에 일체 처소에 문수사리보살이 각각 부처님의 처소에서 동시
에 소리를 내어 이런 게송을 설하여 말하기를

疏

十偈는 歎佛權實雙行호대 方便幹能이라 然方便之言이 略有三
意하니 一은 以因中에 十種加行方便之力으로 修成佛果의 自在之
德이요 二는 但是差別之用을 皆名方便이니 其無礙慧는 無若干故
요 三은 卽實之權으로 起用自在일새 故名方便이니 今文具三이라
皆三句는 辨相이요 一句는 結名이라

열 게송은 부처님이 방편과 진실을 함께 행하되 방편으로 주간하는
능력을 찬탄한 것이다.
그러나 방편이라는 말이 간략하게 세 가지 뜻이 있나니
첫 번째는 인행 가운데 열 가지 가행방편加行方便[437]의 힘으로써
불과佛果의 자재한 공덕을 닦아 이루는 것이요

---

437 원문에 십종가행방편十種加行方便은 아래 十頌 중에 각각 一方便이 있는
    까닭이다.

두 번째는 다만 차별의 작용을 다 방편이라 이름하는 것이니
그 걸림 없는 지혜[438]는 약간[439]의 차별도 없는 까닭이요[440]
세 번째는 진실에 즉한 방편으로 작용을 일으킴에 자재하기에 그런
까닭으로 방편이라 이름하는 것이니
지금의 경문에는 이 세 가지를 다 갖추었다.
모든 게송에 다 앞에 세 구절은 모습을 분별한 것이요,
뒤에 한 구절은 이름[441]을 맺는 것이다.

鈔

今文具三者는 具上三方便也라 然其十偈에 皆具此三거니와 取其相
顯인댄 八九兩偈는 但有第二하니 故下疏云호대 上之二偈는 但了差
別이 卽是方便이라하니라 餘之八偈는 皆是卽實之權이어니와 約其因
修인댄 總是加行方便之力이니 如第四偈에 善巧通達一切法은 差別
用也요 正念勤修涅槃道는 加行方便也니 上二皆權이라 樂於解脫
離不平等은 卽是稱實이니 對上故로 爲卽實之權也라 餘可意得이라

---

438 원문에 무애혜無礙慧는 第三頌이니 영인본 화엄 4책, p.632, 6행에 있다.
439 원문에 약간若干은 사전엔 얼마쯤이라 하나, 『잡화기』는 무수無數라 하니
  생각해 볼 것이다. 나는 약간若干에 차별의 뜻을 함섭하고 있다고 보았다.
440 원문에 기무애혜무약간고其無礙慧無若干故는 걸림이 없는 지혜가 이미 차별
  이 없는 까닭으로 진실이라 이름하거니와, 지금에는 차별의 작용으로써
  방편이라 이름하는 것이 그 뜻이 분명하다 하겠다. 다『잡화기』의 말이다.
441 여기서 이름이란, 방편方便을 말한다.

지금의 경문에는 이 세 가지를 다 갖추었다고 한 것은 위에 세 가지 방편을 다 갖추었다는 것이다.

그러나 그 열 게송에 다 이 세 가지 방편을 갖추었거니와, 그 모습을 취하여 나타낸다면 여덟 번째와 아홉 번째 두 게송은 다만 제 두 번째 방편만 있나니

그런 까닭으로 아래 소문[442]에 말하기를 위에 두 게송은 다만 차별을 아는 것이 곧 방편이다 하였다.

나머지 여덟 게송은 다 진실에 즉한 방편이거니와 그 인행시에 수행한 것을 잡는다면 모두 가행방편의 힘이니

제 네 번째 게송에 선교로 일체법을 통달하였다고 한 것은 차별의 작용이요,

바른 생각으로 열반의 도를 부지런히 닦았다고 한 것은 가행방편인 것과 같나니 위에 두 구절은 다 방편이다.

해탈을 좋아하여 불평등을 떠났다고 한 것은 곧 진실이라 이름하나니

위에 차별의 작용을 상대한[443] 까닭으로 진실에 즉한 방편이 되는 것이다.

나머지는 가히 뜻으로 얻을 것이다.

---

442 아래 소문이란, 영인본 화엄 4책, p.635, 말행이다.
443 원문에 대상對上이라고 한 것은 위에 차별差別의 작용作用을 상대한 것이다.

經

智慧無等法無邊하시며 超諸有海到彼岸하시며
壽量光明悉無比하시니 此功德者方便力이니다

지혜가 비등할 데 없고 법이 끝이 없으시며
삼유의 바다를 뛰어나 피안에 이르시며
수명의 양과 광명이 다 비교할 데 없으시니
이것은 공덕을 갖춘 사람 방편의 힘입니다.

疏

初偈는 卽體起用으로 爲方便이라 然有六義하니 一은 智超下位요
二는 證法無邊이요 三은 解脫有海요 四는 具上三義하야 到涅槃岸
이요 五는 壽兼眞應이요 六은 身光無涯니 皆佛功德이라

처음에 게송은 자체에 즉하여 작용을 일으키는[444] 것으로 방편을
삼은 것이다.
그러나 여섯 가지 뜻이 있나니
첫 번째는 지혜가 하위下位의 중생을 뛰어난 것이요
두 번째는 증득한 법이 끝이 없는 것이요

---

444 원문에 즉체기용卽體起用이라고 한 것은 此頌의 上半은 자체이니 곧 진실이
요, 第三句는 작용이니 곧 방편이다.
초超 자는 기起 자의 잘못이다. 이상은 역시 『잡화기』의 말이다.

세 번째는 삼유의 바다를 해탈한 것이요

네 번째는 위에 세 가지 뜻을 갖추어 열반의 언덕에 이르는 것이요

다섯 번째는 수명의 양이 진신과 응신을 겸한 것이요

여섯 번째는 신광身光이 끝이 없는 것이니

다 부처님의 공덕인 것이다.

經

所有佛法皆明了하시며 常觀三世無厭倦하시며
雖緣境界不分別하시니 此難思者方便力이니다

있는 바 불법을 다 분명하게 아시며
항상 삼세를 관찰하지만 싫어하거나 게으름이 없으시며
비록 경계를 반연하지만 분별하지 않으시니
이것은 사의하기 어려운 사람 방편의 힘입니다.

疏

二는 歎寂照方便이라 初句는 橫照요 次句는 竪窮이요 次句는 卽寂
照而無思일새 故難思也니라

두 번째 게송은 고요하지만 항상 비추는 방편을 찬탄한 것이다.
처음 구절은 횡橫으로 비춘 것이요
다음 구절은 수竪로 다한 것이요
다음 구절은 곧 고요하지만 항상 비춤에 사량이 없기에 그런 까닭으
로 사의하기 어려운 사람이라 하였다.

経

樂觀衆生無生想하시며 普見諸趣無趣想하시며
恒住禪寂不繫心하시니 此無礙慧方便力이니다

즐겁게 중생을 관찰하지만 중생이라는 생각이 없으시며
널리 육취(諸趣)를 보지만 육취라는 생각이 없으시며
항상 선의 적정에 머물지만 마음에 매이지 않으시니
이것은 걸림 없는 지혜로운 사람 방편의 힘입니다.

疏

三은 歎佛事理無礙方便이라 初二句는 有無無礙요 次一句는 定
散無礙라

세 번째 게송은 부처님의 사리무애 방편을 찬탄한 것이다.
처음에 두 구절은 있고 없는 것이 걸림이 없는 것이요
다음에 한 구절[445]은 선정과 산란이 걸림이 없는 것이다.

鈔

初二句는 有無無礙者는 無卽是理요 有卽是事라 次一句는 定散無
礙者는 恒住禪寂은 定也니 由契心性일새 理也라 禪不繫心은 不礙散

---

445 원문에 차이次二라 한 二 자는 一 자의 잘못이다.

也니 卽涉事也라

처음에 두 구절은 있고 없는 것이 걸림이 없는 것이라고 한 것은
없다는 것은 곧 진리이고
있다는 것은 곧 사실이다.
다음에 한 구절은 선정과 산란이 걸림이 없는 것이라고 한 것은
항상 선의 적정에 머문다고 한 것은 선정이니
심성에 계합함을 인유하기에 진리인 것이다.
선의 적정이 마음에 매이지 않는다고 한 것은 산란에 걸리지 않는다
는 것이니
곧 사실을 관계한 것이다.

經

善巧通達一切法하시며 正念勤修涅槃道하사

樂於解脫離不平하시니 此寂滅人方便力이니다

선교로 일체법을 통달하시며

바른 생각으로 열반의 도를 부지런히 닦아

해탈을 좋아하여 불평등을 떠나시니

이것은 적멸한 사람 방편의 힘입니다.

疏

四는 歎佛修無修方便이라 初句는 善窮性相이요 次句는 無念勤修

요 樂於解脫은 釋修涅槃이요 離不平者는 釋前正念이라 以不見生

死爲雜染하고 涅槃爲淸淨이니 此二無差가 爲眞寂滅이라

네 번째 게송은 부처님의 닦되 닦음이 없는 방편을 찬탄한 것이다.

처음 구절은 자성과 모습을 잘 궁구한 것이요

다음 구절은 무념으로 부지런히 닦는 것이요

해탈을[446] 좋아한다고 한 것은 열반의 도를 닦는다고 한 것을 해석한

것이요,

불평등을 떠났다고 한 것은 앞의 바른 생각이라고 한 것을 해석한

---

446 해탈 운운한 것은 제삼구第三句이다.

것이다.

생사가 잡염이 되고 열반이 청정이 된다고 함을 보지 말 것이니,
이 둘이 차별이 없음을 보는 것이 진실한 적멸이 되는 것이다.

經

有能勸向佛菩提하시며 趣入法界一切智하시며
善化衆生入於諦하시니 此住佛心方便力이니다

능력이 있어 부처님의 보리에 향하기를 권하시며[447]
법계의 일체 지혜에 나아가 들어가시며
중생을 잘 교화하여 진리에 들어가게 하시니
이것은 부처님의 마음에 머문 사람 방편의 힘입니다.

疏

五는 歎迴向方便이라 初二句에 趣入法界는 是迴向實際요 餘皆
迴向菩提라 次句는 迴向衆生이라 住如化物일새 故爲方便이라

다섯 번째 게송은 회향하는 방편을 찬탄한 것이다.
처음 두 구절에 법계에 나아가 들어간다고 한 것은 이것은 실제에
회향하는 것이요
나머지는 다 보리에 회향하는 것이다.
다음 구절은 중생에게 회향하는 것이다.
진여에 머물러 중생을 교화하기에 그런 까닭으로 방편方便이 되는
것이다.

---

447 향하기를 권한다고 한 것은, 『잡화기』에 스스로 경책하여 권하는 것이다
하였다.

鈔

初二句에 趣入法界者는 二句之中에 唯取四字하야 是向實際라하고
初句及一切智는 皆迴向菩提라하니라

처음 두 구절에 법계에 나아가 들어간다(趣入法界)고 한 것은 제
두 번째 구절 가운데 오직 네 글자[448]만을 취하여 이것은 실제에
회향하는 것이다 하였고,
처음 구절과 그리고 일체 지혜는 다 보리에 회향하는 것이다 하였다.

---

448 사자四字란, 취입법계趣入法界이다.

經

佛所說法皆隨入하시며 廣大智慧無所礙하시며
一切處行悉已臻하시니 此自在修方便力이니다

부처님께서 설하신 바 법에 다 따라 들어가시며
광대한 지혜가 걸리는 바가 없으시며
일체 처소에 행하여 다 이미 이르시니
이것은 자재로 수행한 사람 방편의 힘입니다.

疏

六은 證知方便이라 初句는 隨順證入이요 次句는 知而無障이요
次句는 知遍趣行이니 卽利生法이라 卽知卽證이 爲自在修也니라

여섯 번째 게송은 증득하고 아는 방편이다.
처음 구절은 수순하여 증득해 들어가는 것이요
다음 구절은 아는 것이 걸림이 없는 것이요
다음 구절은 두루 나아가는 행을 아는 것이니
곧 중생을 이익케 하는 법이다.
곧 알고 곧 증득하는[449] 것이 자재로 수행하는 것이 되는 것이다.

---

449 知는 방편이고, 證은 진실이다.

經

恒住涅槃如虛空하시며 隨心化現靡不周하시니
此依無相而爲相이시니 到難到者方便力이니다

항상 열반에 머물러 허공과 같으시며
마음을 따라 화현하여 두루하지 아니함이 없으시니
이것은 무상을 의지하여 유상을 삼으신 것이니
이르기 어려움에 이른 사람 방편의 힘입니다.

疏

七은 寂用方便이라 初句는 寂이요 次句는 用이요 次句는 寂用無礙
가 爲無住涅槃이니 凡小難到니라

일곱 번째 게송은 적체와 작용의 방편이다.
처음 구절은 적체요
다음 구절은 작용이요
다음 구절은 적체와 작용이 걸림이 없는 것이 무주열반이 되는
것이니,
범부와 소승은 이르기 어려운 것이다.

經

晝夜日月及年劫과　世界始終成壞相을
如是憶念悉了知하시니 此時數智方便力이니다

낮과 밤과 하루와 한 달과 그리고 한 해와 한 세월과
세계가 시종으로 이루어지고 무너지는 모습을
이와 같이 기억하고 생각하여 다 요달하여 아시니
이것은 시간의 수(時數)를 아는 지혜로운 사람 방편의 힘입니다.

疏

八은 時數方便이니 可知라

여덟 번째 게송은 시간의 수를 아는 방편이니
가히 알 수가 있을 것이다.

經

一切衆生有生滅과　　色與非色想非想의
所有名字悉了知하시니 此住難思方便力이니다

일체중생의 생멸이 있는 것과
색과 더불어 비색과 상과 비상의
있는 바 명자를 다 요달하여 아시니
이것은 사의하기 어려움에 머문 사람 방편의 힘입니다.

疏

九는 難思方便이라 初句는 了生滅이니 刹那一期를 皆悉了知요
次十一字는 了相이니 卽衆生體는 不出三界九地라 下二界는 是
色이요 無色界는 非色이라 二界八地는 皆名爲想이요 無想天은
爲非想이요 有頂은 非想非非想이라 悉了知者는 能了니 兼了其性
이 卽是無生이라 此是無邊之境일새 故難思也라 上二偈는 但了差
別이니 卽是方便이라

아홉 번째 게송은 사의하기 어려운 방편이다.
처음 구절은 생멸을 아는 것이니
찰라와 일기一期를 다 아는 것이요
다음에 열한 자[450]는 모습(相)을 아는 것이니
곧 중생의 몸은 삼계구지[451]를 벗어나지 않는 것이다.

아래 두 세계⁴⁵²는 색이요

무색계는 비색이다.

욕계·색계의 두 세계와 팔지⁴⁵³는 다 이름이 상想이 되고,

무상천은 비상非想이 되고,

유정천⁴⁵⁴은 비상비비상이 되는 것이다.

다 알았다고 한 것은 능히 아는 것이니,

그 자성이 곧 무생無生임을 겸하여 아는 것이다.

이것은 끝없는 경계이기에 그런 까닭으로 사의하기 어려운 것이다.

위에 두 게송⁴⁵⁵은 다만 차별을 아는 것이니

곧 이것이 방편인 것이다.

---

450 열한 자라고 한 것은 색여비색상비상, 소유명자를 말한다.

451 삼계구지三界九地(一名 三界九有)는, 一은 오취잡거지五趣雜居地로 욕계欲界
이다.

二는 이생희락지離生喜樂地, 三은 정생희락지定生喜樂地, 四는 이희묘락지離
喜妙樂地, 五는 사념청정지捨念清淨地로 이상以上은 색계色界이다.

六은 공무변처지空無邊處地, 七은 식무변처지識無邊處地, 八은 무소유처지無
所有處地, 九는 비상비비상처지非想非非想處地로 이상은 무색계無色界이다.

452 아래 두 세계란, 곧 욕계欲界와 색계色界이다.

453 팔지八地는 구지九地 중에 但八地이다.

454 유정천有頂天은 무색계無色界 중에 최상천最上天이다.

455 두 게송은 八·九 二偈이다.

鈔

二界八地者는 以欲色二界에 有於五地는 皆全有想이요 其無想天은
在第四禪이나 不攝一地全일새 故八地는 有想이요 其有頂天은 是第
九地니 不屬於想과 及與無想일새 故令無色一界의 四地로 不全屬有
無케하나니 故云二界라하니라 其無色界下之三地는 由是有想일새 故
擧八地하야 而以攝之니라

욕계·색계의 두 세계와 팔지라고 한 것은 욕계·색계의 두 세계에[456]
오지五地가 있는 것은 다 온전히 유상이요
그 무상천은[457] 제사선에 있지만 일지一地를 온전히 섭수하지 못하기
에[458] 그런 까닭으로 팔지는 유상이요[459]
그 유정천은 제구지이니
유상과 그리고 무상에 속하지 않기에 그런 까닭으로 무색계[460] 한

---

456 원문에 이욕색以欲色 운운은 下二界인 欲界·色界가 이 유상有想이 되는
    所以를 밝힌 것이다. 역시 『잡화기』의 말이다.
457 이 가운데 기무상천其無想天 운운이라 한 것은 조금 비난이 있는 까닭으로
    여기에 통석하여 말하기를 無想天은 비록 第五地中에 있지만 第五地 九天中
    에 다만 하나일 뿐 완전히 第五地를 섭수하지 못하여 다 無想이 되기에
    그런 까닭으로 말하기를 二界에 五地가 다 온전히 有想이라 하였다. 역시
    『잡화기』의 말이다.
458 一地는 제사선第四禪의 一地이니, 즉무상천卽無想天은 九天中一故로 제사선
    의 일지一地를 온전히 섭수하지 못한다는 것이다..
459 팔지八地는 유상有想 운운은 구지九地 중에 다만 팔지八地만 유상有想이
    되는 소이所以를 밝힌 것이다.

세계의 사지四地로 하여금 유상과 무상에 속하지 않게 하나니 그런 까닭으로 말하기를 두 세계라 하였다.

그 무색계 아래에 삼지는[461] 이 유상을 인유하기에 그런 까닭으로 팔지를 들어 그 제오지의[462] 일지를 섭수한 것이다.

---

460 원문에 고령무색故令無色 운운은 다만 二界만 거론한 所以를 밝힌 것이니, 무색계無色界를 잡아 말한다면 온전히 유상有想이라고 하는 것도 不可하다. 역시 『잡화기』의 말이다.

461 원문에 기무색계하지삼지其無色界下之三地 운운은 팔지八地를 거듭 거론한 소이所以를 밝힌 것이다. 대개 이 가운데 大意는 만약 三界를 통석한다면 위에 無色 一界는 완전히 有想이 아닌 까닭으로 다만 아래 二界만 해석한 것이다.

만약 다만 아래 二界만 해석하고 八地를 말하지 않는다면 無色界中에 아래 三地는 이 有想이기에 그런 까닭으로 八地를 거듭 해석한 것이다고 『잡화기』는 말한다.

거듭 八地를 거론하였다고 한 것은 바로 앞에 三界 八地라 하고 八地는 有想이라 한 것이다.

欲界와 色界는 五地이고 無色界는 四地이니 九地이다. 前八地는 有想이고, 第九地는 有想·無想에 속하지 않는다.

462 원문에 섭지攝之라 한 지之 자는 제오지를 가리킨다.

經

過去現在未來世에　　所有言說皆能了로대
而知三世悉平等하시니　此無比解方便力이니다

과거·현재·미래 세상에
있는 바 언설을 다 능히 알되
삼세가 다 평등한 줄 아시니
이것은 비교할 데 없이 아는 사람 방편의 힘입니다.

疏

十은 無比方便이라 初二句는 知相이니 上句는 竪窮이요 下句는
橫攝이라 次句는 知性이라 此二不二일새 故無比니 卽爲方便也라

열 번째 게송은 비교할 데 없는 방편이다.
처음에 두 구절은 모습을 아는 것이니
위에 구절은 수竪로 삼세를 다 아는 것이요
아래 구절은 횡橫으로 시방을 다 섭수하는 것이다.
다음 구절은 자성을 아는 것이다.
이 자성과 모습의 둘이 둘이 없기에 그런 까닭으로 비교할 데가
없는 것이니
곧 이것이 방편이 되는 것이다.

經

爾時光明이 過一億世界하야 遍照東方十億世界하며 南西北方
과 四維上下도 亦復如是하시니 彼一一世界中에 皆有百億閻浮
提와 乃至百億色究竟天호대 其中所有가 悉皆明現하니라 彼一
一閻浮提中에 悉見如來가 坐蓮華藏師子之座하사 十佛刹微塵
數菩薩의 所共圍遶하니 悉以佛神力故로 十方各有一大菩薩하
야 一一各與十佛刹微塵數諸菩薩俱하야 來詣佛所하니라 其大
菩薩은 謂文殊師利等이며 所從來國은 謂金色世界等이며 本所
事佛은 謂不動智如來等이니라

그때에 광명이 일억 세계를 지나 동방으로 십억 세계를 두루 비추며
남서 북방과 사유와 상하도 또한 다시 이와 같이 비추시니,
저 낱낱 세계 가운데 다 백억 염부제와 내지 백억 색구경천이
있으되 그 가운데 있는 바가 다 밝게 나타났습니다.
저 낱낱 염부제 가운데 여래가 연꽃으로 갈무리한 사자의 자리에
앉아서 열 부처님의 세계에 작은 티끌 수만치 많은 보살에게 함께
에워싸인 바를 다 보니,
다 부처님의 신통력인 까닭으로 시방에 각각 한 사람의 큰 보살이
있어서 낱낱이 각각 열 부처님의 세계에 작은 티끌 수만치 많은
모든 보살로 더불어 함께 와서 부처님의 처소에 나아갔습니다.
그 큰 보살은 말하자면 문수사리 등이며,
좇아온 바 국토는 말하자면 금색세계 등이며,

본래 섬긴 바 부처님은 말하자면 움직이지 않는 지혜여래 등입
니다.

疏

第九重은 光照十億界니 歎大悲救生德이라

제구중은 광명이 십억 세계를 비추는 것이니
대비로 중생을 구호하는 공덕을 찬탄한 것이다.

經

爾時一切處에 文殊師利菩薩이 各於佛所에 同時發聲하야 說此
頌言호대

廣大苦行皆修習하시고　日夜精勤無厭怠하야
已度難度師子吼로　　普化衆生是其行이니다

그때에 일체 처소에 문수사리보살이 각각 부처님의 처소에서 동시
에 소리를 내어 이런 게송을 설하여 말하기를

광대한 고행을 다 닦아 익히시고
밤낮으로 정진을 부지런히 하되 싫어하거나 게으름이 없이 하여
이미 제도하기 어려운 이를 제도한 사자후로
널리 중생을 교화하시려는 것이 이것이 그분[463]의 행입니다.

疏

十偈는 多以第四句로 爲結이라 於中分三하리니 初偈는 總標行海
已圓하야 而能普化요 次八은 別顯化類不同이요 後一은 總結悲智
周遍이라 初中初句는 無餘修니 廣謂遍受요 大謂極苦라 次句는
長時無間이요 次句는 功行已圓이니 極惡難度를 已能度故라 云何

---

463 원문에 기행其行이라 한 기其는 석가불釋迦佛을 말한다.

能度고 謂師子吼니라 師子吼者는 名決定說이니 定說一切衆生이
皆有佛性하야 度一闡提하시고 定說無我하야 度諸外道하시고 定
說欲苦不淨하야 以度波旬하시고 定說如來의 常樂我淨하야 度諸
聲聞하시고 定說大悲하야 以度緣覺하시고 定說如來의 無礙大智
하야 以度菩薩일새 故云普化衆生이라하니라

열 게송은 다분히 제 네 번째 구절로써 결론을 삼은 것이다.[464]
그 가운데 세 가지로 나누리니
처음에 게송은 행의 바다가 이미 원만하여 능히 널리 교화함을
한꺼번에 표한 것이요
다음에 여덟 게송은 교화하는 유형이 같지 아니함을 따로 나타낸
것이요
뒤에 한 게송은 자비와 지혜가 두루함을 한꺼번에 맺는 것이다.

처음 게송 가운데 처음 구절은 남김없이 수행하신 것이니
광廣이라고 한 것은 말하자면 두루 받는 것이요,
대大라고 한 것은 말하자면 지극한 고통인 것이다.
다음 구절은 장시간 수행하고 간단없이 수행한 것이요
다음 구절은 공덕행이 이미 원만한 것이니,

---

464 원문에 다이제사구위결多以第四句爲結이라고 한 것은 다분히 결론을 삼았다
는 것이지 반드시 다 그렇다는 것은 아니다. 즉 아래 제 네 번째 게송
가운데 소문에 말구末句는 방소를 해석한 것이다 하였으니 결론문이 아니다.
이상은 다 『잡화기』의 말이다.

지극히 악하여 제도하기 어려운 이를 이미 능히 제도한 까닭이다.

어떻게 능히 제도하였는가.

말하자면 사자후로 한 것이다.

사자후라고 한 것은 이름이 결정하는 말이니,

일체중생이 다 불성이 있다고 결정적으로 말하여 일천제一闡提를 제도하시고,

아我가 없다고 결정적으로 말하여 모든 외도를 제도하시고,

욕망의 고통과 부정함을 결정적으로 말하여 마왕 파순을 제도하시고,

여래의 상·락·아·정을 결정적으로 말하여 모든 성문聲聞[465]을 제도하시고,

대비를 결정적으로 말하여 연각을 제도하시고,

여래의 걸림 없는 큰 지혜를 결정적으로 말하여 보살을 제도하시기에 그런 까닭으로 말하기를 널리 중생을 교화하신다 하였다.

鈔

初句無餘修者는 此有四修하니 一은 無餘修니 以皆修故라 次句는 有二修하니 一은 長時修요 二는 無間修니 日夜不息은 卽是長時요 精勤無怠는 故無有間이요 難度能度는 勇猛修也라 此偈는 是總示度相이라 謂師子吼者는 名決定說은 卽涅槃二十七師子吼品이라 下說法度類가 略有其六하니 亦攝下偈니라 文有四節하니 初偈는 卽說佛

性하야 度一闡提니 闡提佛性이 無明所覆로 迷眞起妄이 如墮大河라
二에 有一偈는 無我化外요 三에 有六偈는 皆說欲苦하야 度於波旬이
니 波旬爲主하야 諸類皆攝故라 四에 有一偈는 濟度三乘이니 聲聞法
執하야 不了性空하고 緣覺無悲하야 不隨六道일새 故悲智雙流하야
普敎群生은 卽化菩薩이라

처음 구절은 남김없이 수행하신 것이라고 한 것은 여기에 네 가지
수행이 있나니
첫 번째는 남김없이 수행하신 것이니
다 닦은 까닭이다.
다음 구절은 두 가지 수행이 있나니
첫 번째는 장시간 수행한 것이요
두 번째는 간단없이 수행한 것이니
밤낮으로 쉬지 않고 한 것은 곧 장시간 수행한 것이요
정진을 부지런히 하되 게으름이 없이 한 것은 짐짓 간단없이 수행한
것이요
제도하기 어려운 이를 능히 제도한 것은 용맹스레 수행한 것이다.

이 게송은 제도하는 모습을 한꺼번에 보인 것이다.
말하자면 사자후라고 한 것은, 이름이 결정한 말이라고 한 것은
곧 『열반경』 이십칠권 사자후품이다.
이 문장 아래 법을 설하여 중생을 제도하신 것이[466] 간략하게 여섯
유형이 있나니,

또한 이 경 아래 게송에 섭수되어 있다.

문장에 사절이 있나니

처음에 게송은 곧 불성을 설하여 일천제를 제도한 것이니,

천제는 불성이 무명에 덮인 바로 진을 미혹하여 망을 일으키는 것이 마치 큰 강에 떨어진 것과 같다.

두 번째 한 게송이 있는 것은 무아로써 외도를 교화한 것이요

세 번째 여섯 게송이 있는 것은[467] 모두 다 욕망의 고통을 설하여[468] 마왕 파순을 제도한 것이니

마왕 파순을 위주로 하여 모든 외도를[469] 다 섭수하여 제도한 까닭이다.

네 번째 한 게송이 있는 것은 삼승을 제도한 것이니

성문은 법에 집착하여 자성이 공한 줄을 알지 못하고, 연각은 자비가 없어서 육도에 들어가지 않기에, 그런 까닭으로 자비와 지혜를 함께 유출하여 널리 중생을 교화하신 것은 곧 보살을 교화하신 것이다.

---

466 원문에 하설법도류下說法度類란, 소문疏文에 정설일체중생定說一切衆生 운운이라고 한 것을 가리킨다.

467 세 번째 여섯 게송이 있다고 한 등은, 『잡화기』에 말하기를 만약 게송의 차례를 잡는다면 제 세 번째 게송에 해당하지만, 그러나 지금에는 소문 가운데 여섯 가지 유형을 잡아 일一이라 하고 이二라 한 등이라 하였다.

468 원문에 개설皆說이라 한 개皆 자는 六頌 모두를 말한다.

469 원문에 제류諸類는 모든 외도를 말한다.

經

衆生流轉愛欲海하고　無明網覆大憂迫거늘
至仁勇猛悉斷除하시니　誓亦當然是其行이니다

중생이 애욕의 바다에 유전하고
무명의 그물에 덮이어 큰 근심이 닥치거늘[470]
지극히 어진 이가 용맹하게 다 끊어 제멸하시니
서원코 또한 마땅히 그렇게 하시려는 것이 이것이 그분의 행입니다.

疏

次八은 別이라 於中에 云何普化고 初는 化癡愛衆生이라 前半은
所救니 如人墮海에 五事難出이니 一은 水深이요 二는 波迅이요
三은 迷闇이요 四는 蟲執이요 五는 憂迫失力이라 衆生欲海에 流轉
亦爾니 此中에 愛有二義하니 一은 已得無厭이 深廣如海요 二는
於未得處에 無足如流라 癡亦二義니 一은 迷不見過요 二는 妄見
有德하야 結網自纏이라 五는 由前癡愛하야 招大憂苦라 次句는
擧古佛已行이니 亡身爲物일새 故曰至仁이라하니라 後句는 立誓
當作이라

다음에 여덟 게송은 교화하는 부류가 같지 아니함을 따로 나타낸

---

470 迫은 닥칠 박 자이다.

것이다.

그 가운데 어떻게 널리 교화하는가.

처음 게송은 어리석은 중생과 애욕의 중생을 교화하는 것이다.

앞에 반 게송은 구원할 바 중생이니

마치 사람이 바다에 빠짐에 오사五事를 벗어나기 어려운 것과 같나니

첫 번째는 물이 깊은 것이요

두 번째는 파도가 빠른 것이요

세 번째는 미혹하여 어두운 것이요

네 번째는 벌레가 두려운[471] 것이요

다섯 번째는 근심이 닥쳐와 힘을 잃는 것이다.

중생이 애욕의 바다에 유전하는 것도 또한 그러하나니,

이 가운데 애욕이 두 가지 뜻이 있나니

첫 번째는 이미 얻은 것에 싫어함이 없는 것이 깊고도 넓기가 마치 바다와 같은 것이요

두 번째는 아직 얻지 못한 곳에 만족함이 없는 것이 바다에 유전함과 같은 것이다.

어리석음(癡)에도 또한 두 가지 뜻이 있나니

첫 번째는 미혹하여 허물을 보지 못하는 것이요

두 번째는 허망하게 공덕이 있다고 보아 의심의 그물을 맺어 스스로 얽히는 것이다.

다섯 번째는 앞에 어리석음과 애욕을 인유하여[472] 큰 근심의 고통을

---

471 執은 두려울 집 자이다.

초래하는 것이다.

다음 구절⁴⁷³은 옛 부처님이 이미 행한 것을 거론한 것이니,
자기의 몸을 잊어버리고 중생을 위하기에 그런 까닭으로 말하기를
지극히 어진 이라 하였다.

뒤에 구절은 서원을 세워 마땅히 그렇게 하시려는 것이다.

鈔

五事難出이니 一水深은 卽愛欲海요 二는 卽流轉이요 三은 卽無明이
요 四는 卽網覆니 義兼蟲執이니 羅不得出이요 五는 卽大憂迫이라
次衆生下는 約法釋五라 而四釋蟲執云호대 妄見有德하야 結網自纏
이라하니라

오사를 벗어나기 어려운 것과 같나니 첫 번째는 물이 깊은 것이라고
한 것은 곧 애욕의 바다요

두 번째는 파도가 빠른 것이라고 한 것은 곧 경에 유전이라 한
것이요

세 번째는 미혹하여 어두운 것이라고 한 것은 곧 경에 무명이라
한 것이요

472 원문에 유전치애由前癡愛라고 한 것은, 앞에 一에 수심水深과 二에 파신波迅은
愛이고, 三에 미암迷闇과 四에 충집蟲執은 癡이다. 今에 우박실력憂迫失力은
대우고大憂苦이다.
473 다음 구절(次句)은 제삼구第三句이다.

네 번째는 벌레가 두려운 것이라고 한 것은 곧 경에 그물에 덮인 것이라 한 것이니,

그 뜻이 벌레가 두려운 것이라고 한 것을 겸하였나니[474]

그물을 펼쳐놓음에 벗어남을 얻을 수 없는 것이요

다섯 번째는 근심이 닥쳐와 힘을 잃는 것이라고 한 것은 곧 경에 큰 근심이 닥친 것이라 한 것이다.

다음에 중생이 애욕의 바다에 유전하는 것이라고 한 아래는 법을 잡아 오사五事를 해석한 것이다.

그러나 네 번째 벌레가 두려운 것이라고 한 것을 해석하여 말하기를 허망하게 공덕이 있다고 보아 의심의 그물을 맺어 스스로 얽히는 것이라 하였다.

---

474 그 뜻이 벌레가 두려운 것이라고 한 것을 겸한 것이라고 한 것은, 『잡화기』에 말하기를 다만 이 그물을 펼쳐 하여금 벗어남을 얻을 수 없게 하는 것을 다 그물에 덮인다 이름하는 것이니, 반드시 그물(網罟)로써 그물(網)이라 말하는 것이 아니다 하였다.

經

世間放逸著五欲하야 不實分別受衆苦하나니
奉行佛敎常攝心하야 誓度於斯是其行이니다

세간의 중생이 방일하고 오욕에 집착하여
실답지 않게 분별하여 수많은 고통을 받나니
부처님의 가르침을 받들어 행하여 항상 마음을 섭수하여
서원코 그들을 제도하시려는 것이 이것이 그분의 행입니다.

疏

二는 度著欲衆生이라 上半은 所救니 放逸者는 著欲緣也요 著五
欲은 欲事也요 不實分別은 欲因也요 受衆苦는 欲果也라 未得已
失에도 皆受大苦하고 正得亦苦어늘 橫生樂想하나니 況當受三塗
리요 故云衆苦하니라 次句는 受敎自修요 後句는 立誓轉化라

두 번째 게송은 오욕에 집착하는 중생을 제도하는 것이다.
위에 반 게송은 구원할 바이니,
방일이라고 한 것은 오욕에 집착할 조연(緣)이요
오욕에 집착한다고 한 것은 오욕의 일이요
실답지 않게 분별한다고 한 것은 오욕의 원인(因)이요
수많은 고통을 받는다고 한 것은 오욕의 결과(果)이다.

아직 얻지 못한 것과 이미 잃어버린 것에도 다 큰 고통을 받고
지금 바로 얻은 것에도 또한 큰 고통을 받거늘, 횡橫으로 좋아하는
생각을 내나니 하물며 당래에 삼악도의 고통을 받는 것이겠는가.
그런 까닭으로 말하기를 수많은 고통이라 하였다.
다음 구절은 부처님의 가르침을 받아 스스로 수행한 것이요
뒤에 구절은 서원을 세워 법을 전하여 교화하시려는 것이다.

經

衆生著我入生死하야 求其邊際不可得이니
普事如來獲妙法하야 爲彼宣說是其行이니다

중생이 나(我)에 집착하여 생사에 들어가
그 끝을 구하여도 가히 얻을 수 없나니
널리 여래를 섬겨 묘한 법을 얻어
저 중생을 위하여 선설하시려는 것이 이것이 그분의 행입니다.

疏

三은 救著我衆生이라 前半은 所救이니 著我爲因하야 受生死果니
未證無我하고는 浩無邊際리라 次句는 救方이니 說二無我는 唯佛
有之니라

세 번째 게송은 나에 집착하는 중생을 구제하는 것이다.
앞에 반 게송은 구원할 바이니,
나에 집착한 것이 원인이 되어 생사의 과보를 받나니
무아를 증득하지 않고는 생사가 넓어 끝이 없을 것이다.[475]

---

[475] 원문에 호무변제浩無邊際라고 한 것은 생사고해生死苦海가 넓고 넓어 끝이
없다는 것이다. 원문에 맞추어 소문을 번역하였으나 소문만으로 번역한다면
무아를 증득하기 이전에는 생사의 바다가 넓어 끝이 없다고 번역할 것이다.

다음 구절은 구원하는 방법이니,

두 가지 무아를 설할 수 있는 이는 오직 부처님만이 설할 수 있는

것이다.

經

衆生無怙病所纏으로　常淪惡趣起三毒일새
大火猛焰恒燒熱하나니　淨心度彼是其行이니다

중생이 믿음이 없어서 미혹의 병에 얽힌 바로
항상 악취에 빠져 삼독을 일으키기에
큰 불의 맹렬한 불꽃이 항상 타오르나니[476]
마음을 깨끗이 하여 저들을 제도하시려는 것이 이것이 그분의
행입니다.

疏

四는 救惡趣衆生이라 三句는 所救니 謂無善可怙나 顯唯惡業과
及惑病因으로 招三惡趣하야 展轉復起三毒之過하나니 因果俱燒
니라 末句는 救方이니 但淨其心하면 因亡果喪이리라

네 번째 게송은 악취 중생을 구원하는 것이다.
앞에 세 구절은 구원할 바이니,
말하자면 선업이 없음에 가히 믿어야 할 것이지만 반드시[477] 오직
악업과 그리고 미혹한 병의 원인으로 삼악취를 초래하여 전전히

---

476 원문에 항소열恒燒熱이라고 한 것은 혹 고인古人은 항상 태운다고 번역하여
　　법신法身을 태운다고 말하였다.
477 顯은 반드시의 뜻이다.

다시 삼독의 허물을 일으키나니
인과가 함께 타오르는[478] 것이다.
끝 구절은 구원하는 방법이니,
다만 그 마음을 깨끗하게 하면 원인도 없어지고 과보도 없어질
것이다.

---

478 원문에 인과구소因果俱燒라고 한 것은 인과因果가 있음에 항상 타는 고통을
    입는 것이다고 『잡화기』는 말한다. 인因은 혹치惑癡이고, 과果는 삼악취三惡
    趣와 삼독三毒이다.

經

衆生迷惑失正道하고 常行邪徑入闇宅하나니
爲彼大然正法燈하사 永作照明是其行이니다

중생이 미혹하여 바른 길을 잃고
항상 삿된 길을 걸어 어두운 집에 들어가나니
저 중생을 위하여 정법의 등불을 크게 켜서
영원히 비추어 밝게 하시려는 것이 이것이 그분의 행입니다.

疏

五는 救邪見衆生이라 前半은 所救니 上句는 明因이니 迷四眞諦하
야 惑現境故라 次句는 起見이니 邪見翳理가 卽爲闇宅이라 後半은
能救之方이라

다섯 번째 게송은 삿된 소견의 중생을 구원하는 것이다.
앞에 반 게송은 구원할 바이니
위에 구절은 원인을 밝힌 것이니
네 가지 참다운 진리[479]를 미혹하여[480] 현재의 경계[481]를 미혹한 까닭

---

479 원문에 사진제四眞諦者란, 고苦·집集·멸滅·도道이다.

480 네 가지 참다운 진리를 미혹하였다고 한 등은,『잡화기』에 다만 도제만
   미혹한즉 고제와 집제를 능히 알아 끊지 못하며, 멸제의 과보를 좇아 얻어
   이룰 수 없는 까닭이다 하였다.

이다.

다음 구절은 삿된 소견을 일으키는 것이니

삿된 소견이 진리를 가리는 것이 곧 어두운 집[482]이 되는 것이다.

뒤에 반 게송은 능히 구원하는 방법이다.

---

481 현재의 경계는 경문의 제 두 번째 구절에 바른 길(正道)이라 한 것이다.

482 어두운 집이라고 한 것은, 경문에 삿된 길이라 한 것을 상대하여 어두운
   집이라 한 것이다.

經

衆生漂溺諸有海하야 憂難無涯不可處니
爲彼興造大法船하사 皆令得度是其行이니다

중생이 삼유의 바다에 빠져
근심과 고난이 끝이 없어 가히 거처할 수 없나니
저 중생을 위하여 큰 진리의 배를 만들어
다 하여금 제도를 얻게 하시려는 것이 이것이 그분의 행입니다.

疏

六은 救著有衆生이라 前半은 所救니 三有深廣을 總喩於海라 漂
至人天이라가 還溺惡趣하나니 未遇如來하고는 多成難處리라 希
求不已일새 故名爲憂요 未有對治일새 故無涯畔이요 具上諸失일
새 故不可處라 後半은 能救니 可知라

여섯 번째 게송은 삼유에 집착하는 중생을 구원하는 것이다.
앞에 반 게송은 구원할 바[483]이니
삼유가[484] 깊고도 넓은 것을 모두 바다에 비유한 것이다.
표류하여[485] 인천人天에 이르렀다가 도리어 악취에 빠지나니,

---

483 구원할 바란, 중생이다.
484 삼유 운운은 第一句이다.
485 표류 운운은 第二句이다.

여래를 만나지 않고는 다분히 고난의 처소를 이룰 것이다.

희구하는 것이 끝나지 않았기에 그런 까닭으로 이름을 근심이라 하였고

대치가 있지 않았기에 그런 까닭으로 끝이 없다 하였고

위에 모든 허물을 갖추었기에 그런 까닭으로 가히 거처할 수 없다 하였다.

뒤에 반 게송은 능히 구원하는 방법이니

가히 알 수가 있을 것이다.

經

衆生無知不見本하야 迷惑癡狂險難中거늘
佛哀愍彼建法橋하사 正念令昇是其行이니다

중생이 무지하여 근본을 보지 못하여
미혹하고 어리석어 험난한 길 가운데 미친 듯 달아나거늘
부처님이 저 중생을 어여삐 여겨 진리의 다리를 건립하여
바른 생각으로 하여금 오르게 하시려는 것이 이것이 그분의 행입
니다.

疏

七은 救無明衆生이라 前半은 所救니 由本住無明일새 故不見無住
之本하며 迷理惑事일새 狂走於生死之中하니라 後半은 能救니 佛
旣授法일새 正念卽升也니라

일곱 번째 게송은 무명 중생을 구원하는 것이다.
앞에 반 게송은 구원할 바이니,
본래 무명에 머무름을 인유하기에 그런 까닭으로 머무름이 없는
근본을 보지 못하며,
진리에 미혹하고 사실에 미혹하기에 생사의 길 가운데 미친 듯
달아나는 것이다.

뒤에 반 게송은 능히 구원하는 방법이니,
부처님이 이미 진리를 주었기에 바른 생각으로 곧 오르게 하는
것이다.

經

見諸衆生在險道하야 老病死苦常逼迫하시고
修諸方便無限量하사 誓當悉度是其行이니다

모든 중생이 험난한 길에 있으면서
늙고 병들고 죽음의 고통에 핍박당함을 보시고
모든 방편 닦기를 한량없이 하여
서원코 마땅히 다 제도하시려는 것이 이것이 그분의 행입니다.

疏

八은 救險道衆生이라 前半은 所救니 人天報危하야 臨墮惡趣를
名爲險道라 能救는 可知라

여덟 번째 게송은 험난한 길에 중생을 구원하는 것이다.
앞에 반 게송은 구원할 바이니,
인천의 과보가 위험하여 악취에 떨어짐에 임박한 것을 이름하여
험난한 길이라 하는 것이다.
능히 구원하는[486] 방법은 가히 알 수가 있을 것이다.

---

486 능히 구원하는 등이라고 한 것은 뒤에 반게송은 능히 구원하는 방법임을
가히 알 수가 있을 것이라는 것이다.

經

聞法信解無疑惑하며 **了性空寂不驚怖**하고
隨形六道遍十方하사 **普敎群迷是其行**이니다

법을 듣고 믿고 이해하여 의혹이 없으며
자성이 공적한 줄 알아 놀라 두려워하지 않고
형상이 육도를 따라 시방에 두루하여
널리 중생을 교화하시려는 것이 이것이 그분의 행입니다.

疏

後一偈는 總結者는 前半은 結有敎證之智하야 能導無緣之悲요
次句는 結有同體之悲하야 能遍十方六道요 後句는 結於所救가
不越群迷라

뒤에 한 게송은 한꺼번에 맺는다고 한 것은 앞에 반 게송은 교지敎智와
증지證智의 지혜가 있어서[487] 능히 무연의 자비로 인도하는 것을
맺는 것이요

---

487 원문에 전반前半은 결유교증結有敎證 운운은 초구初句는 교지敎智이고 차구次
句는 증지證智이니, 이 두 가지 지혜를 인유하여야 바야흐로 무연無緣의
자비를 이루는 까닭으로 결문結文을 삼은 것이다. 증지證智는 근본지根本智이
고, 교지敎智는 후득지後得智로 나누기도 한다. 『잡화기』의 뜻도 이와 같다.

다음 구절은 동체대비가 있어서 능히 시방의 육도에 두루함을 맺는
것이요

뒤에 구절은 구원할 바가 중생을 넘지 아니함을 맺는 것이다.

爾時光明이 過十億世界하야 遍照東方百億世界와 千億世界와 百千億世界와 那由他億世界와 百那由他億世界와 千那由他億世界와 百千那由他億世界와 如是無數無量하고 無邊無等하고 不可數하고 不可稱하고 不可思하고 不可量하고 不可說한 盡法界와 虛空界에 所有世界하며 南西北方과 四維上下도 亦復如是하시니 彼一一世界中에 皆有百億閻浮提와 乃至百億色究竟天호대

그때에 광명이 십억 세계를 지나 동방으로 백억 세계와 천억 세계와 백천억 세계와 나유타억 세계와 백나유타억 세계와 천나유타억 세계와 백천나유타억 세계와 이와 같이 수도 없고 양도 없고 끝도 없고 비등할 수도 없고 가히 계산할 수도 없고 가히 부를 수도 없고 가히 생각할 수도 없고 가히 헤아릴 수도 없고 가히 말할 수도 없는 온 법계와 허공계에 있는 바 세계를 두루 비추며 남서 북방과 사유와 상하도 또한 다시 이와 같이 비추시니, 저 낱낱 세계 가운데 다 백억 염부제와 내지 백억 색구경천이 있으되

第十重은 光照十方이니 總結無盡이라 長行分二리니 先은 明世界

數量이니 略有十七하야 漸窮法界니라

제십중은 광명이 시방세계를 비추는 것이니
끝이 없음을 모두 맺는 것이다.
장행문을 두 가지로 나누리니
먼저는 세계의 수와 양을 밝힌 것이니,
간략하게 열일곱 가지 수량을 두어서 점점 법계 끝까지 다하는
것이다.

經

其中所有가 悉皆明現하니라 彼一一閻浮提中에 悉見如來가 坐
蓮華藏師子之座하사 十佛刹微塵數菩薩의 所共圍遶하니 悉以
佛神力故로 十方各有一大菩薩하야 一一各與十佛刹微塵數諸
菩薩俱하야 來詣佛所하니라 其大菩薩은 謂文殊師利等이며 所
從來國은 謂金色世界等이며 本所事佛은 謂不動智如來等이니라

그 가운데 있는 바가 다 밝게 나타났습니다.
저 낱낱 염부제 가운데 여래가 연꽃으로 갈무리한 사자의 자리에
앉아서 열 부처님의 세계에 작은 티끌 수만치 많은 보살에게 함께
에워싸인 바를 다 보니,
다 부처님의 신통력인 까닭으로 시방에 각각 한 사람의 큰 보살이
있어서 낱낱이 각각 열 부처님의 세계에 작은 티끌 수만치 많은
모든 보살로 더불어 함께 와서 부처님의 처소에 나아갔습니다.
그 큰 보살은 말하자면 문수사리 등이며,
좇아온 바 국토는 말하자면 금색세계 등이며,
본래 섬긴 바 부처님은 말하자면 움직이지 않는 지혜여래 등입
니다.

疏

後는 明彼諸世界에 所有皆現이라

뒤에는 저 모든 세계에 있는 바가 다 밝게 나타난 것을 밝힌 것이다.

經

爾時一切處에 文殊師利菩薩이 各於佛所에 同時發聲하야 說此
頌言호대

一念普觀無量劫하니　無去無來亦無住어늘
如是了知三世事하시고 超諸方便成十力하니다

그때에 일체 처소에 문수사리보살이 각각 부처님의 처소에서 동시
에 소리를 내어 이런 게송을 설하여 말하기를

한 생각에 널리 한량없는 세월(劫)을 보니
간 적도 없고 온 적도 없고 또한 머문 적도 없거늘
이와 같이 삼세의 일을 요달하여 아시고
모든 방편을 뛰어넘어 열 가지 힘을 이루셨습니다.

疏

十頌은 明因果圓遍德이라 於中分二리니 前四는 示佛因果遍說이
요 後六은 勸物順行이라 今初에 初一偈는 因圓果滿으로 彰有說因
이니 初三句는 三達因圓이요 後句는 十力果滿이라

열 게송은 인과가 원만하여 두루한 공덕을 찬탄한 것이다.
그 가운데 두 가지로 나누리니

앞에 네 게송은 부처님의 인과가 두루룩함을 설한 것을 보인 것이요
뒤에 여섯 게송은 중생에게 권하여 따라 행하게 하는 것이다.
지금은 처음으로, 처음에 한 게송은 원인이 원만하고 과보가 원만한
것으로 설법하는 원인[488]이 있음을 밝힌 것이니
처음에 세 구절은 삼달三達의 원인이 원만한 것이요
뒤에 구절은 십력의 과보가 원만한 것이다.

鈔

初三句는 三達因圓者는 三達은 卽達三世라 於中初句는 了相이니
無量劫言은 通過及未라 次句는 了性이니 過去心不可得일새 故云無
去라하고 未來心不可得일새 故云無來라하고 現在心不可得일새 故
云無住라하니라 淨名云호대 若過去인댄 過去心已滅이요 若未來인댄
未來心未至요 若現在인댄 現在心無住라하니 現在是住나 亦生卽滅
일새 故云無住라하니라 第三句는 結知니 佛如是知니라 云何如是고
非唯知無去等이라 亦知其相이며 又性相無礙며 又一念能知일새 爲
如是了니라

처음에 세 구절은 삼달의 원인이 원만하다고 한 것은 삼달이라고

---

488 원문에 설인說因이란, 곧 부처님의 인원因圓과 과만果滿이 모두 설법說法하는
원인이 되는 것이다. 다시 말하면 부처님의 인과가 아울러 설법의 원인이
된다는 것이다. 『잡화기』의 뜻도 이와 같고, 단 인因을 인유因由라고 하니
생각해 볼 것이다.

한 것은 곧 삼세를 요달한 것이다.

그 가운데 처음 구절은 모습을 요달한 것이니,

무량한 세월이라는 말은 과거와 그리고 미래에 통하는 것이다.

다음 구절은 자성을 요달한 것이니,

과거에 마음을 가히 얻을 수 없기에 그런 까닭으로 말하기를 간 적이 없다고 하였고,

미래의 마음을 가히 얻을 수 없기에 그런 까닭으로 말하기를 온 적이 없다고 하였고,

현재의 마음을 가히 얻을 수 없기에 그런 까닭으로 말하기를 머문 적이 없다고 하였다.

『정명경』에 말하기를[489] 만약 과거라고 한다면 과거의 마음은 이미 사라졌고,

만약 미래라고 한다면 미래의 마음은 아직 오지 않았고,

만약 현재라고 한다면 현재의 마음은 머문 적이 없다고 하였으니,

현재는 머물고 있지만 또한 생겨났다가 곧 사라지기에 그런 까닭으로 말하기를 머문 적이 없다고 하였다.

제 세 번째 구절은 아시는 것을 맺는 것이니,

부처님이 이와 같이 아신다는 것이다.

어떻게 이와 같이 아시는가.

오직 간 적도 없다는 등을 아실 뿐만 아니라

---

489 『정명경』에 말하였다고 한 것은 『정명경淨名經』 제사권第四卷 보살품菩薩品 초두初頭에 있는 말로서 부처님과 미륵보살의 대화對話이다.

또한 그 모습도 아시며,

또한 자성과 모습이 걸림이 없는 줄도 아시며,

또한 한 생각에 능히 아시기에⁴⁹⁰ 이와 같이 요달하여 아신다 하였다.

---

490 원문에 일념능지一念能知란, 제일구第一句에 일념보관무량겁一念普觀無量劫
을 그윽이 가리키고 있다.

經

十方無比善名稱이   永離諸難常歡喜하시며
普詣一切國土中하사 廣爲宣揚如是法하시니다

시방에 비교할 수 없는 좋은 이름 소문난 이가
영원히 모든 고난을 떠나 항상 기뻐하시며
널리 일체 국토 가운데 나아가
널리 중생을 위하여 이와 같은 법을 선양하십니다.

疏

次一偈는 大用外彰하야 正明說法周遍이니 可知라

다음에 한 게송은 큰 작용을 밖으로 나타내어 바로 설법이 두루함을
밝힌 것이니
가히 알 수가 있을 것이다.

經

爲利衆生供養佛하야　如其意獲相似果하시며
於一切法悉順知하사　遍十方中現神力하시니다

從初供佛意柔忍하시며　入深禪定觀法性하시고
普勸衆生發道心일새　以此速成無上果니이다

중생을 이익케 하기 위하여 부처님께 공양하여
그와 같이 뜻대로 비슷한 과보를 얻었으며
일체법을 다 수순하여 알아
두루 시방 가운데 신통력을 나타내십니다.

처음 부처님께 공양함[491]으로 좇아 뜻이 부드럽고 인욕하시며
깊은 선정에 들어가 법성을 관찰하시고
널리 중생에게 권하여 도심을 일으키게 하였기에
이로써 위없는 불과佛果를 속히 이루셨습니다.

疏

後二는 對因辨果라 初一偈는 遍因이니 初句爲因이요 三句皆果라
法供養佛일새 故於法順知요 普爲衆生일새 故能遍用이라 斯卽等

---

491 공양供養이라 한 養 자는 佛 자의 잘못이다.

流이니 名相似果라 晉經云호대 正心供養이라하니 明是法供養也
라 後一偈는 深因이니 故能速證이라 初二句는 六度自利니 謂供佛
是檀이요 意柔兼戒요 從初至末은 是進策也라 次句는 利他니 兼
方便等이라 二行旣圓인댄 則佛果朝夕일새 故云速成이라하니라

뒤에 두 게송은 원인을 상대하여 과보를 분별한 것이다.
처음에 한 게송은 원인이 두루한 것이니
처음 구절은 원인이 되고 세 구절은 다 과보가 되는 것이다.
법으로 부처님께 공양하였기에 그런 까닭으로 일체법을 수순하여
아는 것이요,
널리 중생을 위하기에 그런 까닭으로 능히 작용이 두루한 것이다.
이것이 곧 등류과等流果이니
이름이 상사과相似果이다.
진역경(晉經)[492]에 말하기를 바른 마음으로 공양한다 하였으니
분명히 이것은 법공양을 말한 것이다.

뒤에 한 게송은 원인이 깊은 것이니
그런 까닭으로 능히 빨리 증득한 것이다.
처음에 두 구절은 육바라밀의 자리自利이니,

---

492 진역경(晉經)은 제오권第五卷이니 普爲衆生類하야 正心奉諸佛이니 是故護直
心이 眞實淨依果라. 즉 널리 중생의 유형을 위하여 / 바른 마음으로 모든
부처님을 봉양하는 것이니 / 이런 까닭으로 바른 마음을 보호하는 것이 /
진실로 청정한 의과依果이다 한 것이다.

말하자면 부처님께 공양하였다고 한 것은 보시오

뜻이 부드럽다고 한 것은 지계를 겸한 것이요

처음으로 좇아 끝에 이르기까지는 이것은 정진으로 경책하는 것이다.

다음 구절은 이타이니

방편 등을 겸하였다.

두 가지 행이 이미 원만하면 곧 불과를 얻는 것은 조석朝夕이기에

그런 까닭으로 말하기를 속히 이루었다 하였다.

鈔

兼方便者는 勸物涉有일새 故是方便이요 勸生發心은 卽是大願이니
衆生無邊誓願度하고 佛道無上誓願成일새 故卽修習力이 爲智決斷
이라 佛果朝夕者는 此有二意라 一은 明果速이니 匪朝卽夕일새 故一
念相應에 功圓曠劫이라 此爲正意니 故云速成이라하니라 二는 朝夕
은 是海니 文選云호대 挹朝夕之池者가 無以測其淺深이라하니 謂此
是佛果大海가 以深廣故니 與此相應하면 亦得速成이리라

방편을 겸하였다고 한 것은 중생에게 권하여 삼유를 건너게 하기에

그런 까닭으로 방편이요

중생에게 권하여 마음을 일으키게 하는 것은 곧 큰 서원이니

중생이 끝이 없지만 서원코 제도하고

불도가 위없지만 서원코 이루기에 그런 까닭으로 곧 닦아 익히는

힘이 지혜의 결단이 되는 것이다.

불과를 얻는 것은 조석이라고 한 것은 여기에 두 가지 뜻이 있다.
첫 번째는 불과를 얻는 것이 빠름을 밝힌 것이니
아침이 아니면 곧 저녁[493]이기에 그런 까닭으로 한 생각이 상응함에
공덕이 광겁에 원만하여지는 것이다.
이것이 정의正意가 되나니
그런 까닭으로[494] 말하기를 속히 이루셨다고 하였다.
두 번째는 조석朝夕은 이 바다[495]이니,
『문선文選』[496]에 말하기를 조석으로 못에 물을 뜨는[497] 사람이 그
못의 얕고 깊음을 측량할 수 없다 하였으니
말하자면 이것은 불과의 큰 바다가 깊고도 넓은 까닭이니
이로 더불어 상응하면 또한 속히 이룸을 얻을 것이다.

---

493 아침이 아니면 곧 저녁이라고 한 것은 곧 빠르다는 것이다.

494 결운結云이라 한 결結 자는 소문에 고운故云이라 하여 고故 자이기에 고故
자로 고쳐 해석하였다.

495 조석은 이 바다라고 한 것은, 『잡화기』에 바다로써 아침과 저녁을 삼은
것은 그 뜻이 어디에 있는가 뒤에 말(문선에 운운)을 상대하여 두루 점검하여
보라 하였다.

496 『문선文選』은 양무제梁武帝 아들이 지었다.

497 挹은 뜰 읍 자이다.

經

十方求法情無異하며 爲修功德令滿足케하며
有無二相悉滅除하면 此人於佛爲眞見이니다

시방에서 법을 구하되 마음이 다름이 없으며
중생을 위하여 공덕을 닦되 하여금 만족케 하며
있고 없는 두 가지 모습을 다 소멸하여 제거하면
이 사람은 부처님을 진실로 볼 것입니다.

疏

後六偈는 勸物順行이니 佛昔如是行하야 今得說法果일새 令物行
之하야 亦得斯果케하나라 初一偈는 求法行이요 二는 說法行이요
三은 聽法行이요 四에 有三偈는 破相行이라 今初에 初句는 離過니
勝他名利가 名爲異情이라 次二句는 顯德이니 一句는 滿福이요
一句는 圓智라 又無異者는 於一切法에 都無所求니 若此之求인댄
則見眞法身也니라

뒤에 여섯 게송은 중생에게 권하여 따라 행하게 하는 것이니,
부처님이 옛날에 이와 같이 행하여 지금에 법을 설하는 과보를
얻었기에 중생으로 하여금 행하게 하여 또한 이 과보를 얻게 하는
것이다.
처음에 한 게송은 법을 구하는 행이요

두 번째 한 게송은 법을 설하는 행이요

세 번째 한 게송은 법을 듣는 행이요

네 번째 세 가지 게송이 있는 것은 모습(相)을 깨뜨리는 행이다.

지금은 처음으로 처음 구절은 허물을 떠나는 것이니

다른 사람보다 명예와 이익이 수승하려고 하는 것이 이름이 다른

마음이 되는 것이다.

다음에 두 구절은 공덕을 나타낸 것이니

한 구절[498]은 복덕을 만족케 하는 것이요,

한 구절[499]은 지혜를 원만케 하는 것이다.

또 다름이 없다고 한 것은 저 일체법에[500] 도무지 구할 바가 없나니,

만약 이와 같이 구한다면 참다운 법신을 볼 것이다.

鈔

於一切法者는 卽淨名經이니 身子念座어늘 因有此示하니라

저 일체법이라고 한 것은 곧 『정명경』 부사의품에 말이니,

---

498 한 구절이란, 第二句이다.

499 한 구절이란, 第三句이다.

500 원문에 어일체법於一切法 운운은 『정명경淨名經』 부사의품不思議品에 정명淨
名이 말하기를 사리불舍利弗이여, 만약 법法을 구한다면 저 일체법에 응당
구할 바가 없다(舍利弗아 若求諸法인댄 於一切法에 應無所求라) 한 것이다.

사리불이 앉을 자리를 생각하거늘[501] 그것을 인하여 이와 같이 시현함
이 있는 것이다.

---

501 원문에 정명경淨名經이니 신자염좌身子念座 운운은 『정명경淨名經』 부사의품
不思議品에 舍利弗이 유마거사 방에 가서 보니 앉을 자리가 없었다. 속으로
어디에 앉을까 생각하고 있는데, 유마거사가 당신은 法을 위하여 왔습니까,
자리를 위하여 왔습니까 운운하고, 그리고는 舍利弗아, 일체법一切法에 도무
지 구할 바가 없나니 운운하여 疏文과 같이 말하였다. 그리고 說是語時에
五百弟子가 於諸法中에 得法眼淨이라, 즉 이 말을 설할 때에 오백 제자가
저 모든 법 가운데 법안이 청정함을 얻었다 말하고 있다. 그러나 『잡화기』는
문질품問疾品이라 하나 아니다. 문수의 문병은 문질품부터 시작하나 일체법
에 도무지 운운은 부사의품이다.

經

普往十方諸國土하사 廣說妙法興義利라도
住於實際不動搖하면 此人功德同於佛이리다

널리 시방의 모든 국토에 가서
널리 미묘한 법문을 설하여 의리를 일으킬지라도
실제에 머물러서 동요하지 아니하면
이 사람은 공덕이 부처님과 같을 것입니다.

疏

二는 說法行이니 前半은 說法益物이라 義利者는 令衆生으로 得離
惡攝善故며 此世他世益故며 世出世益故며 福德智慧益故니 上
四對가 皆先義後利라 後半은 若無說無示인댄 同佛說也니라

두 번째 게송은 법을 설하는 행이니
앞에 반 게송은 법을 설하여 중생을 이익케 하는 것이다.
의리義利라고 한 것은 중생으로 하여금 악을 떠나 선을 섭수케 하는
까닭이며
이 세계와 다른 세계에 이익케 하는 까닭이며
세간과 출세간에 이익케 하는 까닭이며
복덕과 지혜에 이익케 함을 얻게 하는 까닭이니
이 위에 네 가지 상대가[502] 다 먼저는 의義요

뒤에는 이利이다.

뒤에 반 게송은 만약 설할 것도 없고 보여줄 것도 없다면 부처님과
같다 말할 것이라는 것이다.

鈔

上四對者는 卽佛地論이요 若無說無示下는 亦淨名目連章이니 經云
호대 夫說法者는 無說無示며 其聽法者도 無聞無得이라하니라 說은
約敎道요 示는 約證道요 無聞은 則不如言取일새 故爲眞聞이요 無得
은 則心無所得일새 方眞證得이라 無聞無得은 則後偈의 聽法行中이
요 今此說法엔 但無說示이니 亦同寶積이 歎佛偈云호대 善能分別諸
法相이나 於第一義而不動이라하니 故言同佛이라하니라

이 위에 네 가지 상대라고 한 것은 곧 『불지론』[503]의 말이요

---

502 위에 네 가지 상대라고 한 등은 일대에 악을 떠났다고 한 것은 의義이고,
　　선을 섭수케 한다고 한 것은 이利이다. 이대에 이 세계라고 한 것은 의이고,
　　다른 세계라고 한 것은 이이다. 삼대에 세간이라고 한 것은 의이고, 출세간이
　　라고 한 것은 이이다. 사대에 복덕이라고 한 것은 의이고, 지혜라고 한
　　것은 이라는 것이다.
　　먼저는 의義이고 뒤에는 이利라고 한 것은, 『잡화기』에 말하기를 의義는
　　더욱 얕고 이利는 더욱 깊은 줄 가히 알 것이다 하였다.

503 『불지론佛地論』은 영인본 화엄 9책 십지품十地品, p.550, 8행에 이락문利樂文
　　이 총유사대總有四對하니 여광명각품如光明覺品이라 한 것이 이것이다.
　　『불지론』이라고 한 것은, 『잡화기』에 저 『불지론』에 말하기를 악을 떠나는
　　것은 의義이고 선을 섭수하는 것은 이익인 까닭이며, 이 세계는 의義이고

만약 설할 것도 없고 보여줄 것도 없다면 이라고 한 아래는 또한 『정명경』목련장[504]의 말이니

『정명경』에 말하기를 대저 법을 설하는 사람은 설한 것도 없고 보여줄 것도 없으며

그 법을 듣는 사람도 들을 것도 없고 얻을 것도 없다 하였다.

설한다고 한 것은 교도를 잡은 것이요,

보여준다고 한 것은 증도를 잡은 것이요,

들을 것도 없다고 한 것은 곧 말과 같이 취하지 않기에[505] 그런 까닭으로 진실로 듣는 것이 되는 것이요,

얻을 것도 없다고 한 것은 곧 마음에 얻을 바가 없기에 바야흐로 진실로 증득함이 되는 것이다.

들을 것도 없고 얻을 것도 없다고 한 것은 곧 뒤의 게송에 법을 듣는 행[506] 가운데 뜻이요

지금 여기에 법을 설하는 행 가운데는 다만 설할 것도 없고 보여줄 것도 없을 뿐이니

또한 보적장자가 부처님을 찬탄한 게송에 말하기를[507]

다른 세계는 이익인 까닭이다 운운함이라 하였으니, 여기 경문에 이利라 한 것이 곧 저 『불지론』에 익益이라 한 것이다 하였다.

504 『정명경淨名經』목련장目連章은 제삼第三 제자품弟子品의 말이다.

505 원문에 불여언취不如言取者란, 말에 떨어지지 않는다는 말이다.

506 원문에 후게청법행後偈聽法行이란, 바로 아래 여래소전如來所轉 운운 게송偈頌 초문鈔文 중에 불타문고不隨文故로 무문無聞이요 오리고悟理故로 무득無得이라 한 것이다.

507 원문에 보적탄불게운寶積歎佛偈云이란, 『정명경』제일第一 불국품佛國品에

잘 능히 모든 법상을 분별하시지만

제일의제에서 동요하지 않으신다고 한 것과 같나니

그런 까닭으로 말하기를 부처님과 같다고 하였다.

보적장자寶積長子의 송頌이다.

經

如來所轉妙法輪의　一切皆是菩提分이니
若能聞已悟法性하면 如是之人常見佛이니다

여래가 전하신 바 묘한 법륜의
일체가 다 보리의 分分이니
만약 능히 들은 이후에 법성을 깨달으면
이와 같은 사람은 항상 부처님을 볼 것입니다.

疏

三은 聽法行이니 兼顯法輪之體라 初句는 敎法이요 次句는 卽敎成
行이니 無有一文一法이 非菩提因거니 豈止三十七品이리요 次句
는 悟理니 揀去隨文이요 後句는 理無廢興일새 故常見佛果也니라

세 번째 게송은 법을 듣는 행이니
법륜의 자체를 겸하여 나타낸 것이다.
처음 구절은 교법이요
다음 구절은 교에 즉하여 행을 이루는 것이니,
한 글귀 한 법이 보리의 원인이 아님이 없거니 어찌 삼십칠조도품에
그치겠는가.
다음 구절은 진리를 깨닫는 것이니
문자 따름을 가려서 보내는 것이요

뒤에 구절은 진리는 폐하거나 흥함이 없기에 그런 까닭으로 항상 불과佛果를 본다는 것이다.

鈔

次句는 悟理者는 不隨文故無聞이요 悟理故無得이라

다음 구절은 진리를 깨닫는 것이라고 한 것은 문자를 따르지 않는 까닭으로 들을 것이 없는 것이요,
진리를 깨달은 까닭으로 얻을 것이 없는 것이다.

經

不見十力空如幻하면　雖見非見如盲覩인달하야
分別取相不見佛이니　畢竟離著乃能見이리다

衆生隨業種種別을　十方內外難盡見인달하야
佛身無礙遍十方을　不可盡見亦如是하니다

譬如空中無量刹이　無來無去遍十方하야
生成滅壞無所依인달하야 佛遍虛空亦如是하니다

십력이 공하여 환상과 같은 줄 보지 못하면
비록 보지만 보지 못하는 것이 마치 맹인이 보는 것과 같아서
분별로 모습(相)만을 취하면 부처님을 보지 못할 것이니
필경에 집착을 떠나야 이에 능히 부처님을 볼 것입니다.

중생이 업을 따라 가지가지 다름을
시방의 안과 밖에서 다 보기 어려운 것과 같아서
부처님의 몸이 걸림이 없어서 시방에 두루함을
가히 다 보지 못하는 것도 또한 이와 같습니다.

비유하자면 허공 가운데 한량없는 국토가
온 적도 없고 간 적도 없지만 시방에 두루하여

생성되고 괴멸되지만 의지하는 바가 없는 것과 같아서
부처님이 허공에 두루하는 것도 또한 이와 같습니다.

疏

後三은 破相行이니 初一은 正明이요 後二는 轉釋이라 今初에 初三
句는 反顯이니 金容이 煥目而非形거니 安可以相取리요 後句는
正顯이니 法性은 超乎視聽일새 唯可虛己而求니라 後二는 轉釋이
니 云何不見고 前偈는 以妄喩眞이니 衆生妄惑도 尚不可窮거든
諸佛契眞을 如何見盡이리요 後偈는 復轉釋云호대 雖遍十方이나
不可定取니라 如剎遍空은 有其四義하니 一은 多剎滿空이요 二는
體無來去요 三은 不妨成壞요 四는 無別所依라 佛身遍空도 亦具
四義하니 一은 頓遍多剎이요 二는 恒不去來요 三은 應有出沒이요
四는 體用無依니 是故佛身은 亦不可以遍空而取耳니라 上來三
品에 答初十句로 所依果問은 竟이라

뒤에 세 게송은 모습을 깨뜨리는 행이니
처음에 한 게송은 바로 밝힌 것이요
뒤에 두 게송은 전전히 해석한 것이다.

지금은 처음으로 처음에 세 구절은 반대로 나타낸[508] 것이니

---

508 반대로 나타낸 것이라고 한 것은 즉 불견不見이라고 말한 것이 반대로
　　나타낸(反顯) 것이다.

부처님의 얼굴[509]이 눈에 비춰 와도 형상이 아니거니 어찌 가히 모습으로써 취하겠는가.

뒤에 한 구절은 바로 나타낸 것이니

법성은 보고 들음을 초월하였기에 오직 가히 자기를 비우고 구할 것이다.

뒤에 두 게송은 전전히 해석한 것이니

어떻게 보지 못하는가.

앞에 게송[510]은 망훅으로써 진眞에 비유한 것이니,

중생의 망혹도 오히려 가히 다 보지 못하였거든 모든 부처님이 진여에 계합한 것을 어떻게 다 보겠는가.

뒤에 게송[511]은 다시 전전히 해석하여 말하기를 비록 시방에 두루하지만 가히 결정코 취할 수 없는 것이다.

한량없는 국토와[512] 같아서 부처님이 허공에 두루한다고 한 것은 그 네 가지 뜻이 있나니

첫 번째는 수많은 국토가 허공에 가득한 것이요

두 번째는 허공의 자체가 오고 감이 없는 것이요

세 번째는 생성하고 괴멸함에 방해롭지 않는 것이요

네 번째는 따로 의지하는 바가 없는 것이다.

---

509 원문에 금용金容은 부처님의 얼굴이다.

510 앞에 게송(前偈)은 第二偈이다.

511 뒤에 게송(後偈)는 第三偈이다.

512 원문에 여찰如刹은 앞에 삼구三句이고, 변공遍空은 말구末句이다.

부처님의 몸이 허공에 두루한다고 한 것도 또한 네 가지 뜻을 갖추었
나니

첫 번째는 문득 수많은 국토에 두루한 것이요

두 번째는 항상 가고 옴이 없는 것이요

세 번째는 응당 나왔다 들어갔다 함이 있는 것이요

네 번째는 자체와 작용이 의지하는 바가 없는 것이니,

이런 까닭으로 부처님의 몸은 또한 가히 허공에 두루함으로써 취할
것이 아니다.

상래의 삼품⁵¹³에 처음에 열 구절⁵¹⁴로 소의과⁵¹⁵의 질문을 답한 것은
마친다.

---

513 상래의 삼품(上來三品)은 ①여래명호품如來名號品, ②사성제품四聖諦品, ③
광명각품光明覺品이다.

514 처음에 열 구절은 영인본 화엄 4책, p.345, 佛刹, 佛住 등 十句이다.

515 소의과所依果는 第二 보광명전寶光明殿의 六品中에 前三品이요 소수인所修因
은 后三品이다. 구체적으로 말하면 二會 寶光明殿에 二니

　一. 所依果　1. 변신명차별辨身名差別 → 신身 → 如來名號品 第七

　　　　　　2. 변언교변주辨言敎徧周 → 어語 → 四聖諦品 第八

　　　　　　3. 명광륜궁조明光輪窮照 → 의意 → 光明覺品 第九

　二. 所修因　1. 명정해리관明正解理觀 → 해解 → 菩薩問明品 第十

　　　　　　2. 명수연원행明隨緣願行 → 행行 → 淨行品 第十一

　　　　　　3. 명덕용해수明德用該收 → 덕德 → 賢首品 第十二

청량 징관(淸涼 澄觀, 738~839)

중국 화엄종의 제4조.

절강성浙江省 월주越州 산음山陰 사람으로, 속성은 하후夏侯, 자는 대휴大休, 탑호는 묘각妙覺이다.

11세에 출가하여 계율, 삼론, 화엄, 천태, 선 등을 비롯, 내외전을 두루 수학하였다. 40세(777년) 이후 오대산 대화엄사에 머물면서 『화엄경』을 여러 차례 강설하였으며, 이를 토대로 『대방광불화엄경소』 60권, 『대방광불화엄경수소연의초』 90권을 저술하고 강의하였다. 796년에는 반야삼장의 『40권 화엄경』 번역에 참여하였고, 덕종에게 내전에서 화엄의 종지를 펼쳤다. 덕종에게 청량국사淸涼國師, 헌종에게 승통청량국사僧統淸涼國師라는 호를 받는 등 일곱 황제의 국사를 지냈다.

저서로 『화엄경주소華嚴經註疏』, 『화엄경수소연의초華嚴經隨疏演義鈔』, 『화엄경강요華嚴經綱要』, 『화엄경략의華嚴經略義』, 『법계현경法界玄鏡』, 『삼성원융관문三聖圓融觀門』 등 400여 권이 있다.

관허 수진貫虛 守眞

1971년 문성 스님을 은사로 출가, 1974년 수계, 해인사 강원과 금산사 화엄학림을 졸업하고, 운성, 운기 등 당대 강백 열 분에게 10년간 참문수학하였다.

1984년부터 수선안거 10년을 성만하고, 1993년부터 7년간 해인사 강원 강주로 학인들을 지도하였다.

대한불교조계종 교육위원, 역경위원, 교재편찬위원, 중앙종회의원, 범어사 율학승가대학원장 및 율주를 역임하였다.

현재 부산 승학산 해인정사에 주석하면서, 대한불교조계종 고시위원장, 단일계단 계단위원・존증아사리, 동명대학교 석좌교수, 동명대학교 세계선센터 선원장 등의 소임을 맡고 있다.

청량국사화엄경소초 27 – 광명각품

초판 1쇄 인쇄 2022년 5월 17일 | 초판 1쇄 발행 2022년 5월 27일
청량 징관 찬술 | 관허 수진 **현토역주** | 펴낸이 김시열
펴낸곳 도서출판 운주사

　　　　(02832) 서울시 성북구 동소문로 67-1 성심빌딩 3층

　　　　전화 (02) 926-8361 | 팩스 0505-115-8361

ISBN 978-89-5746-685-8 94220
ISBN 978-89-5746-592-9 (총서)　값 25,000원

http://cafe.daum.net/unjubooks 〈다음카페: 도서출판 운주사〉